Alan Pritz
Die Praxis der Meditation

vianova
Verlag Via Nova

Alan Pritz

Die Praxis der
Meditation

Theorie und praktische Übungen

Verlag Via Nova

Übersetzung aus dem Englischen:
Evelyn Horsch-Ihle

Originaltitel:
Meditation as a Way of Life
Philosophy and Practice

Copyright © 2014 by Alan J. Pritz.
This Translation published by arrangement with Quest Books.

Zuerst erschienen bei:
Quest Books, Illinois, USA

---

1. Auflage 2016
Verlag Via Nova, Alte Landstr. 12, 36100 Petersberg
Telefon: (06 61) 6 29 73
Fax: (06 61) 96 79 560
E-Mail: info@verlag-vianova.de
Internet: www.verlag-vianova.de
Umschlaggestaltung: Guter Punkt, München
Satz: Sebastian Carl, Amerang
Druck und Verarbeitung: Appel und Klinger, 96277 Schneckenlohe

ISBN 978-3-86616-366-9

In liebevollem Gedenken an Benjamin und Louise Pritz –
Ich vermisse euch.

Inhaltsverzeichnis

Vorwort

— • —

Jedes Leben entfaltet sich auf rätselhafte und oft seltsame Weise. Das gilt auch für mich. Mein Leben war bisher eine eigentümliche, oft humorvolle Reise, bei der ich die Spiritualität in Theorie und Praxis in vielen Bereichen kennenlernen durfte, beispielsweise als Heilung, in der Lehre, als Autor, in der Beratung, beim Coaching und während einer religionsübergreifenden Predigerkarriere. *Die Praxis der Meditation*, ein Folgeband zu meinem 2002 erschienenen Buch *A Pocket Guide to Meditation*, fasst mein gesamtes, bisher angesammeltes Wissen in klar verständlicher Weise zusammen, um Menschen zu helfen, eine Lebensweise anzunehmen, die sich auf spirituelle Disziplin gründet. Es ermöglicht eine meditative Praxis, die wirklich funktioniert, ganz gleich, welche religiöse Orientierung ein Mensch hat, sodass sie für alle Glaubensrichtungen anwendbar ist. Die angewandten Methoden und eingesetzten Prinzipien, von denen sie sich herleiten, werden natürlich aus meiner eigenen Erfahrung dargestellt, die von den Lehren des modernen spirituellen Meisters Paramhansa Yogananda geprägt ist, der sagt, dass die Wahrheit universell ist und dass die eigene Beziehung zu Gott durch wissenschaftliche Meditation bereichert werden kann. Jeder kann zu jedem Zeitpunkt und überall von diesen Lehren profitieren, im Vertrauen darauf, dass sie nicht auf Vermutungen, Ideologien oder Meinungen basieren, sondern auf lange erprobten Grundsätzen.

Eine Autorität in irgendeinem Bereich, ob sie nun spirituell oder weltlich ist, leitet sich aus Erfahrung und dem daraus folgenden Verständnis ab. Obwohl die eigene innere Arbeit natürlich kein Maß für Weisheit ist, ist dieses Buch dennoch das Ergebnis von mehr als 40 Jahren Hingabe an eine den Geist, die Seele und den Körper ansprechende Disziplin sowie ein Eintauchen in Meditationspraktiken, die ihren Ursprung in einer echten spirituellen Tradition haben.

Für alle diejenigen, die noch nicht vertraut mit Meditation sind, möchte ich sagen, dass sie nicht, wie einige moderne Darstellungen betonen, eine Methode ist, mit der man seine Gesundheit verbessern, seine Kreativität erweitern oder Stress vermindern kann. Das können zwar Nebenwirkungen einer Meditationspraxis sein, aber beim Meditieren geht es nicht in erster Linie darum. Dieses Buch stellt Meditation aus einer klassisch yogischen Perspektive heraus dar, als eine Disziplin, bei der es darum geht, die Lebenskraft und das Bewusstsein zu meistern, um die Individualseele mit dem Unendlichen zu vereinen. Meditation basiert auf einer Weltsicht, die den Sinn des Lebens in einer tiefen spirituellen Bestimmung sieht, bei der die Seele aus dem Göttlichen herabsteigt, sich verkörpert und sich letztlich wieder mit dem Göttlichen vereinen will. Die metaphysischen (was bedeutet, die über das Physische hinausgehenden) Prinzipien der Meditation sind im Laufe von tausenden von Jahren immer weiter verfeinert worden, wobei man sich auf innere Erfahrungen und Erkenntnisse über feinstoffliche Wirklichkeiten bezogen hat. Diese Erkenntnisse überschreiten ideologische Unterschiede, nicht, indem die verschiedenen Glaubenssysteme einfach ignoriert werden, sondern indem man gemeinsame esoterische Leitmotive aufdeckt und die spirituelle Harmonie erkennt, die sie alle miteinander verbindet.

In allen bedeutenden Religionen gibt es eine zugrundeliegende gemeinsame Wahrheit. Sie ist die Grundlage, auf der alle Werke über Universalität aufbauen. Diese Wahrheit ist auch die Grundlage, auf der dieses Buch aufbaut.

Die Meditationspraxis und die Anleitungen für ein spirituelles Leben, die von Paramhansa Yogananda gelehrt und hier vorgestellt werden, stammen aus kosmischen Gesetzen, die – anders als veränderliche Glaubensmuster, Ideologien oder Dogmen, die alle je nach Ausrichtung und Glaubensüberzeugungen unterschiedlich sind – auf unveränderlichen Wahrheiten basieren, die für alle Menschen wichtig sind, ganz gleich, welcher Kultur, welchem Zeitalter oder welcher Religion sie auch angehören. Wie man schon immer gesagt hat: Die Sonne scheint gleichermaßen auf alle. Genauso wirken die Grundsätze des Geistigen unabhängig von der Religion, der Kastenzugehörigkeit, der Hautfarbe, dem Geschlecht, der Rasse, dem Alter oder anderen Bereichen menschlicher Unterschiedlichkeiten. Diese Prinzipien in die Praxis umzusetzen wird die eigene Beziehung zum Göttlichen darum in jedem Fall bereichern.

Die Leser haben natürlich das Recht, sich eine gesunde Skepsis zu bewahren, wenn es um irgendein für sie herausforderndes Thema geht. Sie sollten dem eigenen Gefühl vertrauen, wenn etwas ihrer Ansicht nach wahr erscheint oder in ihnen ein Gefühl hervorruft, dass das Gesagte durchaus bezweifelbar sein könnte. Diese Herangehensweise ist vernünftig und ehrt das eigene Bewusstsein. Andererseits wäre es kurzsichtig, das, was hier vorgestellt wird, nur deshalb abzuweisen, weil es fremdartig erscheint. Da für ein echtes, fundiertes Urteil eine bestimmte Menge eigener innerer Erfahrung notwendig ist, stehen die Begrenzungen des Intellekts einem subtileren Verständnis oft im Weg. Der beste Weg, sich diesem Material zu nähern, besteht also darin, es mit einem offenen Herzen und mit offenem Geist zu tun.

Lest also, lernt und wendet das Gesagte an: Die Ergebnisse werden für sich selbst sprechen.

„Zweifle oder zweifle nicht, sei unruhig oder ruhig, spüre eine Wirkung oder nicht – aber meditiere täglich, versuche, die Meditationstiefe zu vermehren, und du wirst Ergebnisse spüren… Wenn erst einmal das erste, das negative Stadium vorbei ist, bei dem es lediglich um die Beruhigung des Geistes geht, dann schenkt dir die Meditation einen positiven, bewussten Kontakt zum Göttlichen und tägliche Freude, Licht und den kosmischen Klang des OM". (1)

Kapitel 1

—— • ——

Die Reise zum Erwachen

Wenn Sie sich mit Kindern auskennen, dann werden Sie wahrscheinlich wissen, wie nervtötend ihr ständiges „Warum – Warum?"-Fragen sein kann. Andererseits: Wer kann sie dafür verurteilen, dass sie wissen wollen, warum sie auf dieser Welt sind und was der Sinn ihres Lebens ist? Ihre ganz natürlichen Fragen werden dann im Laufe der Zeit immer präziser und tiefgründiger, aber trotz der zunehmenden Raffinesse eines reiferen Intellekts kreisen sie weiterhin um die grundlegenden Fragen des Lebens.

Die Suche nach der Erkenntnis, warum wir eigentlich hier sind, zeigt ein grundlegendes menschliches Bedürfnis, das Rätsel der Existenz zu lösen. Der Versuch, darauf eine Antwort zu finden, hat das philosophische und religiöse Denken aller Zeiten geprägt. Trotz aller intensiven intellektuellen Auseinandersetzung mit diesem Thema jedoch geht die Suche immer weiter. Die neuen Erkenntnisse der theoretischen Physik, die Nahtod-Phänomene und die Forschungen über vergangene Leben hat sie sogar nur weiter intensiviert. Wie das Wissen um das äußere Universum sich vergrößert, so ist es auch mit dem Wissen um unser Inneres, um unser Wesen. In mancherlei Hinsicht ist die Trennungslinie zwischen Physik und Metaphysik heute mehr zu einer Frage der Ideologie geworden, als dass es um zwei real sehr unterschiedliche Forschungsbereiche geht.

In der Mini-Fernsehserie „*Broken Trail*" überlegt der alternde Cowboy, der von Robert Duvall gespielt wird: „*Wir sind alle Reisende auf dieser Welt. Vom Süßgras bis zum Packhaus, von der Geburt bis zum Tod reisen wir zwischen Ewigkeiten.*" (1) Irgendwann stellt sich jeder solche Fragen über das Leben und fühlt sich angetrieben, den Sinn des Lebens zu erforschen. Wenn Menschen das tun, dann fängt ihre Reise zum Erwachen an. Ebenso wie Samenkörner, die in einen fruchtbaren Boden eingepflanzt werden, unaufhaltsam dem Licht entgegenwachsen, sind wir von der Evolution aufgerufen, aus einer Existenz, die auf Autopilot zu laufen scheint, herauszuwachsen und zu einem spirituellen Bewusstsein zu erwachen. Kommen Sie also mit auf diese Reise und lassen Sie sich begleiten von einer Vielzahl an Philosophien, Religionen und natürlichen Wundern.

Manche Leser suchen vielleicht in diesem Buch Hilfen bei ihren Schwierigkeiten mit esoterischen oder religiösen Studien. Aber es betrifft uns alle: Wenn wir nämlich die Mitte des Lebens überschritten haben, dann müssen wir uns – selbst wenn unser Alltag vollkommen stabil ist – mit der Endlichkeit unseres Lebens konfrontieren und erkennen, dass unsere Errungenschaften im Äußeren nicht notwendigerweise ein Maßstab dafür sind, dass wir ein gutes Leben geführt haben.

Trotz solcher drängenden Überlegungen bleibt die Kernfrage: Warum gibt es überhaupt diesen evolutionären Zwang der Selbsterforschung in uns? Die Antwort ist eine kühne, wenn auch vertretbare Behauptung: Wir sind so ausgestattet, dass wir eine Verbindung zu unserer Quelle suchen.

Nehmen wir einmal an, dass jeder von uns grundsätzlich einen Antrieb in sich spürt, nach Selbsterfüllung zu streben. Jeder von uns hat dann irgendwo ein bewusstes oder unbewusstes Verlangen in sich, glücklich sein zu wollen, ganz gleich, was für eine Ausprägungsform die Vorstellung vom Glück individuell auch annimmt. Für manche versinnbildlicht sich dieses Glück in einem Ehepartner oder in einer Familie, für andere ist es eine erfüllende Arbeit, ein Haus, ein Auto, ein gutes Einkommen oder Macht. Dennoch lehrt einen das Leben immer wieder – und manchmal auf sehr dramatische Weise –, dass die Suche nach Glück im Außen letztlich nur zur Enttäuschung führt. Zufriedenheit, die lediglich durch äußere Ursachen entsteht, gibt es nicht, oder nur übergangsweise.

Wenn wir dann einmal tiefergehend darüber nachdenken, merken wir, dass Glück nicht den Dingen (oder Menschen) per se innewohnt, sondern dass es dadurch entsteht, wie wir auf diese Dinge reagieren. Diese Reaktionen spiegeln die menschliche Fähigkeit wider, eine schon in uns angelegte Freude zu erleben. Sie springt sozusagen an, wenn sie durch äußere Umstände angeregt wird. Wenn Freude eine Eigenschaft äußerer Umstände wäre, dann würde sie überall dieselben Reaktionen hervorrufen und keine subjektiven Ausprägungen annehmen.

Beispielsweise werden wir alle nass, wenn wir mit Wasser bespritzt werden: Das ist eine Tatsache und überall dasselbe. Unsere Reaktion darauf, dass wir mit Wasser bespritzt werden, kann jedoch sehr unterschiedlich sein: Vielleicht überschäumende Freude, vielleicht auch Ärger. Was immer es auch ist, diese Reaktion hat mit uns selbst zu tun und ist keine Eigenschaft des spritzenden Wassers.

Das aber bedeutet, dass das Gefühl von Erfüllung, das wir durch Menschen oder Dinge erfahren, relativ ist und von unseren eigenen Reaktionen auf sie abhängt. Das vergängliche Gefühl von Erfüllung ist von einer unendlichen Zahl von Variablen abhängig, die sich zudem auf unvorhersehbare Weise immer wieder verändern können. Schwierige Partner-Beziehungen beispielsweise sind für sich genommen höchst komplexe Zustände, die es zwar mehr als wert sind, dass man sich mit ihnen auseinandersetzt, aber man muss dies mit viel Weisheit tun, damit sie Bestand haben.

Die kühn formulierte Wahrheit ist, dass nichts außerhalb von uns selbst eine bleibende Freude herstellen oder erhalten kann. Selbst diejenigen, die vorgeben, sie zu besitzen, erleben dann und wann eine innere Leere, wenn das Maß ihrer Lebenszufriedenheit an vergängliche Situationen geknüpft ist. Freude ist Teil unseres inneren Wesens und muss aus dieser inneren Quelle geschöpft werden, um bleibend zu sein.

Verständlicherweise möchten wir alle, dass Glück – wie auch immer es für uns aussieht – unvergänglich ist. Wenn sich zeigt, dass dies nicht der Fall ist, dann geben wir einer endlosen Liste von Schuldigen die Verantwortung dafür – unseren Ehepartnern, unserer Arbeit, dem Geld – und behaupten, sie seien unzulänglich und machten unser Leben unnötig kompliziert. Aber existenzielle Schwierigkeiten wie diese sind nie in Gänze auf äußere Faktoren zurückzuführen; sie kommen zu einem großen Prozentsatz aus unserem Inneren, und zwar aus Bereichen, die unseren essenziellen Kern darstellen. Wenn wir von dieser Essenz und dem, was sie uns schenken kann, abgetrennt sind, dann gewinnen äußere Angelegenheiten Macht über unseren inneren Frieden. Negative geistige Zustände bringen verschiedene Formen körperlicher oder emotionaler Leiden hervor, aber alle zeigen im Grunde, dass wir spirituell aus der Spur geraten sind.

Solche Leiden bringen uns dann dazu, dass wir nach Korrekturen suchen, die unausweichlich zur Folge haben, dass wir uns auch mit dem Sinn unseres Lebens auseinandersetzen. Und dennoch, die Frage bleibt: Warum werden wir in diese verfahrene Dynamik hineingezwungen? Weil wir – esoterisch betrachtet – verwirrte und widersprüchliche Wesen sind. Wir haben uns zwar auf einer materiellen Ebene inkarniert, aber deshalb sind wir noch lange nicht, wie die Sängerin Madonna in einem Song behauptete, materielle Wesen, die in einer materiellen Welt leben. Das ist eine Täuschung, der viele unterliegen und an der darum auch viele leiden. Der berühmte Jesuit Teilhard de Chardin erklärte dies folgendermaßen:

„Wir sind keine Menschen, die eine spirituelle Erfahrung machen. Wir sind spirituelle Wesen, die eine menschliche Erfahrung machen." (2)

Diese Aussage bestätigt das, was wir tief in uns spüren. Unsere Essenz, das, was uns mit Bewusstsein erfüllt – ob man dies nun Seele oder Geist nennt –, kommt aus dem, was sie erschaffen hat. Da wir ein Teil des Göttlichen sind, suchen unsere Seelen notwendigerweise nach Vervollständigung und danach, sich mit dem Göttlichen wieder zu vereinen. Ganzheit oder Erfüllung können deshalb niemals durch vergängliche Mittel erworben werden, sondern nur und ausschließlich dadurch, dass wir zu unserer Quelle zurückkehren.

Warum aber ist dieses grundlegende Prinzip nicht für jeden sichtbar? Warum verlassen wir uns, um uns ganz zu fühlen, wieder und wieder auf sinnliche oder materielle Befriedigungen, die uns wieder und wieder in erbärmliche Schwierigkeiten bringen? Das liegt daran, dass wir in einem spirituellen Paradox gefangen sind. Die Sehnsüchte unserer Seele werden durch die Behälter unseres Körpers, in denen sie entstehen, verzerrt und, was die Dinge noch komplizierter macht: Die Welt unterstützt diese falschen Wahrnehmungen. Unsere komplexe psychosomatische Ausstattung ist so, dass die spirituellen Antriebe verschmutzen, wenn sie durch die Kanäle des Körpers und des Geistes fließen, die unsere Befriedigung mit der Erfüllung von Sinnesreizen verbinden. Wir werden darum von verschiedenen Impulsen motiviert, nur um dann herauszufinden, dass viele von ihnen aus Sehnsüchten resultieren, die unsere Seele hervorgebracht hat, die aber dann verfälscht und verzerrt worden sind. Es ist ein perverses System und ganz sicher ein Rezept für Herzeleid, aber so ist es nun einmal.

Nehmen Sie beispielsweise die Liebe. Wir alle ersehnen Liebe und nehmen viel in Kauf, um sie zu erlangen. Aber warum tun wir das eigentlich? Auf einer Ebene führt sie dazu, dass wir uns gutfühlen, vollständiger oder verbunden mit etwas, das größer ist als wir selbst. Unglücklicherweise führt diese Suche nach

Liebe oft dazu, dass wir „immer an der falschen Stelle suchen". Die Wahrheit ist, dass wir Liebe suchen, weil sie auch Teil unserer spirituellen Grundausstattung ist. Liebe ist unsere Essenz, und, wie die Motten vom Licht angezogen werden, haben wir ein intensives Verlangen danach. Liebe wiederum lässt Freude entstehen, und deshalb sehnt sich die Seele grundlegend nach Liebe und Freude, weil dies das Wesen des Göttlichen ist, mit dem wir uns wiedervereinigen wollen. Wenn man die Suche nach Liebe und Freude durch diese Brille betrachtet, verändert sich der Blick auf unser Leben erheblich.

Menschliche Liebe und Partnerschaften spielen natürlich eine erhebliche Rolle dabei, aber die Getriebenheit, mit der wir nach Erfüllung durch äußere Liebe streben, hilft uns eindeutig nicht. Die Sehnsucht nach Liebe wurzelt vielmehr in einem spirituellen Antrieb, der aus der Seele kommt und über die zeitliche Dimension hinausreicht und zum Ewigen strebt, was der Grund dafür ist, dass die meisten spirituellen Helden – Jesus, Krishna und Buddha, um nur drei von ihnen zu nennen – einstimmig davor warnten, auf die Dinge der Welt zu vertrauen. Sie werden nicht das vermitteln, was die Seele wirklich braucht.

In der christlichen Tradition, wie man sie bei Johannes im Ersten Brief findet, wird dieses Gefühl kurz und bündig so vorgestellt:

„Liebt nicht die Welt, noch was in der Welt ist! Wenn jemand die Welt liebt, ist die Liebe des Vaters nicht in ihm; denn alles, was in der Welt ist – die Lust des Fleisches und die Lust der Augen und der Hochmut des Lebens – ist nicht vom Vater, sondern ist von der Welt. Und die Welt vergeht und ihre Lust; wer aber den Willen Gottes tut, bleibt in Ewigkeit." (3)

Krishna ermahnt auf ähnliche Weise spirituelle Schüler dazu, sich unter allen Umständen und ausschließlich auf das Göttliche auszurichten:

„Wer Freund und Feind gleichgesinnt ist, wer von Ehre und Schmach, Hitze und Kälte, Glück und Leid und Ruhm und Schande unberührt bleibt, wer ständig frei von Verunreinigungen und immer schweigsam und mit allem zufrieden ist, wer sich nicht um eine Bleibe sorgt, im Wissen gefestigt ist und sich im hingebungsvollen Dienen beschäftigt, ist Mir sehr lieb.

Wer diesem unvergänglichen Pfad des hingebungsvollen Dienens folgt, sich mit festem Vertrauen fortwährend beschäftigt und Mich dabei zum höchsten Ziel macht, ist Mir sehr, sehr lieb." (4)

Und Buddha predigte über die Vier Noblen Wahrheiten und den Achtfachen Pfad, mit denen er die Menschen vom falschen Denken, Verlangen und dem Leiden abbringen wollte, das sie selbst hervorbrachten, denn er strebte nach ihrem höchsten Guten, einem spirituellen Potenzial, das sie aufgrund von vorübergehenden Fixierungen und Unternehmungen nicht realisieren konnten.

Alle spirituellen Meister lehren, dass anhaltendes Glück nicht durch vergängliche weltliche Mittel erreicht werden kann. Im Unendlichen Zuflucht zu suchen, sei der einzige Weg, bleibende Erfüllung zu finden.

Auf der positiven Seite sind die weltlichen Täuschungen ein großartiger, ziemlich schlauer Anstoß in Richtung auf ein spirituelles Forschen und eine letztliche Aussöhnung mit der eigenen Essenz. Wir müssen nicht zu irgendetwas werden, sondern uns nur auf das besinnen, was wir schon sind: Teil des göttlichen Geistes. Denkt einmal an die legendären Heiligen wie Franz von Assisi, Ramana Maharshi, Moses, Mohammed oder Buddha. Jeder von ihnen lebte ein relativ durchschnittliches Leben, bis ungewöhnliche Dinge sie verwandelten. Durch Gnade und Hingabe an die höheren Wege erreichten sie Ebenen der Erleuchtung, die wir alle von Natur aus suchen. Sie zeigten auch, dass ihre Verwirklichungen nicht etwas für einige wenige Erwählte sind, sondern erreichbar für alle.

Wie Gold, das von Schmutz bedeckt ist, immer noch Gold bleibt, zeigt sich unsere spirituelle Essenz, wenn einmal der Schmutz des spirituellen Abfalls weggeräumt worden ist. Und noch einmal, wir müssen dazu nicht etwas Besonderes werden, sondern uns nur mit dem verbinden, was wir bereits sind: mit dem Geist. Wir sind alle Seelenwellen, die auf dem Meer des Geistes auf und ab tanzen. Das Meer des Geistes weiß, dass es diese Wellen erschaffen hat, aber die Wellen müssen sich daran erinnern, dass sie eins mit dem Ozean sind. Diejenigen, die bereit sind, die Tiefen des Bewusstseins auszuloten, werden irgendwann zu dieser Erkenntnis kommen.

Sinnliche Freuden und materielle Errungenschaften können nie unsere höchsten Ziele sein, sie stellen einfach nicht das bereit, was die Seele wirklich braucht. Und da wir Seelen sind, die nur vorübergehend in einen Körper eingeschlossen sind, müssen wir die Dinge, die uns Erfüllung schenken, in Übereinstimmung mit unserer Quelle bringen. Diese Wahrheit ist es, die uns durch alle Wechselfälle des Lebens hindurch auffordert, uns mit unserem Selbst zu beschäftigen und es zu erkunden. Wenn wir diese Themen einmal angehen, dann beginnt unsere Reise zum Erwachen und führt uns unaufhaltsam weiter, zu unserer Vollendung im Geist. Obwohl weltliche Einflüsse uns zeitweilig von der inneren Reise abbringen können, werden diejenigen, die bereit sind, sie zu unternehmen, diese Reise höchst heilsam finden. Denn so, wie kleine Funken Selbsterkenntnis angefacht werden und sich zu Flammen der Weisheit entwickeln, können die Meditationsmethoden, die in diesem Buch vorgestellt werden, dazu beitragen, dass Suchende auf dem Weg der Transformation vorankommen und irgendwann die Früchte des Geistes ernten, die schon jetzt latent in ihnen vorhanden sind.

Meine Geschichte

Amüsanterweise begann meine innere Reise, als ich noch ein Kind war und einen Westernfilm im Fernsehen sah. Er war wie fast alle Filme dieses Genres gedreht worden und man kann sie nicht gerade zum Erwachen empfehlen: Es gab Helden dort, Bösewichte und junge Damen, die gerettet werden mussten, alles archetypische Elemente neben den unvermeidlichen Pferden, dem Whiskey und den Bodenrollern in der Wüste. Dieser besondere Film nun, eine Folge, an die ich mich nur noch vage erinnere, die man jedoch nicht mit den späteren Fernsehserien vom Kung-Fu-Typ verwechseln sollte, war so einzigartig, weil sie zwei Samurai-Krieger zeigte, die in den Westen reisen wollten. Man konnte natürlich schon vorhersagen, dass es jedes Mal zu Kampfszenen kam, wenn diese beiden Männer durch Grenzstädte ritten und die örtlichen Rowdys eine Schlägerei mit ihnen suchten. Die Samurai-Krieger besiegten sie natürlich, Mal für Mal, weil sie ihre Kampfkünste anwandten. Sie ließen eine Spur zerrissener Wrangler-Jeans hinter sich.

Diese beiden Männer kämpfen zu sehen – siegreich, aber ohne jede Leidenschaft – veränderte meine kindliche Vorliebe für den degenkämpfenden Zorro für immer – zu etwas wesentlich Exotischerem. Karate-ähnliche Angriffe auf alles, was sich bewegte, wurden nun meine Norm und irgendwann meldeten meine Eltern mich zu einem Kampfkunsttraining an, wenn ich versprach, von nun an den Hund in Ruhe zu lassen.

Zu sagen, dass ich über übernatürliche Kräfte verfügte, wäre eindeutig gelogen: Ich war keinesfalls ein Bruce Lee. Ich war ein hingebungsvoller, aber eher unbedeutender Kampfkunstschüler, der jedoch die Zähne zusammenbiss und immer weitermachte. Die Geschichte um meine Prüfung zum braunen Gürtel zeigt dies auf eindeutige, wenn auch auf eine für mich ein wenig demütigende Weise.

In der Welt der Kampfkunst ist die Prüfung zum braunen Gürtel ein ernster Übergangsritus, bei dem man vom tollpatschigen Anfänger zum relativ fortgeschrittenen Schüler wird. Bis zu diesem Punkt war die Vorstellung, eines Tages den schwarzen Gürtel zu tragen, eine unrealistische, unerreichbare Idee aus dem Bereich der Mythen und Legenden gewesen. Plötzlich aber schien sie in Reichweite zu gelangen.

Wie bei den meisten Prüfungen im Kampfkunstbereich war auch diese eine öffentliche Prüfung, zu der Zuschauer zugelassen waren. Gäste kommen, Klassenkameraden flitzen herum und versuchen, wichtig auszusehen, Lehrer verschmelzen zu einer Schiedsrichtergruppe und du versuchst, umwerfend auszusehen. Da ich eher zu den schüchternen Jungen gehörte, war diese Prüfung die erste nervenaufreibende Sache, an die ich mich seit Monaten gewagt hatte.

Der Tag der Prüfung zog auf und ich kam nervös und durcheinander im Prüfungsgebäude an. Auf dem Weg zur Umkleidekabine merkte ich, dass mir meine Autoschlüssel irgendwie abhandengekommen waren – was nichts Gutes verhieß, vor allem nicht, wenn man schon so nervös ist, wie ich es war. Ich war kurz davor, eine Panikattacke zu bekommen, rannte nach draußen und sah, dass mein Auto – immer noch da war und der Motor noch lief. Man braucht nicht mehr zu sagen, um sich meine innere Situation vorzustellen.

Was die Prüfung angeht: Ich schaffte sie. Zehn Jahr später trug ich auch den schwarzen Gürtel – in zwei Kampfkunstrichtungen, einen in der chinesischen und einen in der koreanischen Kampfkunst. Tatsächlich hatte ich es sogar in eine Gruppe sehr fortgeschrittener Schüler geschafft und bekam dann sogar den Titel eines Sifu, eines Lehrers – ein Beweis dafür, dass sogar mittelmäßige Fähigkeiten mit harter Arbeit und hundertprozentiger Hingabe zum Ziel führen.

Dieser Zeitabschnitt meines Lebens war bemerkenswert, denn ich erschuf mir in dieser Zeit einen sehr gesunden Körper und einen erweiterten, aufnahmebereiten Geist. Wenn ich nicht trainierte oder unterrichtete, las ich alles, was ich finden konnte, über Mystik, um Erkenntnisse in die nichtgewöhnlichen

Die Praxis der Meditation

Gesetze und feinstofflichen Wirklichkeiten zu gewinnen. Mein Interesse an der Metaphysik wuchs über das hinaus, was ich im Bereich der Kampfkunst finden konnte und so wandte ich mich dem Yoga zu und insbesondere der Meditation. In der damaligen Zeit waren solche Interessengebiete noch nicht sehr verbreitet, deshalb war es schwer für mich, darin weiterzukommen. Anders als der Prophet Hiob aus der Bibel, der unaufhörlich durch göttliche Prüfungen geschlagen wurde, bestand meine Wissensschulung aus etwas, das sich ähnlich anfühlte wie die Suche von Monty Python nach dem Heiligen Gral. Das Göttliche legte mir immer wieder Zügel an, damit ich meine komödiantische Seite entwickeln konnte.

Wie schon erwähnt, wusste ich ja, was ich wollte – eine Ausbildung in Meditation –, aber ich wusste nicht, wie ich sie bekommen konnte. Und so torkelte ich auf meiner Reise voran, auf nicht sehr elegante Weise. Während ich nämlich alles ausprobierte, das mich weiterbringen konnte, geriet ich in den Sog eines Romans über Adepten des Yoga. Und in meinem Übereifer beschloss ich, meinen Mut dadurch zu beweisen, dass ich entbehrungsreiche Praktiken ausführte – eine unfassbar dumme Idee, denn ich hatte ja keinen Lehrer, der mich dabei anleitete.

Eines Abends beispielsweise ging ich in eine Sauna, nahm eine meditative Haltung ein und versuchte, meine Hitzeempfindlichkeit zu besiegen. Als die Zeit verging, spürte ich die Hitze nicht mehr und dachte, ich hätte nun meinen ersten Sieg über mein schwaches Fleisch errungen. Die Wahrheit war viel weniger glamourös: Der Empfindungsmangel war keine Folge einer neuerworbenen mystischen Fähigkeit, sondern kam daher, dass ich schwitzte. Das Kühlsystem des Körpers tat einfach das, was es tun sollte. Einige Stunden später fühlte sich mein Hinterteil unangenehm weich an, und als ich daraufhin diskret diesen Körperteil untersuchte, zeigte sich, dass sich eine riesengroße Blase an einer sehr sensiblen Stelle gebildet hatte – Beweis dafür, dass meine niederen Regionen meinem geistigen Streben nach Transzendenz schlicht nicht nachkommen wollten!

Solchen Erlebnissen zum Trotz nahm mich die Mystik gefangen. Weisheitslehrer aller Glaubensrichtungen lehrten in Büchern ihre transzendentalen Erkenntnisse, die normale Religionslehrer vermissen ließen. Da sie über die

Begrenzungen ritualisierter Dogmen hinaussahen, sprachen sie voll eigener Autorität von Prinzipien, die das Schicksal von Menschen und Planeten bestimmten. Ich war leidenschaftlich bereit zu lernen, denn diese Lehren zeigten eine allem unterliegende Ordnung und einen intelligenten Sinn hinter dem scheinbaren Chaos der Schöpfung.

Das wichtigste dieser einflussreichen Bücher war die *Autobiographie eines Yogi* von Paramhansa Yogananda. Erstaunlicherweise war meine erste Reaktion auf dieses Werk eine leichte Enttäuschung: Von dem Foto auf dem Cover konnte ich nicht sagen, ob der Autor nun ein Mann oder eine Frau war. Später erfuhr ich, dass eine solche Androgynität Zeichen einer vollkommenen Balance männlicher und weiblicher Anteile ist, und nahm mir vor, Bücher und auch Menschen nicht mehr nach ihrer äußeren Erscheinungsform zu beurteilen.

Als ich das Buch nämlich aufgeschlagen hatte, nahm es mich sofort gefangen. Die Erzählung über das Leben dieses Meisters berührte mich zutiefst. Da ich so sehr bereit war, seiner Botschaft zu folgen, und glücklicherweise auch die Möglichkeit dazu hatte, lagerte ich all meine Besitztümer ein und fuhr zu einem Retreat in die Berge von Kalifornien, wo ich hoffte, die Ausbildung in Meditation und Spiritualität zu erhalten, nach der ich mich so sehr sehnte.

Bitte, denkt jetzt nicht, dass Spiritualität ein Synonym für gewissenloses Handeln oder eine Rechtfertigung für Verantwortungslosigkeit ist. Radikale Handlungen wie meine sind nicht per se empfehlenswert – sie können oft mehr Schwierigkeiten hervorrufen, als sie wert sind. Meine Situation war jedoch so, dass sich dieser Schritt richtig anfühlte. Ich war Single, hatte keine Schulden, arbeitete seit sieben Jahren in demselben Job und brauchte eine lebenswichtige Umgestaltung in meinem Leben. Weitere akademische Ausbildungen oder ein neuer Job waren nicht das, was ich wirklich ersehnte. Schon seit Monaten hatte ich einen seltsamen Zug nach Westen in meinem Inneren gespürt. Zu der Zeit schien das völlig sinnlos zu sein, da ich solche Phänomene noch nicht kannte, aber inzwischen erkenne ich darin eine Art innerer Führung. Glücklicherweise war ich in der Lage, diesem Ruf zu folgen. Ich studierte dann bei einem erfahrenen Lehrer und erwarb mir das Handwerkszeug für mein Lebenswerk. Tatsächlich ist es ein Lebenswerk, denn im Gegensatz zu gewöhnlichen Ausbildungen, die meist einem Programm folgen und verschult sind, zeigt sich die meditative Kompetenz darin, dass man in der Lage ist, zu erkennen. Zunächst sind es nur vorübergehende Einsichten, die sich aber im Laufe der Jahre in Früchte der Weisheit verwandeln, wenn man eine disziplinierte Praxis und Kultur beibehält.

In diesem Rahmen nun gebe ich meinen Lesern den Rat, alle Umstände zu beachten, die sich bedeutungsvoll anfühlen. Erstaunliche, zufällige Ereignisse können in Wirklichkeit Hinweise auf wichtige Schritte sein, die man auf seiner Reise machen soll. Beispielsweise erzählte eine frühere Schülerin, wie sie einmal in einer Buchhandlung ziellos durch die Abteilung mit Büchern über Persönlichkeitswachstum geschaut hatte, als ihr die *Autobiographie eines Yogi* buchstäblich aus einem Regal auf den Kopf fiel. Dann hörte sie von meinen Meditationsausbildungen und schrieb sich in einer Klasse ein. Ihre Freunde fanden diese Zufälligkeit seltsam – ich betrachte sie im Gegenteil als etwas ganz Natürliches. Denn es gibt auch ein Sprichwort, in dem es heißt: „Wenn der Schüler bereit ist, dann wird der Lehrer erscheinen."

Diese Situation hatte nicht unbedingt etwas mit mir zu tun, außer dass ich zu der Zeit als Lehrer verfügbar war, als der evolutionäre Sprung in ihrem Karma sie dazu bereit machte, sich ihrer spirituellen Neugier entsprechend zu verhalten. Es zeigt lediglich die Muster auf, die erscheinen, wenn jemand bereit ist, in eine höhere Seelenebene vorzustoßen. Ein biblischer Ausspruch mit ähnlicher Bedeutung ist der Satz: „Bitte, und dir wird gegeben werden, suche, und du wirst finden, klopfe an, und dir wird aufgetan." (5)Führung ist immer da, auch wenn sie sich manchmal auf wunderliche Weise zeigt. Hier ist ein Beispiel dafür:

Kurz bevor ich nach Kalifornien losfuhr, war ich in einem Gefühlskonflikt. Die gewohnte Umgebung zu verlassen, um ein Meditationstraining zu beginnen, war wirklich ein Sprung ins kalte Wasser – besonders, ihn allein und ohne Freunde zu tun, die diese Erfahrung abgepuffert hätten. Zwischen Freude und Traurigkeit hin- und hergerissen und voll Zweifel entschied ich mich dafür, meinen Kummer in einem chinesischen Restaurant zu ertränken. Ich überredete einen Nachbarn, mit mir dort hinzugehen, und das Tischgespräch wandte sich unausweichlich den bevorstehenden Sorgen zu. „Soll ich wirklich, oder soll ich nicht?" Aber unser Gespräch drehte sich im Kreise, dann kam die Rechnung und mit ihr vier Glückskekse. Ich öffnete meine und begann zu lachen, denn bei all den vielen Möglichkeiten, die darauf hätten stehen können, las ich: „Ja, folgen Sie vertrauensvoll Ihrem Weg." Bei antiken Orakeln hätte man wahrscheinlich zahlreiche heilige Rituale durchführen müssen, um den göttlichen Willen herauszufinden, aber offensichtlich hatte sich der Große Geist hier entschieden, für mich eine witzigere Variante zu wählen.

Unter diesem oberflächlichen Humor jedoch liegt eine bedeutsame spirituelle Lektion verborgen. Lass dich durch Zweifel nicht von deinem Weg abbringen. Sich zu verändern ist hart, und oft ziehen Menschen es vor, bei dem Bekannten zu bleiben, statt das Unbekannte zu wählen, selbst wenn ihnen das nicht guttut. Obwohl man gerne eine Verbesserung möchte, wird die gute Absicht nur zu oft von einem schwachen Willen lahmgelegt. Warum ist das so? Einerseits sind schlechte Gewohnheiten nur schwer zu durchbrechen. Überall enthält die Schöpfung sowohl positive wie auch negative Kräfte, die uns beeinflussen. Wo Licht ist, gibt es auch Dunkelheit. Es gibt Hartes und Weiches, Gutes und Böses, Yin und Yang. Sie alle existieren Seite an Seite, keins ist ohne das andere denkbar. Newtons drittes Gesetz der Bewegung beschreibt dieses Phänomen folgendermaßen:

„Kräfte treten immer paarweise auf. Übt ein Körper A auf einen anderen Körper B eine Kraft aus (actio), so wirkt eine gleich große, aber entgegengerichtete Kraft von Körper B auf Körper A (reactio)." (6)

Metaphysisch betrachtet bedeutet dies, dass oft gegenteilige Kräfte aktiviert werden, wenn wir uns in einer positiven Richtung bewegen. Das kann sich in allen Lebensbereichen zeigen. Denkt mal daran, wie oft euch Freunde zu einem Abend mit selbstgemachter Pasta einladen, gerade, wenn ihr euch entschlossen habt, eine Diät zu machen. Im spirituellen Bereich zeigt sich dieses Phänomen oft so, dass gerade die hochspirituellen Absichten von sabotierenden Tendenzen, ihren Gegenspielern, durchkreuzt werden. So kann es sein, dass ihr mit fester Selbstdisziplin einer Praxis folgen wollt und stattdessen mit euren Versuchungen konfrontiert werdet, dass ihr voll Zweifel seid, wenn ihr gerade fest glauben wollt, dass euer Groll aktiviert wird, wenn ihr gerade vergeben wolltet.

Denkt vielleicht einmal an die klassische Zeichnung, bei der ein Teufel auf eurer einen Schulter und ein Engel auf eurer anderen Schulter sitzt. Beide flüstern euch Botschaften ins Ohr, die euch beeinflussen, aber ihr müsst euch entscheiden, welchem Rat ihr folgen wollt. Jede Bewegung hin zum Licht weckt unausweichlich den Schatten, aber das ist in Ordnung so. Man wird nicht stark dadurch, dass man mit Kleinkindern ringt, und ihr werdet dabei nicht verlassen sein. Wenn ihr beständig seid und fest in die richtige Richtung geht, dann werdet ihr unterstützende Hilfe finden. Negative Kräfte sind nur so lange wirksam, wie man ihnen Macht gibt. Wenn im Inneren defätistische Stimmen zu hören sind, besiege sie durch deine Weisheit. Unpersönliche Dämonen sind nur metaphysische Schädlinge, die in der Absicht kommen, dich zu einem Versagen zu bringen. Schiebe sie zur Seite und gehe voll Vertrauen weiter.

Um zu meiner Erzählung zurückzukommen, so stieg in mir ein fröhliches Abenteuergefühl auf, als ich einmal meine Sorgen vor meiner Abreise überwunden hatte. Dieses Gefühl hielt während meiner gesamten Reise nach Westen an. Dann überfiel mich zum zweiten Mal eine Welle von Widerstand. Ich war am Weg zum Seminarzentrum in Kalifornien angekommen und machte noch eine kurze Pause. Dabei fiel mir auf, wie isoliert und einsam diese Gegend doch war, und ich dachte nur noch: „Was mache ich hier eigentlich?" Was noch schlimmer war, ich konnte geradezu meinen älteren Bruder hören, der sich vor Lachen ausschüttete. Meine Familie war nicht gerade überglücklich gewesen, als ich ihr meine Entscheidung für ein Ashramleben mitteilte, und obgleich ich bei meiner Absicht blieb, fragte mein Bruder während der nächsten sechs Monate, wenn er im Seminarzentrum anrief, jeden, der gerade am Telefon war, ob er einmal mit dem „Mahatma" sprechen könne – seinen Spitznamen für mich, seit ich weggefahren war. Gesegnet seien die älteren Brüder! Da ich nicht wirklich eine Wahl hatte, nahm ich seinen Spott scheinbar locker hin und sagte mir, dass dies auch Teil meiner ungeschriebenen Ausbildung sei.

Am Fuße des Ashrams angekommen, spürte ich also nicht nur einen plötzlichen Panikanfall, sondern mein Auto gab auch noch seinen Geist auf. Nachdem es seinen Teil des Vertrages zur Durchquerung des Kontinents abgeleistet hatte, nahm es offenbar eine Auszeit, was mich gestrandet und unfähig zurückließ, über Alternativen irgendeiner Art nachzudenken, bevor es repariert war. Demzufolge entschloss ich mich, mich darauf zu konzentrieren, dass ich ja Spaß haben und so viel lernen wollte, wie ich konnte. Schließlich hatte ich mich ja für diesen Weg entschieden und nicht umgekehrt.

Die anfänglichen Abläufe waren so neu für mich, dass ich nichts aus meinem bisherigen Leben vermisste. Zwei Wochen später jedoch fiel ich in eine Art

Halbverrücktheit. Der Hatha-Yoga, das Chanten, die Meditationen und die Philosophie, die ich kennenlernte, waren erhebend, der Ausblick war immer überwältigend, und ein gesunder Lebensstil war nun wirklich keine Tortur, aber all diese Heiligkeit wurde mir nach und nach zu viel. Vollkommen ohne Fernsehen, ohne Restaurants, ohne Kinos und Filme litt ich an Reizmangel und sehnte mich nach einem Abend, bei dem ich etwas ganz entschieden Nichtheiliges tun konnte. Doch die nächste Stadt lag zu weit weg, als dass ich sie zu Fuß hätte erreichen können, deshalb machten ein freundlicher Mit-Anfänger und ich einen Plan, wie wir unserer Gutmensch-Depression begegnen könnten: Wir klauten Bio-Pampelmusen aus dem Ashram-Vorratsschrank! Es war ein ziemlich zahmes Vergnügen, aber die verbotenen Früchte schmeckten uns dennoch außergewöhnlich gut!

Wie es oft bei Situationen ist, wenn ein Verlangen nach etwas von etwas anderem durchkreuzt wird, erwiesen sich meine Entbehrungen als ausgesprochen folgenreich. Trotz allem, was in mir nach Reizen strebte, begann ich nun, mich wirklich einzulassen und mich einzurichten. Da es immer noch keine besonderen Ablenkungen gab, wurde ich ruhiger und ließ mich auf die Berge um mich herum ein. Die Ausblicke erschienen mir schöner, und der Frieden, der nach und nach durch die tägliche Praxis in mir entstand, wurde eindeutig immer angenehmer. Für mich begann so eine wirklich schöne Zeit.

Als aber mein Auto endlich repariert war, raste ich sofort zur nächstgelegenen Stadt, um mich so richtig in das Stadtleben zu stürzen. Erstaunlicherweise aber nervten mich die geringfügigsten Reize schon aufs Äußerste. Ich erkannte, dass die meisten Menschen – einschließlich meiner selbst – nach Aktivitäten süchtig sind. Das Arbeitsleben ist davon voll und die Ferien werden oft danach ausgesucht, dass sie Abenteuer bringen, die den Adrenalinspiegel möglichst noch weiter in die Höhe treiben. Die Betonung liegt nur allzu selten auf reinem Sein, und Ruhe zu fördern, ist nicht gerade das höchste Ziel im Leben der meisten Menschen. Das ist paradox, denn die Nervenberuhigung fördert die Fähigkeit, Dinge sinnlich intensiver wahrzunehmen, und verstärkt dadurch die Empfindungsfähigkeit für Freude und Spaß. Wenn wir beispielsweise krank gewesen sind und einige Tage lang nicht aus dem Haus gehen konnten, dann strahlt die Welt buchstäblich, wenn wir endlich wieder nach draußen dürfen. Dabei ist die Welt keine andere geworden, nur unsere Wahrnehmungsfähigkeit hat sich geändert. Die Lektion, die mir mein Ausflug in die Stadt beibrachte, bestand also darin, dass Meditation offenbar die innere Achtsamkeit verstärkt und die Fähigkeit vergrößert, auch Außenreize stärker wahrzunehmen. Es ist unnötig zu sagen: Die verbleibende Ausbildungszeit genoss ich in einem weitaus höheren Maße und mein Enthusiasmus und meine Empfänglichkeit für all das, was sich in mir und um mich herum abspielte, nahmen zu. Als für mich die Zeit des Abschieds gekommen war, fuhr ich ab mit dem Gefühl, ganzer und achtsamer geworden zu sein.

Die Reise zum Erwachen erfordert von uns keine düstere Haltung, keine übermäßige Frömmigkeit oder irgendetwas anderes außer Ehrlichkeit und Da-Sein. Die Reise ist für jeden offen, der bereit ist, sie zu unternehmen und den Preis in der Währung zu zahlen, die dafür erforderlich ist: Sie besteht in aufrichtigem Bemühen. Lass die Wahrheit – so, wie du sie verstehst – dich auch weiterhin führen. Bleib offen, freu dich an dem, was passiert, und lass zu, dass der Prozess sich von sich aus entfaltet.

Kapitel 2

— • —

Begriffe und Konzepte

M an kann viel über die Unterschiede zwischen Religion und Spiritualität sagen und wir werden dies auch im Anhang tun. Ich halte Spiritualität im allgemeinen für überreligiös und ideal geeignet für ein inneres Erwachen: Spiritualität fördert eine unmittelbare Erfahrung des Heiligen und vermittelt Methoden, dies zu erreichen. Zusätzlich vermittelt sie zentrale Aspekte des Göttlichen, Selbsterkenntnis, Wahrheit, Erkenntnis über die Traumfabrik der Wirklichkeit, über das Wesen der Schöpfung und den inneren Kampf der Seele, die alle im Kontext dieses Buches angesprochen werden müssen, um den Prozess der spirituellen Entwicklung auf sinnvolle Weise zu fördern.

Damit meine ich, dass die damit verbundenen Themen intellektuell verständlich und auch für den Menschen nachvollziehbar sein sollten. Kurz gesagt, es gibt eine vernünftige Grundlage dafür, dass ein bestimmter Schritt auf dem spirituellen Weg, und besonders auf dem der Meditation, unternommen wird. Das hilft wahrhaft Suchenden, eine rechte Haltung beizubehalten, und stärkt ihre Entschlossenheit, wenn sie diese Schritte und die damit verbundenen Paradigmen erfassen. Jedes Thema verdient es, dass wir uns intensiv damit auseinandersetzen, aber meine Erklärungen werden bei aller Verständlichkeit sehr knapp gehalten sein. Obwohl die vorgestellten Ideen in den Lehren meiner spirituellen Schule und in der vedischen Tradition wurzeln, ist das hier präsentierte Material bedeutsam für alle Menschen, da die ihm unterliegenden Wahrheiten ihrem Wesen nach universell sind.

GOTT

Was ist Gott? Es scheint fast ein wenig seltsam zu sein, wenn wir versuchen, auf diese Frage eine Antwort zu finden, aber wenn man es nicht wenigstens versucht, dann würden sich alle religiösen und spirituellen Menschen von ganzem Herzen und mit all ihrem Verstand und ihrer Seele etwas widmen, ohne überhaupt zu wissen, was es ist. Und viele von uns tun genau das! Uns reicht es, dem Transzendenten ein Maß an Unergründlichkeit zuzuschreiben, das uns davor bewahrt, es einer genaueren Prüfung zu unterziehen. Glücklicherweise gibt es einige Menschen, die das Göttliche unmittelbar erfahren haben und in der Lage waren, ihm auf akkurate Weise die Eigenschaften und Merkmale zuzuschreiben, die auch den Verstand der Menschheit zufriedenstellen.

Zu sagen, dass Gott liebevoll ist, transzendent, immanent, allgegenwärtig, allwissend und allmächtig, ist ja gut und schön, aber solche Konzepte tun wenig dazu, unser Bedürfnis nach dem Göttlichen zu rechtfertigen. Ohne dieses Verlangen aber wird unsere Beachtung des Göttlichen mehr ein Befolgen und Ehren religiöser Pflichten als eine täglich praktizierte Notwendigkeit. Um das Unfassbare wertzuschätzen, müssen wir zunächst einmal die Eigenschaften hervorheben, die es für uns so schätzenswert macht, und das sind vor allem zwei Faktoren: Macht und Intelligenz.

Macht – auch Kraft – und die Intelligenz, die sie beherrscht, bilden die universelle Matrix. Nichts in der Natur kann sich ohne Macht oder Kraft entfalten. Und ohne Intelligenz kann sich das Universum nicht auf harmonische Weise organisieren. Die Myriaden von Interaktionen der Schöpfung müssen durch eine intelligente Kraft oder Macht gelenkt und kontrolliert werden – wie sie sich manifestiert, wie sie sich erhält, wie sie sich auflöst – denn sonst geht sie keine Verbindungen ein und kann nicht wirksam arbeiten. Zufall ist keine brauchbare Hypothese, wenn man über die unvorstellbare Komplexität nachdenkt, die notwendig ist, Leben herzustellen oder ein Universum zu erhalten, das im Gleichgewicht ist. Darin stimmen christliche und Hindu-Texte überein:

- Ich bin das Alpha und das Omega, der Anfang und das Ende, spricht der Herr, der ist, der war und der sein wird, der Allmächtige. (1)

- Ich bin der Tod, der alles wegträgt, und ich bin der Ursprung aller Dinge, die sein werden…Alle Wesen sterben am Ende eines Weltzeitalters in meine ursprüngliche Natur hinein und ich sende sie dann am Beginn eines neues Weltzeitalters wieder hinaus. (2)

Da eine Intelligenz offenbar die Bildung der Materie lenkt und eine Macht sie belebt, ist eine Arbeitsdefinition von Gott vielleicht die, dass Er „diejenige unsichtbare intelligente Kraft ist, die erschafft, hervorbringt und auf harmonische Weise alle manifesten Dinge entwickelt", oder auch „das Höchste Wesen (die höchste Bewusstheit), die alles beherrscht." (3)

Wir können vielleicht die Vorstellung annehmen, dass es eine unendlich große intelligente Macht gibt, aber selbst das ist nicht in vollem Maße befriedigend. Auf einer bestimmten Ebene wollen wir alle unsterblich sein. Dieses Verlangen ist die Widerspiegelung der eingeborenen Bewusstheit der Seele, dass sie unsterblich *ist.* Auf ähnliche, stille Weise lässt uns die Seele spüren, dass es ihr Wesen ist, in vollem Maße bewusst und in unendlicher Freude zu sein, denn die Vorstellung einer ewigdauernden Unbewusstheit, eines unendlich langen Leidens ist uns ein Gräuel. Davon ausgehend können wir Gott eine vollständigere Beschreibung zukommen lassen: als die höchste und ewig neue, bewusste, vorhandene und freudvoll intelligente Macht, die die gesamte Schöpfung erschafft und lenkt.

Wenn der Höchste Geist so beschrieben wird, dann schickt es sich für uns, dass wir uns mit ihm in Einklang bringen, denn von einem höchsten Bewusstsein gelenkt zu werden, ist allemal besser als eine Führung durch uns Menschen, die wir nur über ein geringeres Bewusstsein verfügen. Und es ist auch ähnlich praktisch, uns mit dem Göttlichen in Einklang zu bringen, wenn Gott als ewig neu bewusst, vorhanden, selig und als Quelle ewiger Glückseligkeit wahrgenommen wird. Eine hingebungsvolle Beziehung zu Gott stellt zudem die Basis für ein glückliches, inspirierendes und erfolgreiches Leben dar, ganz zu schweigen von einem Leben, das einen spirituell erhebt. Wahre spirituelle Suchende sind keine enttäuschten Materialisten. Sie sind in der Lage, die Gesetze, die der Schöpfung unterliegen, für ihren optimalen und materiellen Erfolg anzuzapfen und zu nutzen. Das folgende Szenario ist dafür ein Beispiel:

Ein Freund von mir sagte, dass ich ja schon wirklich ein spiritueller Mann sei, aber im Geschäftsleben wahrscheinlich versagen würde. Ich antwortete:

Die Praxis der Meditation

„Ich werde 5 000 Dollar für dich mit einem Geschäft innerhalb von zwei Wochen verdienen." Er sagte: „Das musst du mir erst beweisen. Ich komme aus Missouri." Ich beeilte mich nicht, Geld in kurzlebige Dinge zu investieren. Stattdessen setzte ich meine Konzentration ein, befreite meinen Geist von allen Störungen und konzentrierte mich auf eine einzige Sache. (Die meisten von uns halten den Suchscheinwerfer ihrer Aufmerksamkeit die ganze Zeit nach außen statt nach innen gerichtet – aber wir sollten unseren Suchscheinwerfer auf die göttliche Quelle in uns richten. Jede Veränderung im Geschäftsleben, jede Veränderung im Planetensystem und im materiellen System – alles ist dort gespeichert. Wir leben nur auf einer Seite des Universums, aber die andere Seite ist berührbarer als diese Seite.) Also setzte ich mich mit dieser Quelle in Verbindung. Gewöhnlich konzentrieren sich Männer nicht so leicht – ihr Geist ist ruhelos und dieser ruhelose Geist stürzt sich auf Lösungen und rennt etwas hinterher, das nicht zu ihm gehört. Aber du musst den Gesetzen gehorchen. Erinnere dich, konzentriere dich und bitte dann die Göttliche Macht.

Und so wurden mir in meinem Inneren, sobald ich mich mit der Quelle in Verbindung setzte, eine Menge Häuser gezeigt. Aber ich saß nicht still in meinem Zimmer und sagte: „Der himmlische Vater wird schon das Hausdach öffnen und 5 000 Dollar in meinen Schoß fallen lassen,", weil ich ihn mit meinen brennenden Gebeten für mich eingenommen hatte. Stattdessen kaufte ich die Sonntagszeitung und schaute mir die Immobilienseiten an. Ich suchte mir einige Häuser heraus und sagte meinem Freund, dass er sein Geld in diese Häuser investieren sollte. Er sagte: „Das ist aber ein sehr unsicherer Tipp." Und ich antwortete: „Mach dir nichts draus, ungläubiger Thomas, und versuche nicht, deinen Erfolg durch deine Zweifel zunichte zu machen." Zwei Wochen später gab es einen Immobilienboom und die Preise für Häuser gingen steil nach oben. Er verkaufte die Häuser wieder und machte einen Gewinn von genau 5 000 Dollar. So zeigte ich ihm, dass die Macht Gottes, des Höchsten Bewusstseins, für uns arbeitet, wann immer wir sie mit Glauben und Vertrauen anwenden. (4)

Letztlich kann man sich mit seinem menschlichen Intellekt kein genaues Bild von Gott machen, weil der Verstand begrenzt ist und nur einseitige, indirekte Informationen schenkt. Gott muss durch die inhärente und nicht irrende Fähigkeit der Seele erkannt werden, die die Wahrheit unmittelbar erkennt, ohne den

Zwischenträger der Sinne. Diese verfeinerte Fähigkeit, die eine unmittelbare Erkenntnis der Wahrheit ermöglicht, ist als Intuition bekannt. Meditation ist das Hauptmittel, die Intuition zu schulen und damit uneingeschränkte Freude und Weisheit zu erfahren.

Selbst-Erkenntnis

Selbst-Erkenntnis bedeutet, Einsicht in das eigene Wahre Selbst zu gewinnen, und zwar in die Seele, nicht in die Persönlichkeit des Egos. Nach den Lehren von Yogananda bedeutet diese Einsicht – in den Körper, in den Geist und in die Seele –, dass wir eins mit der Allgegenwart Gottes sind. Dass wir nicht beten müssen, damit sie zu uns kommt, *„weil wir ihr immer nah sind, weil die Allgegenwart Gottes unsere eigene Allgegenwart ist, weil wir jetzt genauso Teil von Gott sind wie zu allen Zeiten, die noch kommen werden. Alles, was wir dafür tun müssen, ist, unser Bewusstsein dafür zu öffnen."* (5) Die Seele ist in einer ewigen Einheit mit dem unveränderlichen Göttlichen, das sich in menschlicher Form inkarniert hat und untrennbar mit Gott selbst verbunden ist. Gott ist die Quelle, aus der alle Seelen hervorgehen, die Substanz, aus der alle Seelen gemacht sind, und der Urgrund, in den alle Seelen letztlich wieder zurückkehren. Spirituell ausgedrückt, besteht das vorherrschende Ziel der Existenz darin, sich wieder mit dem Absoluten zu vereinigen und dies kann durch Praktiken geschehen, die in der Erkenntnis des Selbst gipfeln.

Wie es der ehrwürdige Heilige Ramana Maharshi erläuterte: *„Glücklichsein ist dem Menschen angeboren und keine Folge äußerer Ursachen. Man muss sich selbst erkennen, um dieses reine Glück für sich zu erfahren."* (6) Im Begriff Selbsterkenntnis ist der Teil des „Erkennens" anstelle des „Wissens" gesetzt worden, denn ein spirituelles Erwachen ist immer etwas, das man erlebt, nicht etwas, das man rein intellektuell erfasst. Wissen bleibt immer noch in der Dualität gefangen – und bedeutet eine Trennung zwischen dem, der weiß, und dem, was gewusst wird. Erkenntnis andererseits ist diejenige Erfahrung, in der der Wissende unmittelbar mit dem zu Erkennenden eins wird und es demzufolge keine Trennung zwischen den beiden mehr gibt. Wissen ist relativ und unvollständig, weil ihm immer noch diese Dualität innewohnt, Erkenntnis andererseits ist absolut, weil es in der vollständigen Einheit keine Relativität mehr gibt.

Die Praxis der Meditation

Wahrheit

Wahrheit ist die unwandelbare Struktur der Existenz, die wir erkennen oder ausdrücken, aber nicht selbst herstellen können. Da sie meist nur die dualistische Natur der Schöpfung erkennen, meinen die Menschen oft, dass Wahrheit relativ sei und in unterschiedlichen Lebensbedingungen einen unterschiedlichen Ausdruck annehmen kann. Sie erkennen nicht, dass Wahrheit absolut ist. In Wirklichkeit ist die ewige Wahrheit, die sowohl in der buddhistischen wie auch in der hinduistischen Tradition als Dharma bezeichnet wird, genau das: eine ganz genaue Übereinstimmung mit der höchsten Wirklichkeit. Sie liegt der Schöpfung zugrunde, sie durchdringt sie und sie erhält sie und transzendiert doch die einfach wahrnehmbare Erfahrung. Sie ist die Essenz der Weisheit und ein Ziel, das befreit: *„Und du wirst die Wahrheit kennen und die Wahrheit wird dich befreien."* (7). Ohne Wahrheit würde es keine Basis für ethische Grundsätze geben, keine für philosophische Fragen und Forschungen und letztliche auch keine Wissenschaft – denn sie alle streben danach, die Gesetze des Seins zu erkennen und mit ihnen in Harmonie zu leben. In einem spirituellen Kontext bestätigt die Wahrheit unsere angeborene Seelennatur und den ursprünglichen Sinn unserer Existenz: die Illusion der Trennung vom göttlichen Geist zu überwinden und eine bewusste Einheit mit dem Göttlichen zu erlangen.

Die Traumfabrik der Wirklichkeit

Bei einem Vortrag zum Thema „Innerer Frieden in turbulenten Zeiten", den ich einmal hielt, sagte ich dem Publikum, das aus lebhaften und intellektuell neugierigen Nonnen bestand, dass das, was wir als Schöpfung wahrnehmen, in Wirklichkeit die kondensierte Gedankenkraft des Geistes ist – eine lebendige, strahlende kosmische Manifestation aus extrem feinstofflichen Schwingungen. Seine scheinbar feste Wirklichkeit verschwindet, wenn wir zum göttlichen Bewusstsein erwachen. Im Bewusstsein, dass diese Bemerkung so verstanden werden könnte, als ob ich die Schmerzen und das Leid, denen sich jeder Mensch von Zeit zu Zeit gegenübersieht, herunterspielen würde, teilte ich mit den Zuhörerinnen eine Vision des Trostes und der Liebe, die mein Meister während des Ersten Weltkriegs geschenkt bekommen hatte:

Eines Tages ging ich in ein Kino und sah einen Nachrichtenfilm über die Situation auf den europäischen Schlachtfeldern. Der Erste Weltkrieg wütete noch im Westen und der Nachrichtenfilm zeigte die Verwundungen mit einem solchen Realismus, dass ich das Kino mit einem schweren Herzen wieder verließ.

„Herr", betete ich, „warum lässt du solches Leid zu?"

Zu meinem großen Erstaunen erhielt ist sofort eine Antwort, die in Form einer Vision über die Schlachtfelder Europas zu mir kam. Die Szenen voll Toter und Sterbender überschritten noch bei weitem an Grausamkeit das, was ich gerade in dem Nachrichtenfilm gesehen hatte.

„Schau genau hin!", sagte eine sanfte Stimme in meinem Inneren. „Du wirst erkennen, dass diese Szenen, die sich gerade jetzt in Frankreich abspielen, nichts anderes sind als ein Spiel des Chiaroscuro, des Hellen und des Dunklen. Sie sind der kosmische Film, ebenso realistisch und unrealistisch wie der Nachrichtenfilm, den du gerade gesehen hast – ein Stück im Rahmen eines Stücks".

Aber damit wollte mein Herz sich nicht zufriedengeben. Dann sprach die Stimme weiter: „Die Schöpfung ist sowohl Licht wie auch Schatten, sonst kann es nie ein Gesamtbild geben. Das Gute und das Böse des maya – sie müssen sich im Kampf um die Vorherrschaft immer abwechseln. Wenn es hier auf der Welt nur noch Freude geben würde – wie könnte der Mensch dann noch nach etwas anderem streben? Ohne das Leid erinnert er sich kaum noch daran, dass er seine Heimat in der Ewigkeit im Stich gelassen hat. Schmerzen bilden den Anstoß, sich wieder zu erinnern. Nur durch Weisheit kann man ihm entrinnen. Die Tragödie des Todes ist unwirklich; diejenigen, die davor zurückschaudern, sind wie der unwissende Schauspieler, der vor Angst auf der Bühne stirbt, obwohl ihn nichts als eine Platzpatrone getroffen hat. Meine Söhne sind die Kinder des Lichts, sie werden nicht auf ewig in der Welt der Täuschung schlafen." (8)

Diese Geschichte erzählte ich nicht in der Absicht, den Einfluss der individuellen oder kollektiven Herausforderungen zu minimieren, sondern um eine stärkende Vision zu vermitteln und um Trost zu spenden. Es ist herausfordernd, die Welt im richtigen Zusammenhang zu sehen, aber spirituell betrachtet ist es lebenswichtig, genau das zu tun. Das rechte Verständnis mindert nicht unser Mitgefühl, vermittelt aber die Stärke, den unausweichlichen Herausforderungen des Lebens zu begegnen und sie zu überwinden, ohne den inneren Gleichmut zu verlieren.

Das Wesen der Schöpfung
Der Mensch

Genau wie wir Menschen mehrere Schichten Kleidung auf unserem Körper tragen, so trägt auch unsere Seele – die unser essenzielles Wesen darstellt – in ihrer Inkarnation drei voneinander getrennte „Mäntel". Der feinstofflichste, feinste dieser Mäntel nennt man den Kausalkörper oder den Vorstellungskörper. Er besteht aus Gedanken und ist zusammengesetzt aus 35 Vorstellungen, die aus dem göttlichen Geist hervorgehen. Er wiederum stellt den Mantel für zwei weitere, dichtere Gebilde dar – den Astralkörper des Lichts, der aus 19 energetischen Komponenten besteht, und den physischen Körper, der aus 16 chemischen Bestandteilen zusammengesetzt ist.

Diese Körper mit ihren unterschiedlichen Schwingungsebenen enthalten die Seele, wie ein zusammengesetzter Bau, den man Mensch nennt.

Dieses Modell ist Teil der klassischen Lehre der Veden über die grobstoffliche und die feinstoffliche Anatomie des Menschen und wird von den esoterischen Mysterienschulen vieler Traditionen angewendet. Ich kann seine Geltung bestätigen, zumindest teilweise. Ein Aspekt dieser Lehre nämlich, den man Astralprojektion nennt, beinhaltet, den Astralkörper vom physischen Körper zu trennen. Man nennt dies gewöhnlich außerkörperliche Erfahrungen. Viele Schüler behaupten nun, es brauche eine besondere Fähigkeit, dies bewusst zu tun, aber wenn wir schlafen, geschieht dies auf eine ganz natürliche Weise. Ohne vorgeben zu wollen, ein mystischer Virtuose zu sein, habe ich doch viele Male dieses Abenteuer unternommen. Während des körperlosen Zustandes habe ich andere Seelen getroffen, bin in mysteriöse Gegenden gereist und habe mich im Weltraum aufgehalten, während ich mir sehr bewusst war, dass ich mich gerade nicht in meinem physischen Körper befand. Gewöhnlich erwähne ich solche Themen gar nicht, denn sie sind schwer zu beweisen und faszinieren vor allem diejenigen Menschen, die sich zu spirituellen Phänomenen hingezogen fühlen. Aber sie sind wahre Erfahrungen, die ich wirklich gemacht habe.

Ähnliche Erlebnisse werden in einer Vielzahl von Büchern geschildert, von denen eins sehr bekannt ist – es handelt sich um Raymond Moodys *Das Leben nach dem Leben. Die Untersuchung eines Phänomens, des Überlebens nach dem körperlichen Tod*. Obwohl einige Forscher argumentieren, das außerkörperliche Zustände lediglich Erscheinungsformen des Sauerstoffmangels im Gehirn sind, können diejenigen, die eine echte außerkörperliche Erfahrung gemacht haben, sich an alle Einzelheiten dieser Erfahrung erinnern – was bei einem Sauerstoffmangel unmöglich wäre. Szenen in Krankenhäusern, die man unter diese Erfahrung fassen könnte, zeigen, dass Menschen mit lebensbedrohlichen Verletzungen, die sterben und sich über ihre Körper erheben, Unterhaltungen sehen und hören können, die mit normalen Sinnen nicht wahrnehmbar gewesen sein könnten. Wenn sie dann zurückkehren und wieder zu Bewusstsein kommen, können sie diese Erlebnisse in lebhaften Farben schildern.

Während dies für die meisten Menschen im Westen durchaus ungewöhnliche Erfahrungen sind, ist es bei den Menschen im Osten oder aus Eingeborenen-Kulturen durchaus nichts Ungewöhnliches, solche Erfahrungen zu machen. Schamanen unterschiedlicher Traditionen beispielsweise unternehmen häufig astrale Reisen als Teil ihrer Pflichten dem Stamm gegenüber. Und auch hier: Diese Themen sind durchaus nicht neu, sie werden nur in Bereichen der mosaischen Traditionen nicht vermittelt. Die Wahrheit bleibt, dass wir nicht nur Wesen mit einem physischen Körper sind.

Wir sind bewusste Funken des allgegenwärtigen göttlichen Geistes – Seelen, die sich vorübergehend in einem physischen Körper inkarniert haben. Die berühmte Maxime von Descartes, dem französischen Philosophen, der sagte: *„Cogito, ergo sum – Ich denke, also bin ich"* (9), ist also, esoterisch betrachtet, falsch. Sie müsste vielmehr umgekehrt lauten: *„Ich bin, also denke ich"*. Das Bewusstsein geht dem Denken voraus und setzt erst dann die Verkörperung in Gang.

Der Übergang vom physischen Körper zu einem Lichtkörper im Augenblick des Todes ist also nichts Rätselhaftes, sondern bezieht sich auf das Loslassen der körperlichen Form und auf das Weiterleben in einem Astraluniversum in astraler Form. Der astrale und der kausale Körper nämlich bleiben unversehrt, wenn der physische Körper verlassen wird. Unsere wahre Existenz endet nie, denn unsere feinstofflichen Körper lassen unsere Existenz auf entsprechenden, anderen Bewusstseinsebenen weitergehen. So lässt uns der Astralkörper im Astralbereich weiter aktiv sein und ebenso der Kausalkörper in seinem Bereich. Der Begriff der Wiedergeburt bezieht sich also auf die unendliche Wiederholung und den ewig und automatisch wiederkehrenden Prozess der Inkarnation in einem physischen Körper, bis wir durch unser spirituelles Erwachen lernen, das zu überwinden, was uns an die materielle Ebene bindet: unser Verlangen. Durch zunehmende Verbindung mit unserem Seelenbewusstsein lassen wir nach und nach unsere Identifikation mit unserem körperlichen, astralen und kausalen Bewusstsein los und werden irgendwann mit unserer Quelle wieder eins. Dieser Fortschritt ist ein natürlicher Evolutionsprozess, der sich ergibt, wenn wir uns des Wesens unserer Seele nach und nach immer bewusster werden.

Stellt euch einen Vogel vor, der in Gefangenschaft geboren wurde. Selbst wenn die Türen seines Käfigs geöffnet werden, bleibt er für gewöhnlich zunächst in seinem Käfig sitzen – dieser ist seine Heimat und alles, was er kennt. Aber irgendwann hüpft er zu der Stange an der Käfigöffnung, fliegt nach draußen, erkundet die Gegend und kehrt dann wieder in seine scheinbar sichere Heimat zurück. Irgendwann jedoch wird sein Instinkt stärker und er fliegt davon, um nie wieder zurückzukehren und so sein Geburtsrecht grenzenloser Freiheit in Anspruch zu nehmen.

Dasselbe gilt auch für uns. Wenn wir nach und nach unsere unendliche Natur erkennen, sie erkunden und uns mit ihr identifizieren, dann wird der Körper zu einem Käfig für die ansonsten allgegenwärtige Seele. Und wenn wir alle körperlichen Bindungen loslassen, sowohl die stofflichen als auch die feinstofflichen und als freie Seelen zu unserer himmlischen Heimat zurückkehren, dann nehmen auch wir unser Geburtsrecht ewiger Freiheit in der Allgegenwart in Anspruch.

Das universelle Drama

In meiner Tradition, die im Kern auf den Lehren der Veden basiert, wird der Sinn spiritueller Übungen mit dem Wesen des Universums selbst verbunden. Alles ist aufgrund der göttlichen Absicht erschaffen worden, die Seligkeit Ihres

Seins mit anderen zu teilen. Da der göttliche Geist absolut und einzigartig ist, schuf er alle Dinge aus sich selbst heraus und modellierte eine Erscheinung von Dualität, um die Schöpfung mit einer relativen Unterschiedlichkeit und Autonomie auszustatten. Unabhängig von ihrer unendlichen Vielfalt jedoch besteht die gesamte Schöpfung im Kern aus einer einzigen Sache: aus göttlichem Geist. Dieses Phänomen kann mit den Wellen eines Ozeans verglichen werden, die sich aus dem Meer erheben und alle voneinander unterschiedlich zu sein scheinen, während sie in Wirklichkeit alle ähnliche Erscheinungsformen einer einzigen Quelle sind.

Die Menschheit ist auf einzigartige Weise begabt, wenn man sie mit den unendlich vielen anderen Erscheinungsformen der Schöpfung vergleicht. Der menschliche Körper ähnelt in vielerlei Hinsicht dem Muster, das auch Tiere aufweisen, denn auch im tierischen Geistkörper liegt ein Seelenwesen, das auch nach dem Plan Gottes geschaffen worden ist. Die Menschen besitzen jedoch eine spirituelle Anatomie, die in der Lage ist, ihren Ursprung und ihre wesensmäßige Einheit mit dem Göttlichen zu erkennen. Seelen, die auf die Erde ausgerichtet sind, sind so beschaffen, dass sie die materielle Ebene in einem Zustand seliger göttlicher Bewusstheit erfahren und sich dann wieder mit dem göttlichen Geist vereinen können.

Unglücklicherweise besteht ein Aspekt der schöpferischen Kraft, die mit der Fähigkeit ausgestattet ist, diesen ewig-neuen Schöpfungsprozess zu beeinflussen – und der von den Hindus Maya, von den Buddhisten Mara und von den Christen Satan genannt wird – darin, dass er sich dafür entschied, sich dem göttlichen Plan zu widersetzen. Indem er ursprüngliche Elemente wie Täuschung und Verlangen schuf, lockt er die Seelen vom göttlichen Geist weg und hält sie so in ihrer körperlichen Erscheinungsform gefangen. Der allmächtige Gott könnte diese Situation ganz leicht erlösen, ermöglicht es jedoch gleichzeitig dem freien Willen, seine Entscheidungen zu treffen, auch wenn dieser sich dabei auf unvollkommene Weise ausdrückt, denn er weiß, dass die göttliche Liebe unausweichlich die gesamte Schöpfung zu ihrer Quelle zurückziehen wird, die aus dem göttlichen Geist besteht. Der Sinn spiritueller Praxis im Licht dieser Vorstellung besteht also darin, die Täuschung und Illusion der Trennung vom Geist zu überwinden und zur vollständigen und vollkommenen Einheit mit der Gottheit zu erwachen. Dies ist wie eine Art Mikrokosmos, eine persönliche Antwort auf die makrokosmische, die universelle Situation, der sich die gesamte Schöpfung gegenübersieht.

Seelenkampf

Der Sündenfall der Menschheit, der symbolisch in den Garten Eden verlegt worden ist, beschreibt sinnbildhaft die göttliche Persona, die Seele des Menschen, die danach strebt, den animalischen Teil zu überwinden, und tut dies mit dem Bild des Kampfes zwischen Materie und Geist. Das führt uns zurück zu Polarisierung der gegensätzlichen Kräfte. Die spirituelle Bedeutung des Verlustes des Paradieses, des „Sündenfalls", kann man auf vielen subtilen Ebenen betrachten. Er beschreibt im Grunde den Abstieg des Bewusstseins im Menschen aus einer Gotteseinheit (dem Paradies) zu einer Entfernung von Gott durch die Identifikation mit dem physischen Körper und der darauffolgenden Fixierung auf die materielle Wirklichkeit. Indem sie nur noch die materiellen Aspekte ihrer selbst und der Natur wahrnehmen, werden die Menschen verwirrt und getrennt von der feinstofflichen spirituellen Bewusstheit und der Wahrnehmung des Göttlichen.

In verschiedenen östlichen spirituellen Traditionen wurde die Symbolik der Geschichte vom Paradies auch in bildhafter Sprache interpretiert.

Der Garten Eden meint in einer solchen symbolischen Auslegung den menschlichen Körper. Der Baum des Lebens ist die Wirbelsäule mit ihren den Körper belebenden Nervenbahnen, und hat, wie die Zweige eines umgekehrten Baumes, seine Wurzeln in der Krone des Kopfes. Die Früchte des Gartens repräsentieren verschiedene Sinneseigenschaften und damit zusammenhängende Wahrnehmungen. Die Bäume im Zentrum des Gartens beziehen sich auf die unterschiedlichen Nervensysteme, und der Baum der Weisheit des Guten und des Bösen bezieht sich auf die erneuerbare Religion und seine Frucht auf die Sinneswahrnehmungen, Empfindungen, Erfahrungen, Genussmöglichkeiten. Die Schlange wäre dann die sich spiralförmig nach oben windende Kundalini-Kraft (die latente spirituelle Energie), die an der Basis der Wirbelsäule zu finden ist. Adam und Eva sind Symbole für die ersten Menschen.

Im Garten des Gottesbewusstseins gilt das Gesetz: „Ihr könnt von allen Bäumen im Garten essen (euch also aller Sinnesreize erfreuen), aber vom Baum des

Wissens über das Gute und das Böse sollt ihr nicht essen, denn an dem Tage, an dem ihr davon esst, werdet ihr ganz sicher sterben." (10) Manche Leser nehmen dieses Gesetz nicht so gerne an, da es ganz eindringlich vor etwas warnt, was die meisten als ein dem Menschen angeborenes, natürliches, Verlangen nach Lust, Sinnengenuss und Vergnügen ansehen. Dennoch sagt die esoterische Auslegung, und zwar ganz unabhängig von irgendeiner Wertung, dass die Menschen in einem Zustand des Gottesbewusstseins waren und die Macht hatten, durch göttliche Erlaubnis all das hervorzubringen, was sie brauchten, sodass materielle Mittel dazu unnötig waren. Indem sie vom Baum des Wissens über das Gute und Böse aßen, wurde ihr erhobener Bewusstseinszustand von einem Zustand der Einheit in einen Zustand der Dualität – des Guten und des Bösen – herabgezogen, wodurch sie schließlich die göttliche Macht verloren, die sie vorher besaßen. Dieser Abstieg in die Relativität ist die wahre Bedeutung des Sündenfalls.

Wenn man dies weiter untersucht, dann gibt es in jedem Menschen danach einen Adam, eine maskuline Seite, die mit vorherrschend rationalen, analytischen Eigenschaften ausgestattet ist. Ebenso hat jeder Mensch auch eine Eva in sich, einen weiblichen Anteil, der mit vorherrschend emotionalen, fühlenden Eigenschaften ausgestattet ist. Wenn die Schlange, die Kundalini, die Wirbelsäule emporsteigt, stimuliert sie das sexuelle Nervensystem und ruft entsprechend ein Verlangen hervor, sich in entsprechende Betätigungen zu stürzen. Wenn nun das weibliche Prinzip des Bewusstseins mit dem Impuls nach Sinneserfahrungen konfrontiert ist, dann versucht es das männliche analytische Prinzip im Menschen dazu zu bringen, diesem zu folgen. Wenn dieses nun diesem Zug nicht erfolgreich widersteht, dann unterliegt das rationale Prinzip, das in der Paradiesgeschichte durch Adam symbolisiert wird. Und wenn dann einmal die ursprüngliche sexuelle Erfahrung erlebt wurde, dann ersetzt von nun an das dualistische „Wissen um das Gute und das Böse" das der himmlischen Einheit, und die unbefleckten schöpferischen Kräfte werden reduziert auf die einer rein körperlichen Anstrengung, bei der man „im Schweiße des Angesichts" arbeiten muss. Aus dem Paradies geworfen zu werden, bedeutet also den Abstieg des Bewusstseins aus der göttlichen in die relative Sphäre.

Das Gesetz der Wiedergeburt ist eine weitere Folge des Sündenfalls, das durch die Macht der Täuschung in Gang gesetzt wird, um die Verkörperung der Seele unendlich lange fortzusetzen. Die Ermahnung, dass wir „am Tag, an dem wir davon essen, ganz sicher sterben werden", bedeutet, dass die Seelen, statt sich nach dem irdischen Leben wieder mit dem göttlichen Geist zu vereinen, vom Gesetz des Karma gezwungen werden, sich immer wieder körperlich zu inkarnieren, bis alles materielle Verlangen ausgelöscht ist. Dieses Gesetz erklärt, warum Buddha lehrte, dass das Verlangen die Wurzel allen Leidens ist; es macht die Seele blind gegenüber der Wahrnehmung ihrer wahren spirituellen Essenz und bindet sie an das Rad der Wiedergeburt. Wie schon früher gesagt, werden spirituelle Praktiken – und besonders die Meditation – als befreiende Kräfte gesehen, die aus diesem Kreislauf der zyklischen Geburten herausführen können. Die Seelen gewinnen so ihre letzte Selbständigkeit, ihre Erlösung, indem sie ihre wahre Natur erkennen und dann bewusst wieder aufsteigen, um sich mit Gott zu vereinen.

Hierin liegen eine metaphysische Huldigung der Schöpfung gegenüber und der Abstieg des Menschen begründet. Der Fall aus der göttlichen Einheit in die Sphäre der Dualität ist das Stadium, in dem jede Seele ihren eigenen Kampf kämpfen muss, um ihre angeborene und höchste Freiheit im Geist zurückzuerlangen. Der Kampf des Geistes gegen das Fleisch ist so fundamental für die spirituelle Reise, dass wir noch einmal betrachten wollen, um was es dabei geht: Die Seele, die sich mit der materiellen Ebene identifiziert hat, wird von den Sinneseindrücken beeinflusst. Das spirituelle Streben, das im ganzen Körper vorhanden ist, verwechselt nun die angenehmen Nervenreize, die sich als körperlicher Genuss zeigen, mit der dauerhaften, angeborenen Freude des Geistes. So getäuscht, erfreut sich die Seele an weltlichen Verblendungen, bis sie erkennt, dass die Seligkeit, nach der sie sich sehnt, durch materielle Mittel nicht erreicht werden kann. Dann kämpft sie darum, die Einschränkungen der Natur und die damit verbundenen Zyklen der Wiedergeburt zu überwinden, um endlich eine bleibende Befriedigung im Geist zu finden. Und, um es erneut zu betonen: Der Sündenfall der Seele in die Täuschung, ihre Reue und ihre Heimkehr, die zu irgendeinem Zeitpunkt stattfindet, ist ein universeller Mythos. Viele östliche Traditionen beschreiben diesen Prozess als Befreiung. Das Christentum nennt ihn Erlösung: *„Denjenigen, der seinen Eigenwillen überwindet, werde ich zu einer Säule im Tempel meines Gottes machen und er wird diesen nicht mehr verlassen." (11)*

Die auf Abraham zurückgehenden Traditionen verbergen diesen Archetyp hinter dem Gleichnis vom Verlorenen Sohn. Hier eine interpretierende Darstellung dieser Geschichte:

Es waren einmal zwei Söhne (Seelen) und ihr Vater (Gott). Der jüngere Sohn bat um sein Erbe und erhielt es auch (die göttliche Unabhängigkeit und den freien Willen). Er verließ seine Heimat (die Einheit mit dem göttlichen Geist) und reiste weit fort. Dabei verlor er aufgrund seines Lebensstils alles, was er besaß (er wurde Opfer der Sinnesreize und der Identifikation mit dem Materiellen). Als er am Verhungern war und von anderen verfolgt wurde (als er unter den Folgen seines Karmas und seiner falschen Handlungen zu leiden begann), erkannte der Sohn, dass es ihm besser zu Hause gehen würde (er erkannte seinen Irrtum). Er kam zu seinem Vater zurück und bat ihn, nachdem er bekannt hatte, dass er unwürdig sei, weiterhin sein Sohn zu sein, um eine Arbeit als sein Knecht (Reue).

Statt dass er ihn aber nur als Diener in sein Haus aufnahm, gab der Vater ein wunderbares Fest (Zeichen des göttlichen Mitgefühls und der Vergebung). Als er das hörte, wurde der ältere Sohn wütend und beklagte sich, dass sein Vater ihn niemals mit solcher Großherzigkeit behandelt habe, obwohl er ihm doch stets zu Willen gewesen sei. Der Vater antwortete ihm, dass seine Treue ihm den ständigen Zugang zu seinem Reichtum offengehalten habe (er war in dauerhafter Einheit mit dem Göttlichen gewesen). Der jüngere Sohn jedoch war für ihn wie gestorben. Er hatte sich selbst verloren (war aus der göttlichen Einheit gefallen) und hatte sich seiner Verrücktheit (Täuschung) anheimgegeben, war dann jedoch zurückgekehrt (in seine wahre Heimat im göttlichen Geist). Und so war es richtig, dass er ihn feierte (ihm vergab) und seine Rückkehr mit einem Fest beging (da er bereute und dies selbst erkannt hatte), denn es war ein wahrhaft geliebter Sohn aus dem Grab des Irrweges (aus den Zyklen der Wiedergeburt) zurückgekehrt zu einem rechtschaffenen Leben (zur Erlösung und Wiederauferstehung im Geist).

Das Drama dieses Sohnes ist das Drama jedes Menschen, denn wir alle sind vom Wege abgekommen. Dennoch müssen wir, obwohl wir in einer Unzahl von Leben unzählige Irrtümer begangen haben, das Bewusstsein gewinnen, dass wir ewiglebende Seelen sind, nicht ewige Sünder. Sünde ist vor allem Unwissenheit, eine Folge unharmonischer Taten oder Gedanken, die uns daran

Die Praxis der Meditation

hindert, unser wahres, allzeit vollkommenes Selbst zu erkennen. Die Bestätigung des Status als Sünder ist metaphysisch betrachtet ein Irrtum, denn er behindert unsere Erkenntnis, dass wir eigentlich im Kern göttlich sind. Diese Behauptung ist keine Bestätigung dafür, dass wir uns weigern, unsere Fehler zu erkennen, oder dass wir bereuen, Schlimmes getan zu haben. Nein, aber wir müssen uns auch davor hüten, uns lediglich mit unseren Fehlern zu identifizieren oder gerechtfertigte Reue in übermäßige Selbstbestrafung zu verwandeln – das wäre eine Perversion von Reue. Zu bereuen bedeutet, unsere Fehler und Irrtümer voll und ganz anzunehmen und uns demütig und dauerhaft von ihnen abzuwenden, und zwar in Gedanken, Worten und Taten, da sie das kosmische Gesetz verletzen und unsere wahre Erkenntnis behindern.

Der göttliche Geist jubelt, wenn die Seelen über die verführerischen Reize der Täuschung triumphieren. Es ist nicht einfach, die Fallstricke der Unwissenheit zu überwinden, und es erfordert einen harten Kampf gegen manche scheinbar natürlichen Impulse. Dennoch, wie die Heilige Teresa von Avila den Nonnen ihres Ordens empfahl: *„Seid nicht bestürzt, meine Töchter, im Angesicht der Vielzahl der Dinge, die ihr beachten müsst, bevor ihr euch auf diese göttliche Reise begebt, die der Königsweg zum Himmel ist. Indem ihr diese Straße wählt, gewinnt ihr so viele kostbare Schätze, dass es kein Wunder ist, wenn die Kosten dafür so hoch erscheinen. Die Zeit wird kommen, wenn wir erkennen, dass alles, was wir bezahlt haben, nichts im Vergleich zu dem ist, was die Größe unseres Preises ausmacht, den wir dadurch gewinnen.“* (12) Deshalb: *„Lasst nichts euch davon abhalten. Lasst nichts euch erschrecken. Alles geht vorbei, doch Gott verändert sich nie. Geduld erreicht alles, wonach sie strebt. Derjenige, der Gott besitzt, merkt, dass ihm nichts fehlt, Gott allein ist alles, was man braucht.“* (13)

Seid also beherzt, tut euer Bestes und vertraut auf Gott. Dem göttlichen Geist ist es nicht gleichgültig, dass wir Herausforderungen zu bewältigen haben. *„Wo auch immer die Tugend (das Dharma) abnimmt und das Laster (das Adharma) vorherrscht, werde ich als ein Avatar (ein göttliches Wesen, das materielle Form annimmt) inkarnieren. In sichtbarer Form erscheine ich dann, von Zeitalter zu Zeitalter, um die Tugendhaften zu schützen und um die Bösewichte zu zerstören, damit die Gerechtigkeit wiederhergestellt wird.“* (14)

Kapitel 3

——— • ———

Der Lehrer:
einen erleuchteten Führer finden

D ie buddhistische Tradition benennt konkret und genau die Grundlagen für den Erfolg auf dem spirituellen Weg. Diese Grundlagen werden poetisch die „Drei Juwelen" genannt und nennen dabei explizit den Buddha, was „ein erleuchteter Lehrer" bedeutet, die Sangha, was bedeutet, sich in guter und ähnlich ausgerichteter andachtsvoller Gesellschaft zu bewegen, und das Dharma, was die ewige Wahrheit, das kosmische Gesetz, symbolisiert. Jedes dieser Elemente spielt eine bedeutsame Rolle bei der spirituellen Entwicklung, und die Prinzipien, die sie verkörpern, sind für alle Traditionen und alle Zeiten bedeutsam. Wir haben die Wahrheit zuvor definiert als die exakte Übereinstimmung mit der absoluten Wirklichkeit – in den nächsten beiden Kapiteln werden wir uns auf das Wesen und die Funktion des Lehrers und der guten Gesellschaft konzentrieren.

Der erleuchtete Lehrer

In den frühen Stadien der spirituellen Suche finden die meisten Menschen Wertvolles in Büchern und in Anfängerkursen. Wenn ihre Seelen aber in ausreichender Weise entwickelt sind, dann schickt ihnen Gott einen erleuchteten Lehrer als Meister oder Guru, was „Vertreiber der Dunkelheit" bedeutet. Meister werden so genannt, weil sie die Meisterschaft über sich selbst erlangt haben, nicht über andere, und weil sie, wenn sie erwählt sind, als Guru oder erleuchteter Lehrer zu wirken, von göttlicher Macht für diese Aufgabe ausgewählt werden, nicht aber, weil sie sich selbst dazu ernennen. Sie sind erwählte Kanäle heiliger Weisheit und eine heilige Macht für alle, die in spiritueller Not sind. Jesus beispielsweise ist der Guru der Christen, so wie dies Gautama für den buddhistischen Glauben ist. Krishna, Rama und andere, die Ähnliches erreicht haben, werden in verschiedenen Hindu-Richtungen verehrt. Erleuchtete Meister sind sehr selten, und obwohl sie eine physische Verkörperung darstellen, überschreiten sie doch die gewöhnliche Sterblichkeit. Da sie die höchsten Ebenen der Selbsterkenntnis verwirklicht haben, sind sie befreite Seelen, deren Bewusstsein sich immer in der Einheit mit Gott befindet. Nicht länger gebunden an Eigenschaften des Ego, die die reine Ausdrucksform des göttlichen Geistes in ihnen begrenzen könnten, kommen sie aus dem einzigen Zweck auf die Erde, um anderen dabei zu helfen, Erleuchtung zu erlangen – Erlösung von der Gebundenheit an die Welt der Illusion.

Jeder Meister ist für eine ausgewählte Gruppe von Jüngern geeignet, für die er geschickt worden ist. Wie Jesus sagte: *„Niemand kann zu mir kommen, außer durch den Vater, der mich geschickt hat, ihn anzuziehen: Und ich werde ihn bis zum Jüngsten Tag erheben."* (1) Dieses Gesetz der göttlichen Affinität zieht reife Seelen zu Lehrern hin, die zu ihnen passen, wenn die Zeit dafür gekommen ist. Meister dienen vielleicht kleinen Gruppen oder Weltpopulationen, die Größe ihrer Anhängerschaft ist dabei unerheblich und verändert auch nicht die Qualität ihrer Verwirklichung und die Wahrheit ihrer Lehre. Worauf es ankommt, ist lediglich, dass sie dafür legitimiert sind.

Im Westen haben wir verschiedene vermeintliche indische Gurus kennengelernt, die sich verschiedene Aspekte der klassischen Meister-Jüngerschaft fälschlicherweise angeeignet haben, um ihre Jünger, die davon natürlich nichts ahnten, ihres Geldes, ihrer Besitztümer und ihrer sexuellen Hingabebereitschaft zu berauben. Dasselbe kann man von Sektenführern sagen, die die ihnen anvertrauten Menschen zu falschen Zwecken missbrauchen. Diese Lehrer sind falsche Lehrer, und nichts kann ihre Doppelzüngigkeit rechtfertigen. Die Frage jedoch, die sich an diesem Punkt stellt, ist: Wie findet man einen echten Lehrer? Da das Bewusstsein eines Meisters sich in Sphären befindet, die jenseits gewöhnlicher menschlicher Zugangsmöglichkeiten sind, braucht es manchmal einen Meister, um einen anderen Meister zu erkennen. In jedem Fall kann man sagen, dass große Lehrer an drei Punkten gemessen werden können: an ihrem Verhalten, an ihrer Fähigkeit, fortgeschrittene Bewusstseinszustände bewusst herbeizuführen, und an ihrer Förderung heiliger Schüler – denn, wie das Sprichwort sagt: Die Bäume wird man an ihren Früchten erkennen.

Wir würden niemandem einfach erlauben, uns zum Bergsteigen in die Berge zu führen, und das bedeutet, dass wir auch niemandem folgen sollten, nur weil er oder sie erklärt, ein spiritueller Führer oder ein erleuchtetes Wesen zu sein. Wie es so schön heißt, kann man vieles einfach behaupten, und Anfänger auf dem spirituellen Weg sind manchmal charismatischen Führern gegenüber anfälliger, weil sie scheinbar wundersame Fähigkeiten entfalten, aber dann irgendwann zeigen, dass sie nicht über das echte spirituelle Format verfügen. Vorsichtige Nachforschung ist hier der beste Weg, den man einschlagen sollte. Erkundet darum verschiedene Wege, kümmert euch um die Meister, die sie erschaffen haben und um die gegenwärtigen Führer und die Lehrwerke, die sie hervorbringen. Ganz ähnlich wie bei der Wahl eines geeigneten Lebenspartners solltet ihr sorgsam hinschauen und prüfen, bevor ihr euch bindet – entwickelt darum erst eine Bekanntschaft mit den Konzepten und Praktiken, bevor ihr euch auf eine tiefere spirituelle Beziehung einlasst.

Schreitet voran und behaltet eure Wachsamkeit bei, ohne euch in irgendetwas hineinzustürzen oder euch unter Druck setzen zu lassen, irgendeinem Lehrer oder einer Disziplin zu folgen, die sich nicht richtig anfühlt. Traut euren Gefühlen. Nehmt wahr, ob ihr dabei zu einem glücklicheren, besseren Menschen werdet – an euren eigenen Standards gemessen –, und bittet Menschen, denen ihr vertraut, um eine objektive Rückmeldung, und das sollten nicht notwendigerweise Menschen sein, die sich in derselben Gruppe befinden, die ihr gerade erforschen möchtet.

Ehrliche Abwägung und Unterscheidungsfähigkeit sind hier extrem wertvoll und helfen dabei, eine ausschlaggebende Fähigkeit auf dem spirituellen Weg zu entwickeln: gutes Urteilsvermögen. Die Meister und die Lehren, die sie verkünden, müssen jeden einzelnen Aspekt der moralischen, rationalen und spirituellen Integrität des Suchenden zufriedenstellen. Ihr solltet nicht zulassen, dass eure Integrität infrage gestellt oder eure Intelligenz herabgesetzt wird, nur weil ihr achtsam forscht und einen gesunden Skeptizismus an den Tag legt. Genau wie wir Gold testen müssen, um seinen Wert zu ermitteln, so müssen wir auch Meister, Lehrer und Lehren sorgsam prüfen, um ihre Fähigkeit zu ermitteln, euch dabei zu helfen, Gott zu erreichen.

Obwohl die Erforschung spiritueller Wege also ratsam und notwendig ist, kann sie auch paradoxerweise eine Art metaphysischer Verdauungsstörung hervorbringen, die ebenso wirkt, wie wenn man zu viel nährstoffreiches Essen durcheinander gegessen hat. Deshalb gebt euch einem echten Lehrer und seinen Lehren mit aller Freude hin, wenn ihr ihn einmal gefunden habt. Ihr werdet wissen, was das Richtige für euch ist, wenn euer Herz mit einer Art intuitiven Wiederkennens und voll Freude reagiert, die sich mit eurer wohlabgewogenen Betrachtung verbindet. Da zudem die Qualität der inneren Erfahrung wichtiger ist als die Breite der Vielfalt, ist es besser, mit einem Lehrer wirklich in die Tiefe zu gehen, statt sich vielen nur ein wenig anzuvertrauen und von einem zum anderen zu wechseln. Ehre alle Wege, aber bleibe deinem eigenen treu.

Ich selbst habe meinen Meister gefunden – oder vielleicht war es auch andersherum –, nachdem ich schon viele Jahre eher unbewusst gesucht hatte. Schon als Jugendlicher fühlte ich mich von charismatischen Menschen angezogen, die weise schienen, aber mich irgendwann unausweichlich enttäuschten, weil sie sich unangemessen verhielten. Nach vielen solcher Enttäuschungen entschied ich mich dafür, niemals wieder jemandem zu folgen, der sich nicht als echter Meister erwiesen hatte. Selbst nachdem ich mich in die *Autobiografie eines Yogi* verliebt hatte, dauerte es noch viele Jahre, bevor ich Yogananda als meinen Guru anerkannte. Wenn ich an jenen Augenblick denke, kann ich mich sehr genau erinnern, wie ich zum Schüler seines Weges gemacht wurde und wie es sich anfühlte, dies zu spüren:

Ich war schon mehrere Wochen lang auf dem Yogaseminar gewesen, als eine formelle Initiationszeremonie angekündigt wurde. Bis dahin hatte ich einfach locker die Neuheit meiner Erfahrungen genossen, aber das sollte nun anders werden. Die Gelegenheit, die ich nun bekam, mich zum Schüler eines Meisters zu machen, war nichts, was ich leicht nehmen wollte. Ich war allerdings erst im allerletzten Moment auf die Veranstaltung aufmerksam gemacht worden. Ohne viel Zeit für ein genaues Abwägen zu haben, ließ ich schnell vor meinem inneren Auge all das ablaufen, was ich im Laufe der Zeit hier erlebt hatte, und ich erkannte intuitiv, dass ich ein tiefes Gefühl von Richtigkeit und ein Gefühl spürte, dass ich spirituell zu Yogananda und seinen Lehren gehörte. Er vermittelte eine authentische Praxis und Weltsicht, die ich ohne Wenn und Aber annehmen konnte.

Die Zeremonie selbst war nicht sehr aufwändig. Die Teilnehmer wurden einfach gefragt, ob sie wünschten, Schüler dieses Weges zu werden. Um das auch zu erwähnen: Solche Rituale sind in der Tradition von Yogananda nicht verbreitet, aber dieses unterstützte mich dabei, meine Absichten zu klären, deshalb nahm ich teil. Als ich an der Reihe war zu antworten, spürte ich, wie eine außergewöhnliche Stille sich auf mich herabsenkte. Das Universum schien den Atem anzuhalten und in diesem Schweigen zu bestätigen: „Du allein musst diese Entscheidung treffen, kein Einfluss von außen wird deinen freien Willen beeinträchtigen." Ich entschied mich dafür, Jünger zu werden, und fühlte sofort, dass ich von einem seltenen und heiligen Band umgeben war. Bis zum heutigen Tag sehe ich in der Wahl eines echten Meisters das Wertvollste, das jemand tun kann.

Meisterlehrer werden nicht durch persönliche Vorliebe erwählt. Sie sind von Gott auserwählte Kanäle für die göttliche Weisheit und Gnade, die für jede einzelne Seele auf einzigartige Weise ausgerichtet sind. Die Beziehung zwischen Meister und Schüler existiert auf eine ganz besondere Weise, um empfängliche Jünger über viele Leben – wenn dies nötig sein sollte – in befreite Seelen zu verwandeln. Ich bin sehr oft gefragt worden, ob es wirklich nötig ist, einen Meister zu haben, um Befreiung zu erreichen. Während manche glauben, dass die Antwort auf diese Frage Nein ist, kennt jede Kultur irgendeine Form spiritueller Schülerschaft, wenn man mystisches Wissen erlangen will. Yogananda erklärte einmal, dass die spirituelle Befreiung der Seele einem göttlichen Gesetz zufolge der Vermittlung durch einen Guru bedarf. Johannes der Täufer übernahm diese Funktion für Jesus (mehr davon später) und erfüllte so ein heiliges Mandat in „aller Rechtschaffenheit". (2)

Im Westen nehmen Menschen die Tatsache hin, dass man für einen Sport oder eine Ausbildung zu einer besonderen Schule gehen muss, und denken darüber nicht einmal nach. Sie wissen, dass die Lehrer umso besser werden müssen, je weiter man in einem bestimmten Bereich kommen will, um seine Fähigkeiten zu erweitern. Im spirituellen Bereich gibt es eine erstaunliche Ablehnung dieser Dynamik. Das Ego schützt seine geliebten Eigenheiten und Anhaftungen, seine Vorlieben und Abneigungen und bemäntelt sie mit einer Verkleidung aus persönlichen Bedeutungen, die wir ihnen geben. Man braucht große Charakterstärke, wenn man seine egoistischen Ausrichtungen aufgeben und sich auf demütige Weise mit seinen unzähligen Konditionierungen konfrontieren will, die die eigene Seele verdunkeln und verwirren. Genauso, wie wir uns qualifizierten Ärzten anvertrauen müssen, wenn wir eine Operation vor uns haben, müssen wir uns hingeben, wenn wir unser Selbst reinigen wollen. Dieser Prozess erfordert eine Fähigkeit eines Wesens, das ohne jeden Zweifel dem Göttlichen ergeben ist, also eines Meisters, um einschneidende Veränderungen bewirken zu können und um die Operationen am Ego vorzunehmen, die dann zur Selbst-Erkenntnis der Seele führen. Sich mit einem Meister zusammenzutun, schenkt einem die Gelegenheit, das eigene Bewusstsein auf eine Ebene zu heben, auf der man Einsichten gewinnt, die normalerweise nicht möglich wären. Eine solche Verbindung ist die metaphysische Entsprechung des Gleichnisses vom Bräutigam: *„Dann kamen zu ihm die Schüler des Johannes und sprachen: Warum fasten wir und die Pharisäer so oft und deine Schüler nicht? Und Jesus sprach zu ihnen: Können die Kinder des Brautgemachs trauern, so lange der Bräutigam bei ihnen ist? Aber der Tag wird kommen, an dem der Bräutigam von ihnen genommen wird, und dann werden sie fasten."* (3)

Spirituelle Praxis bringt einem Gott näher. Das Schwingungsfeld eines Meisters ist so, dass Schüler, die ihm nahe sind, vorübergehend sogar all ihre intensiven Bemühungen unterbrechen können, weil das Göttliche in der Gegenwart ihres Meisters so einfach zugänglich für sie ist. Wenn der Meister dann jedoch stirbt, dann müssen die Praktiken, die das Bewusstsein erheben, unbedingt wieder aufgenommen werden. Unbedingt erforderlich für Schüler ist, dass sie die Aufnahmebereitschaft für das üben, was vom Meister ausgeht und durch ihn hindurchfließt, ganz gleich, ob Letzterer noch unter ihnen weilt oder nicht. Diese Notwendigkeit kann man auch in dem Satz erkennen, in dem es heißt: *„Aber all jenen, die ihn empfingen, denen gab er die Macht, zu Söhnen Gottes zu werden."* (4) Der wahre Trick besteht darin, zu lernen, rezeptiv und auf Gott ausgerichtet zu bleiben, während man solche spirituellen Praktiken wie Meditation übt und auch, wenn man seinen täglichen Pflichten nachkommt.

Die nächste Geschichte erzählt von einem weiteren Mann, der einen echten spirituellen Meister suchte. Ein sehr intelligenter, hochmotivierter Mann reiste einst durch das ganze Land Indien und fragte viele verschiedene Lehrer, ob sie Gott erkannt hätten. Nach vielen Enttäuschungen antwortete ein heiliger Mann endlich mit dem Wort „Ja". Diese hohe Seele war Sri Ramakrishna. Der zweifelnde Sucher entschloss sich, den Heiligen zu prüfen und tat das auch – bei jeder Gelegenheit, und das viele Jahre lang – damit er sich endlich sicher sein könnte. Bei einer dieser Prüfungen sagte Ramakrishna zu ihm: *„Du musst mich prüfen, wie Geldwechsler ihre Münzen prüfen. Du sollst mich nicht annehmen, ehe du mich nicht sorgfältig geprüft hast."* (5)

Der Schüler schaffte es trotz intensiver und fortdauernder Prüfung nicht, dem Heiligen irgendeinen Fehler nachzuweisen. Endlich fand er etwas: Er spionierte Ramakrishna nach und sah, wie er sich nachts unbekleidet in die Wälder davonstahl. Der Mann dachte, er könne ihn jetzt bei einem sexuellen Abenteuer erwischen, und schlich ihm vorsichtig nach. Aber was sein Nachspionieren ergab, war etwas ganz anderes, als er gedacht hatte: Ramakrishna floh tatsächlich nackt in den Wald, aber nur, um dort wie ein Baby zur Göttlichen Mutter zu beten. Endlich konnte der Schüler nicht anders: Er nahm Ramakrishna als seinen Guru an. Er wurde Ramakrishnas hingebungsvollster Schüler, Swami Vivekananda. Wenn er diese Geschichte erzählte, dann pflegte Swami Vivekananda zu sagen: *„Ich habe sechs lange Jahre gegen meinen Meister gekämpft, mit dem Ergebnis, dass ich jetzt jeden Quadratzentimeter seines Weges kenne."* (6)

Da der spirituelle Bereich, ähnlich wie der der Psychotherapie, übersät ist mit den Segnungen und Gefahren der persönlichen Verletzlichkeit, möchte ich gerne einige schon vorher benannte, wichtige Themen ansprechen. Als Allererstes: Vertraut euch selbst und urteilt weise. Seid achtsam, wenn ihr euch einem Lehrer anvertraut, und zögert nicht, eurem eigenen inneren Rat zu folgen. Es ist nicht ungewöhnlich, erst verschiedene Wege auszuprobieren, bevor man seinen eigenen findet, und unglücklicherweise sind nicht alle Lehrer wirklich ehrenhaft. Das führt dazu, dass Suchende sich mit Lehrern in extrem intime Begegnungen einlassen können, die, wenn sie missbraucht werden, verheerende Folgen nach sich ziehen können. Falsche Lehrer können in sehr subtiler Weise betrügen, die alle Philosophien über Hingabe, Loyalität und Gehorsam in ausbeuterische Macht- und Unterwerfungsstrukturen verwandeln können. Der Mensch, der sich dessen noch nicht bewusst ist, ist anfällig für finanzielle Ausbeutung, sexuellen Missbrauch oder, noch schlimmer, für eine Gehirnwäsche, die seine Beziehung zu seiner Familie oder seiner Heimat unterbricht und manchmal sogar seinen gesunden Menschenverstand infrage stellt.

Die Praxis der Meditation

Wenn man die Vielzahl von Sexskandalen betrachtet, an denen in den vergangenen Jahren religiöse Führer beteiligt waren, kann man dem oder der Suchenden nur ein Buch empfehlen: Es ist *Sex and the Spiritual Teacher* von Scott Edelstein (Wosdom Press, 2011). Es veröffentlicht eine Vielzahl nützlicher Informationen, die dem Unwissenden oder naiven Suchenden helfen können, schädliche Vorkommnisse zu vermeiden. Ein weiteres empfehlenswertes Buch ist *Where to draw the line: How to set healthy boundaries* von Anne Katherine (Fireside, 2000).

Gewarnt sein heißt gewappnet sein – wenn du also in Zweifel bist, ob eine Gruppe oder ein Lehrer für dich geeignet sind, dann beherzige folgende vier Grundsätze:

- Erlaube nicht, dass du aufhörst, rational zu denken und dich frei zu fühlen.
- Brich den Kontakt zu deiner Familie, deinen Freunden oder anderen Dingen oder Menschen, die dich interessieren, nicht ab.
- Schenke oder übertrage niemandem große Geldsummen oder andere materielle Güter.
- Lasse dich mit deinem spirituellen Lehrer oder Führer niemals auf Sex ein.

Wenn du dabei bist, dich selbst davon zu überzeugen, dass du einem Weg folgen solltest, obwohl deine Intuition dich warnt und es innere Zweifel gibt – dann lass es sein! Ehre deine inneren Warnsignale, lass dich nicht·von verführerischen Taschenspielereien einlullen!

Yoganandas Meister, Sri Yukteswar, gab einem Schüler einmal goldene Ratschläge, als er sagte: *„Viele Lehrer werden dir sagen, dass du glauben sollst, und dann löschen sie deine Augen der Vernunft aus und lehren dich, nur noch ihrer eigenen Logik zu folgen. Ich aber möchte, dass du deine Augen der Vernunft weit offen hältst und zusätzlich werde ich dir noch ein weiteres Auge öffnen, das der Weisheit.“* (7) Lernt dieses Statement auswendig – es ist ein Leitsatz dafür, was ein echter Meister erwartet und wie er die Charaktereigenschaften zeichnet, an denen man andere Lehrer messen kann.

Sri Yukteswar sagte weiter: *„Wenn du meine Worte nicht magst, dann hast du die vollkommene Freiheit, jederzeit zu gehen... Ich will nichts von dir, als dass du dich selbst entwickelst. Bleib nur so lange hier, wie du das Gefühl hast, dass du davon profitierst.“* (8) So spricht ein echter Weiser.

Ich persönlich kann bestätigen, dass man nicht mit einem Guru sprechen muss, um seine oder ihre Lehren zu empfangen – einfach in der Gegenwart eines erleuchteten Lehrers zu sein, ist eine tiefberührende, transformierende und erhebende Erfahrung. Das mächtige hochbewusste Energiefeld, das ein echter Guru überträgt, ist fühlbar, besonders, wenn man einige Zeitlang Yoga (oder eine andere spirituelle Disziplin) praktiziert hat.

Wie schon weiter oben bemerkt, brauchen echte Meister einer spirituellen Tradition nicht einmal mehr in ihrem physischen Körper präsent zu sein, um spirituellen Schutz und Führung zu übermitteln. Im Körper zu sein kann der Beziehung eine persönliche Note verleihen und die Ausbildung des Schülers beschwingen, aber Meister sind nicht „tot" oder unwirksam, nur weil sie diese Erde verlassen haben. Ihre Wirklichkeit besteht in der bewussten Einheit mit dem Göttlichen, und das gilt unabhängig von ihrer physischen Form. Da sie mit dem Ewigen verschmolzen sind, haben sie keine Grenzen. Meister können Körperformen als Vision oder in der Wirklichkeit hervorrufen, wann immer sie dies möchten. Wenn sie dies tun, dann dienen diese Erscheinungen als Formen, die uns bekannt erscheinen, um den Kontakt herzustellen, und sind ganz besonderen, göttlich geheiligten Situationen vorbehalten. Jesus tat dies für den Heiligen Franziskus und Sri Yukteswar tat es für Yogananda.

Wenn ein lebender Meister darum nicht gefunden werden kann, sei nicht verzweifelt. Wähle einen Weg, der von einem früheren inkarnierten Meister eingerichtet worden ist und der am besten mit dir übereinstimmt – dann folge ihm. Es kann auch sein, dass du einen erfahrenen Lehrer findest, der dir eine positive spirituelle Richtung weist, auch wenn er oder sie selbst nicht vollständig erleuchtet ist. Dieser Ansatz ist der richtige, wenn der Lehrer oder die Lehrerin dir eine qualifizierte Hilfe gibt, ohne falsche Behauptungen über seinen oder ihren Status aufzustellen. Weisheit aus allen Quellen ist echte Weisheit, und viele Lehrer sind in ihrem Gebiet weit fortgeschritten und in der Lage, wertvolle Einsicht zu vermitteln und dir Dienste zu leisten.

In so einer Situation ist es wichtig, deinem Mentor zu folgen, während du gleichzeitig versuchst, deine innere Beziehung zum Göttlichen zu vertiefen. Ob und wann es sich richtig für dich anfühlt, eine spirituelle Beziehung zu einem echten Meister einzugehen, wirst du selbst spüren. Während du versuchst, dies herauszufinden, solltest du dich jedoch vor so genannten Hellsichtigen hüten, die behaupten, hochgestellte Wesen zu channeln. Sie folgen nur einer Täuschung. Echte Meister hinterlassen Lehren für alle auf der Erde, die man erkennen kann, Nachworte sind hier nicht notwendig. Yogananda erklärte, dass das spirituelle Schwingungsfeld eines erleuchteten Wesens so intensiv ist, dass es gar nicht gechannelt werden kann – es sei denn, von einer Seele, die sich auf einer ähnlich hohen spirituellen Ebene befindet. Weniger entwickelte Nervensysteme würden davon überlastet werden. Es wäre so, als würde man Strom von einem Kraftwerk in ein einzelnes Haus lenken, allerdings ohne geeignete Transformatoren, die die Voltzahl heruntertransformieren – alle Stromleitungen würden durchbrennen. Darüberhinaus antworten Meister nicht auf angeblich hellsichtige Anträge, sondern nur auf Gebete, Meditationen und Einstimmungen auf den Weg, den sie begründet haben. Wenn wir einmal anerkennen, dass der Bereich des Geistes allgegenwärtig ist und allzeit präsent ist, dann wird die liebende Erinnerung an Gott und an seine Heiligen zu einem Türöffner für seine eigene Gegenwart. Die Fähigkeit, sich auf ein erleuchtetes Wesen, einen erleuchteten Geist einzustimmen, ist nur einen Gedanken weit entfernt.

Der innere Lehrer

Wie bereits erwähnt, sträuben sich manche Menschen, wenn sie merken, dass sie jemandem auf dem spirituellen Weg folgen sollen, und halten die Disziplinen, die sie einhalten sollen und die ihre liebgewordenen Gewohnheiten herausfordern, für einen Gräuel. In solchen Fällen kann ihr Widerstand sich in Form eines zweifelhaften Gehorsams dem inneren Lehrer gegenüber äußern. Der innere Lehrer ist eine potenziell brauchbare Ressource, muss jedoch mit Vorsicht behandelt werden, denn er kann auch nur eine ausgefeilte Form der Selbsttäuschung darstellen. Seine Befürworter sind gewöhnlich zu geblendet durch sentimentale Täuschungen, um Dichtung von Wahrheit zu unterscheiden. Sie halten fehlerbehaftete Tändeleien mit unterbewussten Projektionen unter dem Deckmantel aufrecht, dem inneren Lehrer zu folgen, statt das zu tun, was notwendig ist, um eine zuverlässige Seelenführung zu fördern. Obwohl eine Reinigung des Ego manchmal herausfordernd sein kann, ist sie dennoch der Grund dafür, warum „äußere" Lehrer, Meister usw. so wertvoll sind: Sie geben, was notwendig ist, zu einem Zeitpunkt, wenn es bedeutsam ist – genaue

Führung und Disziplin, um die Erleuchtung zu erreichen. Wenn wir auch ein solches Anstupsen manchmal schwierig oder unattraktiv finden, mindert das dennoch nicht seinen Nutzen.

Für diejenigen, die schon weiter fortgeschritten sind, ist der innere Lehrer eine geehrte Wirklichkeit. Denn es ist Gott, der höchste Guru, der durch die stille, ruhige Stimme im Inneren – der Intuition der Seele – spricht. Wie schon öfter gesagt, ist die Intuition die Fähigkeit der Seele, die Wahrheit ohne Umwege und ohne die vermittelnden Einflüsse der Sinne zu erfahren. Wir alle besitzen intuitive Fähigkeiten und sollten sie auch kultivieren, dennoch wird sie erst dann makellos, wenn wir unser Ego vollständig überwunden haben, und das zu erreichen, erfordert ein diszipliniertes Training. Ein Lehrer im Außen ist dann nicht mehr nötig, wenn man die vollkommene Einheit mit der göttlichen Weisheit erreicht hat. Von diesem Punkt an können spirituelle Schüler erfolgreich den inneren Lehrer ansprechen, nämlich Gott, weil sie ausreichend gereinigt sind, um die göttliche feinstoffliche Führung richtig zu empfangen.

Diese Warnhinweise sollen nicht bedeuten, dass Menschen es vermeiden sollten, eine innere Ausrichtung zu suchen, auch ehe sie vollkommen erleuchtet sind. Wenn das der Fall wäre, dann würden wir alle wahrscheinlich endlos lange darauf warten oder ausschließlich auf dubiose Autoritätsfiguren hören – etwas, was hierarchische religiöse Systeme mit großem Wohlwollen zur Kenntnis nehmen würden! Nein, wir sollten unsere Intuition kultivieren, aber gleichzeitig wissen, dass die feineren Nuancen des göttlichen Geistes nur selten von denen erfasst werden, deren Einsicht begrenzt oder durch ihr Ego geblendet ist. Wer Weisheit sucht, sollte auch erkennen, wann er Führung von außen braucht. Solch eine Haltung zeigt Demut, eine Eigenschaft, die sehr notwendig ist, um echte Einsicht zu kultivieren und einen gegen täuschende Selbstgerechtigkeit zu schützen. Glücklicherweise versucht kein echter Lehrer die Schüler zu manipulieren, und es gibt Gelegenheiten genug, um aus unseren Entscheidungen und unseren Fehlern zu lernen. Wenn ein echter Meister dir einen Rat gibt, dann allerdings ist es klug, wenn Schüler auch darauf hören. Wenn ein Suchender nicht länger die Führung eines Meisters braucht – und solche Situationen kommen durchaus vor –, dann wird er oder sie aber ganz sicher davon informiert werden.

Kapitel 4

—— • ——

Gute Gesellschaft:
eine spirituelle Gemeinschaft

Der wichtigste Wert einer spirituellen Gemeinschaft besteht in zweierlei Dingen: Unterstützung für diejenigen, die inneren Fortschritt suchen, und Schutz gegen Kräfte, die dem entgegenwirken und einen täuschen und blenden können. Das Prinzip der Gemeinschaft besitzt ebenfalls zwei Aspekte, einen feinstofflichen und einen erkennbaren. Der erste Aspekt ist energetisch, denn ein kraftvolles Schwingungsfeld wird durch heilige Praktiken erzeugt und neutralisiert negative Einflüsse. Alles, was sich auf Gott bezieht – Andacht, Gottesdienst, Gebete oder Meditation – bewirkt ein hochfrequentes elektromagnetisches Feld, das jeden erhebt – bzw. spiritualisiert –, der in seinen Einflussbereich gerät. Demzufolge ist die Teilnahme an einer Gruppenaktivität mit spirituellem Inhalt durch den so erzeugten Synergieeffekt erhebend für alle, die dabei sind. Deshalb erklärte mein Meister, der diese Wirklichkeiten und ihre Wirkung auf die spirituellen Schüler anerkannte, dass die Umgebung eine stärkere Macht besitzt als die Willenskraft.

Er warnte auch davor, dass die Gesetze des Schwingungsaustauschs dazu führen, dass man sich herabgezogen fühlt, wenn die Gesellschaft, in der man sich aufhält, einem nicht guttut. Deshalb besteht ein Schlüsselelement guter Gesellschaft darin, dass sie auf subtile Weise die göttlichen Aspirationen und die damit korrespondierenden Einimpfungen gegen zerstörerische Kräfte stärkt. Weltliche Versuchungen versprechen viel, halten aber sehr wenig. Ihre Strahlkraft ist wie die von Katzengold – sie scheint wie echtes Gold, besitzt aber keinen wirklichen Wert. Allein der göttliche Geist ist auf Dauer zufriedenstellend und gut.

Auf einer wahrnehmbaren Ebene macht die Beteiligung an einer spirituellen Gemeinschaft den Zugang zu spirituellen Gütern, Diensten und Ressourcen leichter – sowohl gesellschaftlich als auch in anderer Form – und das macht es einfacher, ein gottzentriertes Leben zu führen. Als ich einst einen Mönch fragte, warum er in einer abgeschlossenen Gesellschaft lebe, antwortete er, dies mache es leichter für ihn, seinen Sinn auf Gott ausgerichtet zu halten. Für ihn war das Leben getrennt von der Gesellschaft befriedigender als die Freundschaften, die Aktivitäten und die Zielrichtungen eines gewöhnlichen weltlichen Lebens. Dennoch müssen sich nicht alle Menschen, die ernsthaft nach Spiritualität streben, als Eremiten zusammentun, das wäre auch unpraktisch. Nein, die freie Entscheidung, Zeit mit gleichgesinnten Menschen bei spirituellen Verrichtungen oder professionellen Andachten zu verbringen, erzeugt in einem eine Art innere Isolierung gegen die Versuchungen der Welt. Ich bin mir beispielsweise sehr bewusst, welche energetischen „Rückstände" die Handwerker und Händler hinterlassen, die in meinem Haus gearbeitet haben. Deshalb entschloss ich mich freiwillig dazu, nur noch solche Menschen in mein Haus zu lassen, die ähnlich wie ich versuchen, bewusst und auf einem hohen energetischen Niveau zu leben und zu arbeiten. In diesem Zeitalter elektronischer Medien ist es wirklich nicht schwer, mit solchen spirituellen Prinzipien in sozialen Netzwerken im Internet nach solchen Helfern zu suchen.

Gute Gesellschaft wird nicht durch die Gruppengröße definiert, sondern durch die Qualität des Charakters. Sie kann in kleinen Gruppen existieren, ebenso in großen Organisationen. Kleine Gruppen mit einer intensiven Gruppenstruktur besitzen oft eine starke Anziehungskraft auf manche Menschen, während größere, institutionelle Gruppen andere positive Wirkungen haben. Interessanterweise wollte Yogananda anfangs unbedingt eine spirituelle Gemeinschaft aufbauen, bis sein Guru zu ihm sagte: *„Gott ist im Honig, Organisationen aber sind die Bienenkörbe und beide sind notwendig, Die Form jedoch ist natürlich nutzlos ohne den Geist, der sie erfüllt, also warum nicht spirituelle Bienenkörbe erschaffen, die gefüllt sind von köstlichem spirituellem Nektar?"* (1)

Die Herausforderung für jede Organisation, die sich dem Göttlichen widmen will, besteht natürlich darin, diesen Geist lebendig zu halten, was bedeutet, die Qualität lebendig zu erhalten und gleichzeitig eine Organisationsstruktur zu erstellen, die Wachstum fördert und nicht erstickt. Eine spirituelle Gemein-

Die Praxis der Meditation

schaft ist letztlich immer nur so gut wie ihre Energie, die aus der rechten Haltung und dem rechten Geist hervorgeht und die nichts mit Größe oder Vorlieben zu tun hat. Eine wirklich hingebungsvolle Seele ist besser als eine Menge sensationsgieriger Suchender, aber eine Menge hingebungsvoller Seelen ist natürlich noch besser.

Während spirituelle Gemeinschaften unbezweifelbar wertvoll sind, hat natürlich alles, was Persönlichkeiten beinhaltet, auch seine Schattenseiten. Deshalb können auch wohlmeinende Gruppen unter den Einfluss giftiger Verhaltensweisen fallen, von denen die schädlichsten der Hang zu Bewertungen, zu Isolation und falscher Ausrichtung sind. Schroffe Bewertungen sind unter Menschen mit einer eher dogmatischen Tendenz verbreitet, die sich von allem bedroht fühlen, das ihren Status quo infrage stellt. Rigide Anhaftungen an scheinbar vorhandene Paradigmen haben wenig, wenn nicht gar nichts mit einer Gruppendoktrin zu tun, sondern mehr mit Unsicherheit. Wertende Typen fördern Vorstellungen, die Besorgnisse stützen und versuchen, unabhängig denkende Geister, die sich nicht ihren Vorstellungen entsprechend konform verhalten, zu unterdrücken.

Ein positives Nebenprodukt solcher Menschen ist die Möglichkeit, ihnen gegenüber tolerante Angstfreiheit zu üben: „Voreingenommene Richter" müssen konfrontiert werden, damit ihr Verhalten nicht die Gruppenharmonie aushöhlt oder die Teilnehmerzahl sinken lässt. Dennoch gibt es keinen Grund, Organisationen per se zu meiden. Seid euch nur einfach bewusst, dass alle Menschen von Natur aus „unfertige Erzeugnisse" sind. Eine Gruppe zu meiden ist nur dann empfehlenswert, wenn Wahrheit und freier Wille in der Gruppierung unterdrückt werden. Wenn Organisationen das kosmische Gesetz übertreten, nach dem jeder Mensch heilig ist, dann sollte man besser einen weiten Bogen um sie machen.

Das zweite schädliche Verhalten, der Isolationismus, hat seinen Hintergrund in der immer noch oft anzutreffenden Vorstellung, dass man die Gesellschaft verlassen muss, um wirklich spirituell zu sein. Und wirklich hat es Zeitabschnitte in der Geschichte gegeben, in denen es notwendig war, sich aus der Gesellschaft zurückzuziehen, um sein inneres spirituelles Wachstum zu fördern, aber das gilt nicht für heute. In diesem Zeitalter praktizieren wir sehr heilige Prinzipien unter den Rahmenbedingungen unseres komplexen Alltags und haben erkannt, dass spirituelle Entwicklung die Folge von Selbsterkenntnis ist und nicht davon, wo man sich körperlich befindet. Anhaftung an Gemeinschaften, die sich nach außen abschließen, kann ein Zeichen eines Mangels sein, sich mit anderen auseinanderzusetzen, oder kann realitätsferne Tendenzen fördern, um vor den Traumata des Lebens zu fliehen. Wenn das der Fall ist, dann ist Abgeschlossenheit nicht hilfreich für die spirituelle Entwicklung. Sie spiegelt dann nur die psychologische Abwehr wider. Denn es ist klar, dass eine solche Abgeschlossenheit nicht automatisch das Heiligwerden begünstigt, denn Verrücktes existiert in abgeschlossenen Gemeinschaften ebenso wie in städtischen Gesellschaften. Die Kultivierung einer rechten inneren Umgebung – rechtes Denken und entsprechendes Verhalten – ist das, worauf es am meisten ankommt.

Hier eine Anekdote, die auf einer autobiografischen Geschichte des japanischen Zen-Meisters Tanzen (1819-1892) basiert und die diesen Punkt auf wundervolle Weise beleuchtet:

Eines Tages kamen der Abt eines Zenklosters und sein Klosterbruder von einem Pilgerweg zurück, als sie eine Frau sahen, die an einem Flussufer gestrandet war. Der Regen hatte die ganze Gegend überspült, sodass sie das Wasser nicht überqueren konnte, ohne ihre Kleidung zu ruinieren. Der Abt bot ihr an, sie auf das gegenüberliegende Ufer zu tragen, während der andere Klosterbruder so tat, als habe er nichts gesehen oder gehört. Die Frau nahm das Angebot des Abtes an, bedankte sich freundlich, nachdem er sie abgesetzt hatte und ging ihres Weges. Mehrere Stunden verstrichen, schließlich konnte der Klosterbruder nicht mehr an sich halten. Außer sich fragte er den Abt: „Was hast du da bloß getan? Wir haben einen strengen Eid geleistet, keusch zu sein und keusch zu bleiben, und du, du warst in einem nahen körperlichen Kontakt mit einer Frau!" Der Abt lächelte und antwortete: „Ich habe einer Hilfsbedürftigen lediglich Hilfe angeboten und obwohl ich tatsächlich den Körper einer Frau einige Meter weit getragen habe, hat mein keuscher Geist darunter nicht gelitten, während du in deinem richterlichen Gemüt sie und mich viele Kilometer weit getragen hast!"

Sich für einen Lebensstil in Abgeschiedenheit zu entscheiden, muss die Folge eines Rufes aus dem eigenen Inneren sein, der einer Berufung folgt und der nicht aus Angst, Verpflichtung oder einem Gefühl von Notwendigkeit geboren wird. Spirituelle Arbeit erfordert, das anzuwenden, was wir gelernt haben, und zwar in allen Aspekten des täglichen Lebens – ganz gleich, wo wir sind, und dabei nicht falsche Annahmen eines Elitedenkens über den jeweiligen Wohnort zu Bezugsgrößen persönlichen Verdienstes zu machen.

Schließlich gibt es da noch das Thema der Irreführung. Um tiefgehende Lehren bilden sich manchmal Gruppen, besitzen aber keine Ratgeber, die ihnen qualifizierte Anleitungen vermitteln können. Schlechter Rat aber kann in solchen Fällen unwirksam oder sogar schädlich sein. Die Heilige Teresa von Avila beispielsweise bekam einmal einen Rat von einem Priester, der ihre mystischen Visionen als vom Teufel kommend abtat. Da sie der Klosterhierarchie und dem Rat von Priestern gegenüber loyal eingestellt war, versuchte sie, ihre Visionen innerlich abzuschalten, und bedauerte dies später zutiefst. Glücklicherweise nahm der nächste spirituelle Ratgeber im Kloster den Spruch seines Vorgängers zurück und nannte ihre spirituellen Erfahrungen zutiefst heilig. Die Heilige Teresa litt sehr darunter, dass sie den unwissenden Ratschlägen des ersten Ratgebers gefolgt war, da sie wesentlich weiterentwickelt war als dieser. Mit Hilfe des zweiten Ratgebers jedoch erkannte sie, dass es besser war, ihren eigenen heiligen Eingebungen zu folgen.

Kurz gesagt, spirituelle Ratschläge sollten nur diejenigen erteilen, die in der Lage sind, sie auch zu geben. Wenn sie gut sind, dann erheben sie, klären und unterstützen Menschen in ihrer eigenen Entwicklung. Sie helfen der Seele, ihren Weg klarer zu sehen, und diese sind begleitet von einem Gefühl, Richtiges gehört zu haben sowie eine freudige, intuitive Resonanz auf das Gesagte in sich zu spüren, die die Übereinstimmung mit der Wahrheit widerspiegelt. Selbst wenn Fehler besprochen werden, geschieht dies in einer freundlichen Weise und sie werden benutzt, um ein weiteres Verständnis zu erzielen, das dem Betroffenen guttut. Wenn Rat aber auf unrechte Weise gegeben wird, dann verursacht er Schmerzen, Angst oder Verwirrung – die einengenden Folgen davon, wenn ein Blinder einen Behinderten zu führen versucht. Eine solche Situation sollte nach Kräften verhindert werden. Der Weise erkennt, was notwendig ist und wie man es erzielen könnte, während falscher Rat einen in die Irre führen, verletzen und die Verwirrung noch steigern kann. In spirituellen Gemeinschaften findet man überall diejenigen, die bereit sind, sich eine Meinung zu bilden oder einen Ratschlag anzubieten, deshalb seid vorsichtig, von wem ihr einen Rat hören wollt, und seid achtsam, dass ihr nur auf Hinweise hört, die wahrhaftig klingen.

Als ich meine Yogalehrer-Ausbildung abschloss, geschah mir etwas, das genau das oben Gesagte illustriert. Ich war unsicher, was ich nun mit meinem Leben anfangen oder wohin ich mich wenden sollte, und so fiel ich in eine Zeit der Unschlüssigkeit, in der ich mich weder nach vorn noch rückwärts bewegen konnte. Ich fragte unzählige Menschen und bekam, wen wundert es, unzählige Ratschläge. Manche belebten mich, andere nicht. Ein geringes Selbstbewusstsein und meine Neigung, auf Freunde und Kollegen mehr zu hören als auf mich selbst, verschlimmerte noch meine Unfähigkeit, meinen eigenen Eingebungen zu trauen. Diese Innenwelt trägt dazu bei, dass man ganz ins Stocken gerät, und wenn die Umstände schlecht sind, dann kann das von übelwollenden Menschen oder Gruppen ausgenutzt werden.

Glücklicherweise war ich nicht dazu verurteilt, etwas Schlimmeres zu tun oder zu erleben, als die Sinnlosigkeit meiner Entschlusslosigkeit zu erkennen. Reife bedeutet, dass man Verantwortung für sich übernimmt, und es ist allemal besser, in die Irre zu gehen, aber seiner eigenen Wahrheit zu folgen, als sich den Meinungen anderer anzuschließen oder sich auf ewig im Reich der Ungewissheit aufzuhalten. Wenn das bedeutet, dass einem ein Schnitzer unterläuft, dann muss das eben so sein. Die Welt geht nicht unter, wenn wir in die Irre laufen, und manchmal müssen wir falsche Entscheidungen treffen, um die richtigen zu erkennen und uns selbst dann entsprechend zu korrigieren. Fehler zu machen, ist Teil unseres Lebens, aber wenn wir uns weigern, aus ihnen zu lernen, dann haben wir ein echtes Problem. Solange wir an unseren Fehltritten wachsen, können sie unsere wichtigsten Lehrer sein und nicht unser schlimmstes Versagen. Weisheit wird aus Erfahrung geboren, und es gibt nichts Wichtigeres als den Tanz des Lebens, um uns beizubringen, was wir lernen sollen.

Ein bedeutsames Thema, das mit der spirituellen Führung zu tun hat, hat hier auch eine Erwähnung verdient. Es gibt einen Reinigungsprozess, der im Zusammenhang mit dem inneren Wachstum steht, der mentale, emotionale oder übersinnliche Erfahrungen hervorrufen kann und der professionellen Beistand erfordert, um sich damit auseinanderzusetzen. Dafür sollte man sich nicht schämen. Wir sind vielfältige Wesen und tragen alle vergrabenen Erinnerungen oder Gefühle in uns, die miteinander in Widerspruch geraten können. Das bedeutet, wenn innere Prozesse zunehmend Energie und Aufmerksamkeit auf sich ziehen, dann kann das ein Zeichen dafür sein, dass unbewusste Verschmutzungen an die Oberfläche des Bewusstseins drängen, damit sie geheilt werden können. Genauso, wie wenn man Butter klärt, kann das Feuer der spirituellen Praxis auch Verschmutzungen nach oben blubbern lassen, die angeschaut und geklärt werden sollen. Das ist ein Geschenk. Dieser Prozess kann eine Weile dauern, bringt aber unausweichlich zu einer höheren, gereinigten Bewusstseinsebene und zu einem feineren, integrierten Du.

Ich selbst habe Zeiten erlebt, in denen ich unter Panikattacken litt. Ich wandte mich an einen spirituellen Berater, aber der hatte keine Ahnung, was er tun oder wie er mir helfen sollte. Für diejenigen, die sich mit inneren Tumulten auskennen: Angstperioden sind durchaus nichts Ungewöhnliches dabei und relativ weit verbreitet. Mein Ratgeber hatte einfach nicht genug Erfahrung oder Ausbildung darin, mit solchen Zuständen umzugehen. Erfahrung mit heiligen Texten macht einen nicht unbedingt zu einem guten Berater, und Unwissenheit, sei sie nun vorübergehend oder spirituell, hilft niemandem. Um gute Ratschläge zu geben, muss man sich mit dem gesamten Innenleben eines Menschen auskennen und die spirituellen Lehren auf viele verschiedene Lebensumstände anwenden können. Spiritualität ist kein Ticket, mit dem man aus seinem Schmerz herauskommt, sondern eine Entscheidung dafür, das, was das Leben einem bringt, bewusst und mit Rechtschaffenheit anzugehen.

Zum Schluss dieses Kapitels sollten wir noch bemerken, dass der Wert harmonischer spiritueller Gemeinschaften unbezweifelbar ist. Die Schwingungsmacht des miteinander geteilten Magnetismus ist eine unschätzbare Entwicklungshilfe, die dazu dient, die Grünschnäbel unter den spirituellen Aspiranten gegen marodierende Angriffe verführerischer Täuschungen zu schützen. Andererseits ist das Leben jedoch einzigartig und jeder ist einzigartig. Wenn es sich richtiger und besser anfühlt, sich zurückzuziehen und sich nicht in solche Gemeinschaften hineinzubegeben, dann geht nicht darüber hinweg. Spirituelle Disziplinen sind dazu da, nützliche Prinzipien zu fördern, und nicht enthusiastisch ausgeführte Praktiken durch unflexible Starrheit zu zersetzen, sie sollen vielmehr die Praktizierenden im Einklang mit ihren Fähigkeiten und Bedürfnissen lenken. Vor welchen Entscheidungen du auch immer stehst – ob du nun einen Lehrer suchst, einen Weg oder eine Gruppe – tu das, was dich der Erleuchtung näherbringt. Du kannst nicht allzu sehr in die Irre laufen, wenn du auf intelligente, bewusste und intuitive Weise deine innere Ausrichtung auf dein letztendliches Ziel, nämlich Gott, gerichtet hältst.

Kapitel 5

——— • ———

Die zwölf Prinzipien
des spirituellen Verstehens

Erleuchtung kommt nicht ohne immerwährende hingebungsvolle Mühe und Verpflichtung zu uns. Die Anziehungskraft weltlicher Attraktionen ist sehr stark und sie paart sich mit unserer natürlichen Tendenz, uns nach außen zu wenden, wenn wir Erfüllung suchen, statt nach innen, wo sie in unserem tiefsten Wesen zu finden ist. Das kontinuierliche Tauziehen zwischen den instinkthaften Aspekten des menschlichen Körpers und den feinstofflichen Elementen der Seele bildet das Schlachtfeld, auf dem der Kampf um die spirituelle Erleuchtung gekämpft werden muss. In einem solchen Kontext stellen die Drei Juwelen, wie wir sie weiter oben genannt haben – nämlich der Lehrer, die Wahrheit und die Gemeinschaft –, die idealen Voraussetzungen dafür, das innere Erwachen zu unterstützen. Wahrheitssuchende empfangen Weisheit von qualifizierten Lehrern, führen seelenerhellende Praktiken durch und erfreuen sich an den Vorzügen, die mit erhebenden Freundschaften verbunden sind.

Zusätzlich zu diesen Drei Juwelen gibt es noch zwölf Prinzipien, die das spirituelle Wachstum fruchtbarer machen und das Verstehen verbessern. Es sind universelle Wirklichkeiten, die auf kosmischen Gesetzen basieren.

1. Wir sind keine sterblichen Wesen, die versuchen, spirituell zu sein, sondern ewige Seelen, die das zurückgewinnen, was wir bereits sind.
2. Alles, was ein Gefühl der Trennung von Gott verursacht oder begünstigt, ist nur eine Illusion.
3. Die Schöpfung ist die externalisierte Manifestation des Göttlichen, also der Körper Gottes.

4. Das Universum, das aus Geist besteht, ist also mit der gesamten Schöpfung verbunden, es ist in Wirklichkeit unser erweitertes Selbst.
5. Gott hat einen dualen Aspekt, der mit Gesetz und Gnade arbeitet. Wir müssen dem Gesetz gehorchen und die Gnade anziehen.
6. Die rechte Haltung bei der spirituellen Praxis ist bedingungslose Liebe und vollkommene Hingabe an Gott.
7. Der freie Wille kann in göttlichen Willen verwandelt werden, um Erleuchtung zu erlangen, er kann aber auch falsch eingesetzt werden, dann bleibt man in der Welt der Täuschung.
8. Niemand kann an unserer Stelle erleuchtet werden. Es liegt in unserer Verantwortung, dafür spirituelle Anstrengungen zu unternehmen.
9. Macht und Wunder spiegeln nicht das Wissen um Gott wider und setzen auch nicht die Erlösung in Gang.
10. Gott allein sollte das Ziel unserer Anbetung sein.
11. Die acht klassischen Eigenschaften Gottes sind: Licht, Klang, Weisheit, Macht, Liebe, Frieden, Ruhe und Freude.
12. Spiritueller Fortschritt, obwohl feinstofflich, ist auf eindeutige Weise messbar.

Lasst uns nun diese Prinzipien, eins nach dem anderen, näher betrachten.

1. Wir sind keine sterblichen Wesen, die versuchen, spirituell zu sein, sondern ewige Seelen, die das zurückgewinnen, was wir bereits sind.

Wenn wir uns auf unbekanntem Gelände befinden, dann helfen uns Landkarten, um uns unserem Ziel näherzubringen. Natürlich muss eine Landkarte, um uns nützlich zu sein, einen Anfangs- und einen Endpunkt besitzen. Diese Analogie ist auch auf unser Leben übertragbar. Menschen, die glauben, dass ihr Leben weder Hand noch Fuß hat, sind in unbekanntem Gelände verloren. Sie leben ohne einen inneren Zusammenhang, verwirrt und bar jeden höheren Zieles. Wenn man sich vor einer rechten spirituellen Weltanschauung zurückzieht, dann begünstigt das oft unwissende, selbstzerstörerische Verhaltensweisen, die weitgehend verantwortlich für viele persönliche oder gesellschaftliche Krankheiten sind. Um diese Situation zu bereinigen und dieses abstoßende Gebiet zu verlassen, muss man sich einem Paradigma annähern, das besagt, dass wir keine Unglücksfälle der Biologie, sondern Seelen sind, die aus dem göttlichen Geist entstanden. Denn aus Nichts kann nicht Etwas werden, und wie Funken vom Feuer wegfliegen, so ist jeder Lebensfunke, jede Seele ein mikrokosmischer, individueller Aspekt der universellen Lebensflamme, aus der sie hervorgegangen ist.

Und wie Funken ihrem Wesen nach mit der Flamme eins sind, so sind wir auch im Wesen eins mit unserem Schöpfer. Der Glaube, dass wir nichts als körperliche Wesen sind, endlich, sterblich und kurzlebig, ist schlichtweg falsch. Wir sind aus göttlichem Geist gemacht und als solche selbst göttlicher Geist. Wenn wir einmal geschaffen wurden, dann hören wir nie auf zu sein, noch kann unsere heilige Ausstattung je zerstört werden. Der Gott in uns kann niemals vermindert oder ausgelöscht werden. Wir sind immerwährend ewige Einheiten des Göttlichen und werden es auf ewig bleiben. Das ist die spirituelle Wahrheit, die die existenzielle Sinnlosigkeit in eine sinnvolle Existenz verwandelt und das Leben zu etwas macht, das klar umrissen und heilig ist.

Das Bewusstsein, das man erlangt, wenn man sich an das Göttliche erinnert, zeigt, dass wir niemals irgendetwas anderes erlangen wollten als das, was wir bereits dem Wesen nach sind – göttlich. *„Steht nicht geschrieben in deinem Gesetz, dass Ich sagte: Ihr seid Götter?"* (1)

2. Alles, was ein Gefühl der Trennung von Gott verursacht oder begünstigt, ist nur eine Illusion.

Ein wiederkehrendes Thema der zwölf Prinzipien ist, dass alles Teil des göttlichen Geistes ist und nichts getrennt von Ihm existiert. Alle gegenteiligen Wahrnehmungen sind Täuschungen. Täuschung jedoch ist ein notwendiger Aspekt der Schöpfung; dadurch kann sich eine Unterscheidungsfähigkeit – das Gefühl von Vielfalt – bilden. Das universelle Gewebe könnte nicht gewebt werden, wenn kein Gefühl von Getrenntsein entstehen würde. Während das Unendliche grundsätzlich aus einem einzigen Etwas besteht, nämlich dem göttlichen Geist, bilden die illusionären Schleier des Getrenntseins den erforderlichen Hintergrund, auf dem die Schöpfung sich manifestieren kann. Der göttliche Geist stellt täuschende Unterschiede her, um die Schöpfung zu erhalten, während er gleichzeitig versucht, alles zu sich zurückzuziehen. In vedischen Begriffen wird diese kosmische Ausgrenzung und darauffolgende Anziehung *lila* genannt, das unendliche göttliche Spiel. Wir sind situationsbedingt gezwungen, Unterschiede zu erkennen und dann, irgendwann, über diese Wahrnehmung hinauszusehen, um die darunterliegende göttliche Einheit zu erkennen. Täuschung lenkt das Bewusstsein weg von der Erkenntnis der Einheit, also kann man ihren Einfluss schnell daran erkennen, dass man ein Gefühl von Trennung vom göttlichen Geist spürt. Demzufolge ermutigen alle spirituellen Traditionen die Teilnehmer, fehlgeleitete Gefühle von Abtrennung vom Schöpfer zurückzuweisen und zu bestätigen, dass man immer Teil dessen ist, was bestätigt: *„Ich bin der Herr und es gibt niemand sonst, es gibt keinen Gott neben mir...Ich bilde das Licht, ich erschaffe Dunkelheit, ich erzeuge Frieden und ich erschaffe das Böse: Ich, der Herr, tue all diese Dinge."* (2)

3. Die Schöpfung ist die externalisierte Manifestation des Göttlichen, also der Körper Gottes.

Eine Definition des Universums ist *„die Gesamtheit der bekannten oder angenommenen Objekte und Phänomene im ganzen Weltraum".* (3) Diese Interpretation ist erst einmal gut, lässt aber jeden Bezug vermissen, was denn der Grund für dieses Universum ist. Deshalb habe ich hier zwei vergleichbare Passagen aus Heiligen Schriften gefunden, die aber den Urgrund benennen:

„Denn durch Ihn wurden alle Dinge erschaffen, die im Himmel und auf der Erde sind, sichtbar und unsichtbar, ob sie nun Königsthrone sind oder Reiche oder Fürstentümer oder Machtbereiche: Alle Dinge wurden von Ihm und für Ihn erschaffen." (4)

„Ich bin der Stammvater und auch der Auflöser des gesamten Kosmos. Oh, Arjuna! Es gibt nichts Höheres als mich, nichts, was über mich hinausgeht. Alle Dinge (Geschöpfe und Objekte) sind an mich gebunden wie Juwelen, die auf eine Schnur gezogen sind." (5)

Die Bibel sagt, dass die Schöpfung das Werk des Allmächtigen ist. Die Bhagavad Gita verfeinert diesen Punkt, indem sie spezifiziert, dass das Universum durch einen Gedanken entstanden ist, der aus dem Bewusstsein des göttlichen Geistes hervorgegangen ist. Die Ansicht der Bibel kann angenommen werden, auch wenn man an das östliche Modell nicht glaubt, aber beide sind vergleichbar. Die Physik behauptet, dass Materie und Energie austauschbar seien. Metaphysiker und manche Quantenphysiker halten Gedanken für eine feinstofflichere Form desselben Kontinuums. Die Bezeichnung *Körper* kann grob definiert werden als eine materielle Struktur, eine materielle Substanz, die man bei Tieren ebenso findet wie bei Pflanzen, Menschen, Objekten im Weltraum oder in der Masse von allem, was lebt oder erschaffen wurde.

Wenn das gilt, dann müssen wir nicht mehr weitersuchen bis zur Gesamtheit der Natur, um zu erkennen, dass dadurch der unsichtbare Schöpfer sichtbar gemacht wurde. Der göttliche Geist ist nicht verborgen, sondern allzeit vorhanden und alles durchdringend, die kosmische Quelle und seine Substanz. Die ganze Schöpfung manifestiert den göttlichen Körper, gemeinsam mit der unendlichen Intelligenz, die ihn durchdringt und lenkt. Man sagt ebenso, dass es einen unmanifesten Aspekt des göttlichen Geistes gibt, der ohne Form und jenseits des Reiches der Schöpfung existiert. Dieser transzendentale Aspekt Gottes ist nicht getrennt von ihm, sondern kann nur durch die höchste spirituelle Erkenntnis erfahren werden.

4. Das Universum, das aus Geist besteht, ist also mit der gesamten Schöpfung verbunden, es ist in Wirklichkeit unser erweitertes Selbst.

Wenn du einen Film ansiehst, dann sind die dort vorgeführten sichtbaren Effekte das Ergebnis von Lichtbewegungen, die auf eine Leinwand projiziert werden. Wenn auf ähnliche Weise einzigartig geformte Formen mit Wasser gefüllt und eingefroren werden, dann bestehen sie dennoch aus einer gemeinsamen Substanz: aus Eis. Das ist die Krux der Schöpfung: Der göttliche Geist projiziert sich selbst auf die unterschiedlichste Weise auf die Leinwand der Dualität. Trotz unterschiedlicher Rollen und Erscheinungsformen sind die Menschheit und die Natur sehr nahe miteinander verbunden, denn sie sind aus derselben Substanz gemacht, dem göttlichen Geist. Da die Natur der Körper Gottes ist, umfasst sie demzufolge unser makrokosmisches Selbst.

Die amerikanischen Ureinwohner haben – ebenso wie viele andere – dies schon seit Langem immer wieder gesagt. Um Häuptling Seattle zu zitieren: *„Alle Dinge teilen denselben Atem – die wilden Tiere, die Bäume, die Menschen – und die Luft teilt ihren Geist mit dem ganzen Leben, das es unterstützt."* (6) Die Illusion der Getrenntheit von allem Sein und allem Leben löst sich auf, wenn man sich im Zustand erweiterten Bewusstseins befindet, den man gemeinhin als kosmisches Bewusstsein oder Samadhi bezeichnet. Wir erleben eine Einheit mit dem Universum und erfahren es buchstäblich als unser eigenes erweitertes Selbst. Wir sind dann wirklich verbunden.

Viele Menschen haben ein intuitives Gefühl für diese Wirklichkeit. In meinem Fall erinnere ich mich daran, wie ich in Norwegen wanderte, als ich plötzlich in der Lage war, Bäume, den Raum zwischen ihnen und die Landschaft der Findlinge mit geschlossenen Augen wahrzunehmen. Diese Empfindsamkeit wuchs nach und nach immer mehr, bis ich irgendwann die Gegenwart des Lebens selbst fühlen konnte, wie es während des Frühlings in den Bäumen und Pflanzen nach außen drängt. Solche Impressionen sind weder einzigartig noch phantastisch, sondern Wahrnehmungen einer grundsätzlichen Macht, die unsere individuelle Form mit jeder Form verbindet. Solche empathischen Beobachtungen bestätigen die Fähigkeit, sich mit dem einen Leben zu identifizieren, und alles, was man dafür tun muss, ist, darauf zu achten, wie es der berühmte Naturphilosoph John Muir tat: *„Wenn wir versuchen, irgendetwas durch sich selbst zu erklären, dann entdecken wir, dass es mit allem anderen im Kosmos verbunden ist."* (7)

5. Gott hat einen dualen Aspekt, der mit Gesetz und Gnade arbeitet. Wir müssen dem Gesetz gehorchen und die Gnade anziehen.

Die Prinzipien der Dualität durchziehen die gesamte Schöpfung und der göttliche Geist arbeitet dementsprechend mit Hilfe des kosmischen Gesetzes und der Gnade. Im Taoismus nennt man diese Prinzipien Yin und Yang. Interessanterweise sind bestimmte Aspekte dieser Eigenschaften in den Stereotypen der Geschlechtszuschreibungen erkennbar geworden, denn Menschen manifestieren als Mikrokosmen des göttlichen Geistes göttliche Eigenschaften *en miniature.* Die männlichen Eigenschaften, die dem Yang zugeschrieben werden, zeigen sich im allgemeinen durch Verhaltensweisen wie Rationalität, Analyse und Genauigkeit und verkörpern das kosmische Gesetz. Beispielsweise erwarten Väter im allgemeinen, dass man sich strikt an die Regeln des Haushalts hält, oder sie verhängen Strafen als Konsequenz, wenn man dies nicht tut. Sie „vertreten das Gesetz." Denn das ist das Wesen der kosmischen Ordnung: Gehorche oder zahle. Dieser göttliche Aspekt regiert auf unpersönliche Weise und mit mathematischer Präzision: Emotion kommt in dieser Gleichung nicht vor.

Wenn man versucht, die göttliche Einheit über das kosmische Gesetz zu suchen, dann erfordert dies eine geistige Distanziertheit und eine Aufmerksamkeit für die Subtilitäten des Verhaltens, die so exakt ist, dass eine vollkommene Übereinstimmung mit ihnen nahezu unmöglich wird. Selbst die Bhagavad Gita gibt zu: *„Diejenigen, deren Ziel das Unmanifeste ist (also das Transzendente, emotionslos Funktionierende, das man im Aspekt des kosmischen Gesetzes findet), vergrößern nur ihre Schwierigkeiten, steinig ist der Weg zum Absoluten für die verkörperten Wesen."* (8)

Obwohl also der göttliche Geist durch Gesetz erkannt werden kann, kann dieses Erkennen niemals dahin führen, dass man dadurch Befreiung erlangt. Dies geschieht allein durch Gnade, die Offenheit für Eingebungen, die man dem persönlichen, femininen, den Yin-Eigenschaften des göttlichen Geistes zuschreibt. Ebenso wie die femininen Archetypen gewöhnlich beschrieben werden als fühlend, mitfühlend und nährend, so schenkt die Göttliche Mutter ihren Kindern Liebe und Trost, ganz gleich, wie sehr und wie oft sie auf Irrwege gegangen sind. Kwan Yin, der Boddhisattwa des Mitgefühls, deren Name grob übersetzt lautet: „Diejenige, die das Weinen der Welt hört", stellt diese göttliche Eigenschaft in vollkommener Weise dar. So kann grundsätzlich von diesem persönlichen Aspekt des göttlichen Geistes erlösende Gnade erbeten werden, nicht aber von seinem unpersönlichen Teil.

Diese Faustregel sollte aber nicht verabsolutiert werden. Jüdisch-christliche Glaubensrichtungen bevorzugen Gott als Vater, während die Hindus sich am Göttlichen als Mutter erfreuen, und dennoch suchen beide die Liebe, das Mitgefühl, die Barmherzigkeit, die Vergebung und die Gnade, die aus einem intimen persönlichen Austausch mit dem Göttlichen hervorgeht.

Kurz gesagt, könnte es sein – obwohl jede Form von Anbetung positiv zu sehen ist –, dass es für Menschen, die den göttlichen Geist als formloses Absolutes verehren, schwierig ist, Liebe in einem unpersönlichen Konzept zu finden, das weit jenseits menschlicher Erkenntnismöglichkeit liegt. Ohne Liebe jedoch kommt der spirituelle Fortschritt zum Stillstand, denn Liebe zieht das an, auf das man sich konzentriert. Die Anbetung eines personalisierten Gottesbildes schenkt dem Geist und dem Herzen eine große Bandbreite von inneren Bildern, die ihre Andacht vergrößern können. Liebe ist die heimliche Macht der Hingabe: Ihre magnetische Anziehungskraft zieht die rettende Gnade des göttlichen Geistes an. *„Ein Mann erreicht Vollkommenheit, indem er mit seinen natürlichen Gaben Ihn anbetet, aus dem sich alle Wesen entwickelt haben und aus dem die gesamte Welt hervorgegangen ist."* (9) Die menschliche Natur sehnt sich nach Beziehung und selbst nicht-theistische Religionen wie der Buddhismus umfassen verschiedene Meister oder persönliche Gottheiten wie Kwan Yin, die man um Hilfe bitten kann, wenn man die höchste Befreiung sucht. Und auch hier gilt, dass das Personalisierte des göttlichen Geistes das ideale Modell zu sein scheint, um das Geheiligte zu erkennen, ganz gleich, welchem Glaubenssystem man angehört.

Es ist jedoch wichtig zu betonen, dass es notwendig ist, das kosmische Gesetz trotz der allumfassenden Bedeutung der Gnade zu beachten. Das kosmische Gesetz regiert die universellen Strukturen auf der makrokosmischen und mikrokosmischen Ebene, und man muss ihm folgen, um das kollektive Funktionieren und das individuelle Wachstum zu optimieren. Unglücklicherweise bringt die Unwissenheit, dass es solche Gesetze gibt und wie sie aussehen – und manche von ihnen sind wirklich sehr feinstofflich – mit sich, dass es zu sehr unerwünschten Folgen kommt. Wenn man die Komplexität dieses Systems betrachtet, kann es für Menschen einschüchternd sein, immer wissen zu sollen, wie man sich in einer gegebenen Situation verhalten soll. Glücklicherweise haben wir ein Feedback-System bekommen, das uns auf der Spur hält: das Karma, das Gesetz von Ursache und Wirkung. Obwohl es sich bei diesem Wort um einen östlichen Begriff handelt, ist Karma ein universelles Prinzip, das man im Westen in den heiligen Schriften in Abschnitten wie dem folgenden wiederfindet: *„Lass dich nicht täuschen, Gott kann man nicht betrügen: Denn was immer ein Mensch sät, das wird er auch ernten."* (10)

Das Prinzip des Karmas genauer zu verstehen kann uns helfen, geschickter durchs Leben zu steuern, denn es ist ein Prozess, der einzelne Menschen, Gesellschaften und ganze Zivilisationen lenkt. Es ist keine unseriöse oder schmerzhafte Regel wie das damit zusammenhängende, aber falsche Prinzip des New-Age-Paradigmas „Du erzeugst deine eigene Wirklichkeit", das die karmischen Prinzipien durch unrichtiges, magisches Denken verzerrt. Nein, das Gesetz des Karmas ist ein sehr präziser Resonanzmechanismus, der die spirituelle Evolution lenkt. Harmonie herrscht, wenn wir das kosmische Gesetz befolgen, Leiden entsteht, wenn wir es nicht tun. Karma ist nicht auf ein einziges Leben begrenzt, sondern umfasst viele Leben, eine Annahme, die nicht leicht zu akzeptieren ist. Dennoch ist es die einzige brauchbare Erklärung für die enormen Ungleichheiten, die man in der Existenz finden kann.

Die universellen Handlungen sind mathematisch präzise, exakt und unparteiisch, aber nicht immer fair. Es ist die menschliche Kurzsichtigkeit, die die ursächlichen Faktoren hinter den rätselhaften Umständen, die wir erleben, nicht wahrnehmen kann und sie gewöhnlich sogar herabsetzt. Zu wissen, dass wir von einem System unfehlbarer göttlicher Prüfung gemessen und gewogen werden, kann uns helfen, die Schuld für unwillkommene Ereignisse nicht länger jemandem im Außen zu geben, sondern stattdessen anzufangen, unser selbstverschuldetes Schicksal selbst in Ordnung zu bringen, indem wir unsere Denk- und Verhaltensmuster ändern, die die jeweiligen Wirkungen auslösen oder immer weiter fortsetzen. Niemand kann für unsere Lebensumstände schuldig gemacht werden, denn wenn wir unsere Verantwortung übernehmen und sie auf eine weise Art und Weise anwenden, dann führt sie zur Freiheit.

Die Anwendung dieses Prinzips erfordert, dass wir nachdenken, bevor wir handeln, und uns bewusst sind, was für Ergebnisse unser Handeln hervorrufen wird. Genau wie die Gesetze der Gesundheit zu Fitness führen, führen die spirituellen Gesetze zur Erleuchtung. Das Gesetz des Karmas treibt uns dazu, auf eine Art zu leben, die die Schleier der Täuschung von der Seele wegziehen. Es ist sehr wichtig, sich nicht entmutigen zu lassen, wenn hässliche Situationen aufkommen. Wir alle haben Unkraut in unserem inneren Garten, ebenso wie Blumen. Unvorhersehbare Ereignisse geschehen nun mal im Leben, wie auch unsere unbedachten Reaktionen darauf. Persönliche Transformation erfordert von uns, dass wir trotz der Höhen und Tiefen des Karmas auf unser Gleichgewicht achten und in unserem Seelenbewusstsein zentriert bleiben. Verändere das, was du kannst und so gut du es kannst.

Das berühmte Gebet für Gleichmut bringt das wunderbar auf den Punkt: *„Gott schenke mir den Gleichmut, die Dinge anzunehmen, die ich nicht verändern kann, den Mut, die Dinge zu verändern, die ich verändern kann, und die Weisheit, das eine vom anderen zu unterscheiden."* Wenn man es ein bisschen weniger schwermütig ausdrückt, dann ist das Leben eben rätselhaft, deshalb nimm es nicht so ernst. Wir können nicht immer die Umstände beeinflussen, aber wir können entscheiden, wie wir auf sie reagieren wollen.

Das Prinzip, dass wir Gnade anziehen können, ist hier besonders wesentlich, denn es ist notwendig, wenn wir wirklich Erlösung finden wollen. In vielen Traditionen wird Gnade sehr unterschiedlich gesehen, dennoch gibt es eine Gemeinsamkeit: Sie wird als verdientes oder unverdientes Geschenk Gottes angesehen. Ich selbst definiere Gnade als eine ewig-fließende, barmherzige Kraft des göttlichen Geistes, deren Fluss durch die magnetische Anziehung unserer Hingabe und Andacht vergrößert werden kann. Man hat gesagt, dass Gott sich einer auf Ihn ausgerichteten Liebe nicht verweigern kann und deshalb auf die ehrlichen Seelenbitten der Menschen antwortet. Um also erlösende Gnade anzuziehen, sind zwei Dinge notwendig: Liebe zu Gott und ein Wechsel unserer Anschauung, weg von der Trennung, hin zur Nähe. Haltungen, die Gott von uns fernhalten, sollten aufgegeben werden. Wie Eltern, die ihren Kindern großmütige Geschenke machen, aber relativ wenig für Fremde tun, so müssen wir unseren Status als Kinder Gottes anerkennen und um Erlösung bitten. Diese Übung spiegelt eine Haltung der angemessenen Berechtigung wider, ein angeborenes Geburtsrecht, dass nicht erworben werden kann und das denen nicht bewusst ist, die sich selbst für unwerte Außenseiter halten. Um Gottes ausgleichende Hilfe zu erhalten, müssen wir das tun, weil wir innerlich wissen, dass wir Gottes Kinder sind, die dies auch verdienen, eine Haltung, die das wahre Geburtsrecht der Seele spiegelt.

Das Wort *Forderung* impliziert gewöhnlich Befehle oder Arroganz, aber hier bedeutet sie liebevolle Intimität und Nähe. Kinder trauen sich unaufhörlich, Forderungen an ihre Eltern zu stellen. Sie wollen damit nicht arrogant sein, sie erwarten ganz einfach, dass ihre Mütter und Väter für sie da sein werden. Und das werden sie auch. Genauso macht es Gott. In vielen Glaubensrichtungen jedoch wird Menschen beigebracht, dass sie wie Bettler beten sollen, eine Praxis, die das spirituelle Wachstum behindert, weil sie die Lüge des Getrenntseins verstärkt. Kinder dagegen haben kein Problem, sich zu behaupten, wenn sie sich auf sichere Weise geliebt fühlen. Es sollte nicht so anders sein, sich Gott zu nähern. Deshalb sollten wir unsere Beziehung zum Göttlichen neu gestalten in ein Verhältnis, das von liebevoller, rechtmäßiger Nähe geprägt ist, damit wir die Erlösung fordern dürfen. Spirituelle Kräfte müssen den Fortschritt der Seele unterstützen, wenn wir sie anrufen und das kosmische Gesetz nach besten Kräften befolgen.

6. Die rechte Haltung bei der spirituellen Praxis ist bedingungslose Liebe und vollkommene Hingabe an Gott.

In Fortsetzung zu dem Konzept von Gnade wird gesagt, dass der göttliche Geist alles besitzt – außer der freigiebig angebotenen Liebe unserer Seelen zu Ihm. Nach dieser Liebe verzehrt Er sich und es ist gleichzeitig das einzige Geschenk, das wir Ihm machen können. Spirituelle Bemühungen sind dann besonders wirksam – obwohl man das nie von ihnen verlangen kann – wenn das Göttliche in unserem Leben die Nummer eins ist. Der Grund dafür ist metaphysisch. Der Geist kann das Bewusstsein bündeln wie Sonnenlicht, das durch eine Lupe fällt, und so scheinbar Getrenntes entzünden. Wenn dies geschieht, dann wird der Geist mit dem Objekt seiner Konzentration eins. Wenn man nun diese Praxis auf spirituelle Themen überträgt, dann bedeutet dies, dass eine vollständige Konzentration auf den göttlichen Geist notwendig ist, um sich mit Ihm zu vereinen. Mechanisch gesprochen: Liebe zieht Energie zum Herzen, von wo sie auf Zentren göttlicher Erleuchtung im Gehirn ausgerichtet werden kann.

Wenn Liebe nur unter bestimmten Bedingungen gegeben wird, dann wird sich das Herz nicht vollständig öffnen und seine Fähigkeit, die Kraft der Liebe weiter zu lenken, ist eingeschränkt. Nur wenn Liebe bedingungslos geschenkt wird, in vollkommener Hingabe, dann können die aufeinander aufbauenden Elemente von Bewusstsein und Energie vollkommen zum göttlichen Geist gelenkt werden. Ohne dies ist die Einheit mit dem Göttlichen nicht erreichbar. Man sollte sich auch erinnern, dass wir selbst göttlicher Geist sind und dass jede Geisteshaltung, die dieses Bewusstsein unterläuft, die Selbst-Erkenntnis behindert. Deshalb sollten heilige Praktiken immer mit entsprechender Liebe durchgeführt werden, nicht in trockener Routine oder abgelenkt. Wie Krishna zu seinem Schüler Arjuna sagte: *„Halte deinen Geist auf Mich ausgerichtet, sei also Mein hingebungsvoller Jünger und mit pausenloser Anbetung verneige dich vor Mir. Wenn du dich so mit Mir als deinem höchsten Ziel vereint hast, dann wirst du Mein Eigen sein."* (11)

Trotz unserer im Kern heiligen Essenz sperren sich viele Menschen, Gott zu lieben. Sie wundern sich, wie ehrfurchtsvolle Haltungen einem scheinbar unberührbaren Geist gegenüber kultiviert werden können. Die Antwort darauf kann zu Beginn durch eine Vorstellung erklärt werden. Zuneigung fließt leicht dorthin, wo wir uns an etwas erfreuen: zu Freunden, zu Geliebten, zur Schönheit der Natur. Dennoch sind diese alle Erscheinungsformen des Göttlichen. Wenn man Gott als die Quelle und Form all dessen erkennt, das uns lieb ist, können wir auch persönliche Gefühle für einen ansonsten rätselhaften Schöpfer entwickeln. Den göttlichen Geist so zu sehen, schenkt uns ein Gefühl von Nähe zu ihm, aus dem heraus bleibende Beziehungen kultiviert werden können. Suchende können irgendwann den göttlichen Geist direkt durch zunehmende Erkenntnisse erkennen, die sie in der Meditation erhalten. Bis dahin ist es nützlich, die Gegenwart Gottes zu meditieren und zu glauben, was unzählige Heilige bekannt haben, dass nämlich Gott uns näher ist als unser Geliebter und lieber als unser Geliebter. Wer immer sich vorstellt, dass Er weit entfernt von uns ist, der wird es auch so erleben, und wer dagegen Ihn sich nah vorstellt, für den wird Er es auch sein. Das Denken an Gott ist das Tor zu Seiner Gegenwart, und bedingungslose, liebevolle Hingabe ist die Straße der Seele, auf der sie nach Hause findet.

7. Der freie Wille kann in göttlichen Willen verwandelt werden, um Erleuchtung zu erlangen, er kann aber auch falsch eingesetzt werden, dann bleibt man in der Welt der Täuschung.

Der freie Wille ist ein Segen und eine Herausforderung zugleich. Wir können ihn uns zunutze machen, um zur Höhe der Erleuchtung aufzusteigen, oder wir können ihn einsetzen, um in die Negativität herabzusinken. Da der grundlegende Sinn unseres Lebens auf der Erde darin besteht, spirituell zu erwachen, besteht der rechte Einsatz unseres freien Willens darin, genau das zu tun. Der falsche Einsatz des Willens bedeutet, gegen unser höchstes Gut zu handeln, und setzt so die Täuschung fort.

Man kann Jahre mit unklugen Taten verbringen, so lange, bis eine schlechte Saat gereift ist. Die Herausforderung des freien Willens besteht darin, erst einmal zu lernen, wie man ihn sinnvoll einsetzt. Was genau ist denn unser freier Wille? Wie bei jedem Werkzeug gibt es einen Grund, aus dem es erschaffen wurde, und einen Zweck, zu dem es dienen soll. Der freie Wille nun ist das Instrument, das den Körper und den Geist funktionieren lässt: die Macht der bewussten Absicht, die aus Energie Handlung werden lässt. Bei Säuglingen ist er überwiegend körperlich und reagiert auf grundlegende Bedürfnisse. Kleinkinder, die schon mehr Bewusstsein von sich selbst haben, setzen ihren freien Willen oft zu Forderungen oder zu emotionalen Ausbrüchen ein, einfach deswegen, weil sie damit herumexperimentieren. Jugendliche oder junge Erwachsene tendieren dazu, ihre Willenskraft manchmal frech und dreist zu benutzen oder sich damit Sehnsüchte mit durchaus fragwürdigen Zielen zu erfüllen. Irgendwann jedoch kommt ein Punkt, dass Weisheit und nicht Launen den Willen lenkt.

Weisheit ist Handlung oder Wissen, das mit dem göttlichen Gesetz in Einklang steht. Wenn der menschliche Wille vollkommen in Übereinstimmung mit der Weisheit steht, dann ist er eins mit dem göttlichen Willen. Jesus zeigte diesen vollkommenen Willen bei seinem Prozess und im Garten von Gethsemane, als er seine persönlichen Vorlieben aufgab und sich dem göttlichen Willen unterwarf: *„Oh, mein Vater, wenn dieser Kelch nicht an mir vorbeigehen soll und ich ihn trinken soll, dann soll dein Wille geschehen."* (12) Die Folge davon war seine Kreuzigung. Auch wenn dies ein außergewöhnlicher Fall ist, zeigt er doch einen ausschlaggebenden Punkt: Gott gab uns den Willen, um ihn zu benutzen, nicht, um Ihn im Stich zu lassen. Seinen freien Willen hinzugeben, bedeutet nicht, ihn als freien Willen aufzugeben und sich nicht mehr frei entscheiden zu können, sondern ihn mit dem göttlichen Sinn in Einklang zu bringen. Der höchste Einsatz des freien Willens besteht darum letztlich in der persönlichen Befreiung und der Erlösung anderer.

Heilige und Meister zeigen uns diese Übereinstimmung mit dem göttlichen Willen, weil sie jede Anstrengung unternehmen, dies zu tun. Die meisten von uns tun das jedoch nicht. Als Folge davon steuern wir uns oft in unruhige Gewässer. Um dieser Tendenz entgegenzuwirken, müssen wir lernen, einer höheren Führung zu folgen, die wir Intuition nennen, und sie dann auf geeignete Weise einsetzen. Ersteres kann man durch Meditation und Gebet erreichen, wenn das Bewusstsein gereinigt wird und die Einsichten der Seele erkennbar werden. Letzteres kann man durch ein diszipliniertes, leidenschaftsloses Üben der Absicht erreichen, intuitiven Lenkungen auch zu folgen. Wie im Falle Jesu' ist dies nicht immer leicht. Dennoch, je öfter wir uns diese Fähigkeiten zunutze machen, desto weiser können wir leben und irgendwann zum Meister für uns selbst werden.

Die folgende Übung verstärkt deine Intuition und hilft dir, den rechten Einsatz deines freien Willens zu entwickeln. Nutze sie bei bedeutsamen Entscheidungen oder großen Lebensthemen oder, was noch wichtiger ist, dafür, den richtigen Weg zur Erleuchtung zu finden.

Bitte schließe deine Augen und lass Ruhe in dir fließen. Bestätige dir still: „Ich und mein himmlischer Vater sind eins!" Nutze dabei den Begriff, der am besten zu deiner spirituellen Ausrichtung passt – himmlischer Vater, Großer Geist, Göttliche Mutter oder irgendeinen anderen Begriff. Wiederhole diese Bestätigung immer wieder, mit all deiner Aufmerksamkeit, bis du eine große Freude in deinem Herzen spürst. Dann bitte auf liebevolle und immer wiederholte Weise Führung für Themen, Bedürfnisse oder Fragen, die du hast, bis deine Herzensfreude sich überfließend anfühlt. Nun stoppe den Prozess des Bittens oder Forderns. Werde ganz still. Fühle und fühle erneut, ob intuitive Bilder, feinstoffliche Antworten oder andere innere Reaktionen kommen. Versuche nichts Bestimmtes zu erwarten, bleibe emotional neutral, offen und empfänglich. Verzweifle nicht, wenn nichts passiert. Bleibe vertrauensvoll und empfänglich. Der göttliche Geist reagiert oft auf rätselhafte und unvorhersehbare Weise. Es könnte sein, dass Menschen in deiner Umgebung plötzlich Dinge sagen, die auf unheimliche Weise wichtig für dein Thema sind. Oder du stolperst über Bücher oder Dokumente, die ähnlich bedeutsam sind. Das sind göttliche Antworten.

Was immer auch sich zeigt, wisse, dass eine echte göttliche Führung durch ein Gefühl von Richtigkeit oder Freude im Herzen bestätigt wird. Jedes Gefühl von Furcht, Zweifel, Schwere oder Negativität zeigt an, was zu vermeiden ist. Das genau auseinanderzuhalten, braucht Zeit, aber irgendwann kann man sich darauf verlassen, dass sich die Lebensentscheidungen mit dem göttlichen Willen in Einklang bringen lassen. Diesen Prozess zu vervollkommnen, ist ein Abenteuer, aber du kannst sicher sein, dass die rechte Absicht unausweichlich die richtigen Ergebnisse bringen wird, wenn man sie richtig anwendet.

8. Niemand kann an unserer Stelle erleuchtet werden. Es liegt in unserer Verantwortung, dafür spirituelle Anstrengungen zu unternehmen.

In der christlichen Tradition wird spirituelle Anstrengung oft missverstanden, und zwar zu einem großen Teil deshalb, weil eine Passage des Neuen Testaments fehlinterpretiert wird: *„Aber allen, die Jesus aufnahmen, gab er die Macht, Söhne Gottes zu werden, und sogar denen, die an seinen Namen glaubten."* (13) Dieser Aussage zufolge kann spiritueller Erfolg erreicht werden, wenn man an einen Meister glaubt oder, noch einfacher, an den Namen des Meisters. Das ist eine wunderschöne, wenn auch falsch verstandene Theorie. Man muss ausreichend Vertrauen in einen Meister haben, um seine oder ihre Lehren zu praktizieren, aber erst durch das Praktizieren dieser Lehren erreicht man spirituelles Wachstum, nicht durch nur passives Glauben an einen Menschen oder an seinen Namen. Befreiung erfordert anhaltende Mühe und allergrößte Hingabe und die Seele muss dahin kommen, den göttlichen Geist so sehr zu ersehnen wie ein Ertrinkender die Luft. Denke einmal über die folgenden Auszüge aus Heiligen Schriften nach und bedenke, was für eine rechtschaffene Mühe hier gefordert wird:

> *„Deshalb heilige dich selbst und sei heilig: Denn ich bin der Herr, dein Gott. Und du sollst dich an meine Regeln halten und sie befolgen: Ich bin der Herr, der dich heiligt."* (14)

> *„Du sollst Gott, deinen Herrn, lieben mit deinem ganzen Herzen und mit deiner ganzen Seele und deinem ganzen Verstand."* (15)

> *„Richte deinen Geist auf Mich allein aus, konzentriere all deine Wahrnehmung auf Mich und du wirst dann unsterblich sein und in Mir wohnen ewiglich."* (16)

„Unter den Zweigen des Banyan-Baums
auf heil'gem Platz den Eid ich sprech:
„Bis des Lebens Rätsel ich gelöst,
bis die unschätzbare Kunde ich erworben,
und selbst wenn Knochen und flüchtiges Fleisch sich auflösen,
werd' nie ich diesen Ort verlassen." (17)

Ganz offensichtlich ist der Erwerb der Erleuchtung nichts Einfaches. Jahre, wenn nicht ein Leben voll hingebungsvoller Verpflichtung sind vielleicht nötig, um uns von der verderblichen Illusion zu befreien. Das ist der Grund, aus dem es ein solcher Segen ist, wenn man einen echten Meister hat, dem man folgen, und einen echten Weg, den man gehen kann. Sie helfen, die Prozesse zu beschleunigen. In einer Guru-Schüler-Beziehung übernimmt der Meister ein Viertel der Last des Schülers und Gott nimmt sich 50 Prozent. Die verbleibenden 25 Prozent muss der Schüler bewältigen – und schon das erfordert, dass man sich mit seiner ganzen Seele hingibt. Persönliche Anstrengung ist unsere spirituelle Verantwortung. Wir müssen Rechtschaffenheit praktizieren, um ihre Früchte ernten zu können.

Wenn wir uns nun mit den falsch verstandenen Konzepten auseinandergesetzt haben, wie man einen Meister aufnimmt und an den Namen des Meisters glaubt, ist es nur fair, nun eine korrekte, esoterische Erklärung dieser Passage zu liefern. Die Vokabel „aufnehmen" meint hier: in der Lage zu sein, ihn in sich aufzunehmen. Wenn wir versuchen würden, einen Ozean in einer Tasse aufzunehmen, dann wäre das ein fruchtloses Unterfangen. Man müsste die Tasse vergrößern und nochmals vergrößern, bis endlich das Meer darin Platz hätte. Ebenso kann kein begrenzter Verstand die Unendlichkeit Gottes in sich aufnehmen. Das menschliche Bewusstsein muss sich vom Körperbewusstsein bis zum kosmischen Bewusstsein ausdehnen, damit Gott darin Platz finden kann. Diese Ausdehnung findet statt durch die aufeinander aufbauenden Stadien der Meditation.

„An einen Namen glauben" ist ein weiterer, fesselnder Ausdruck, aber er bedeutet nicht, dass man durch passive Empfänglichkeit spirituelles Wachstum erreicht. Mäuse leben vielleicht auch auf heiligem Boden, aber sie werden nicht heilig, weil sie in so enger Nachbarschaft mit dem Heiligen leben. Während es also sicher respektvoll ist, den Namen eines Heiligen zu verehren, kann dies allein einem keine Heiligkeit schenken. Es braucht Handlungen, damit sich wirklich etwas ereignen kann. Auf einer esoterischen Ebene, mit der wir uns später noch eingehender beschäftigen werden, bedeutet der Begriff „an den Namen Gottes glauben", mit dem Wort Gottes übereinzustimmen oder mit dem OM oder mit dem Amen. Für kurzfristigere Zwecke ist es hier sinnvoll zu sagen, dass „glauben" hier eine Art aktiver Rezeptivität bedeutet – die feinstoffliche Fähigkeit, den Segen des Meisters durch die Prinzipien der Schwingungsähnlichkeit anzuziehen. Schwingungen können mit Bewusstsein erfüllt sein. Wenn man ein Radio auf bestimmte Frequenzen einzustellen versucht und dabei andere Frequenzen mit erreicht, hilft einem das „Einstimmen" oder „Glauben" an einen Heiligen, das durch Hingabe, rechtes Handeln und Glauben entsteht, dabei, eine Art elektrischer Verbindung herzustellen, durch die die Schwingungen des Bewusstseins des Heiligen angezogen werden.

Denken Sie einmal über folgende Geschichte nach, bei der es um eine Frau geht, die das Bewusstsein Jesu' zu sich zog:

> *„Da war eine Frau, die seit zwölf Jahren an Blutfluss litt und die von einem Arzt zum anderen gegangen war und die nicht geheilt werden konnte. Sie kam hinter ihm her und berührte den Saum seines Kleides und sofort wurde ihr Blutfluss geheilt. Und Jesus fragte: Wer hat mich da berührt? Und als alle sagten, sie seien es nicht gewesen, sagten Petrus und die anderen, die bei ihm waren: Die Menge hier hat dich berührt und dich gedrückt und darum hast du gesagt: Wer hat mich da berührt? Aber Jesus sagte: Irgendjemand hat mich berührt, denn ich spürte, dass eine Kraft von mir ausströmte." Und als die Frau sah, dass sie sich nicht verstecken konnte, kam sie hervor und zitterte und fiel vor ihm nieder und bekannte vor allen Menschen, aus welchem Grund sie ihn berührt hatte und wie sie unmittelbar geheilt worden war. Und er sprach zu ihr: Tochter, tröste dich, dein Glaube hat dich geheilt, gehe in Frieden." (18)*

In diesem Beispiel wird sichtbar, wie der Glaube eine Schwingungsübertragung freisetzt, die durch körperliche Berührung übertragen wurde, aber das Prinzip, das ich meine, ist bei allen Übertragungsformen dasselbe. Die Frau glaubte so fest an Jesus, dass ein Kanal der Empfangsbereitschaft eröffnet wurde, sodass seine göttliche Kraft zu ihr fließen und sie heilen konnte. Wie Petrus bemerkte, war Jesus umgeben von einer Menge anderer Menschen, doch ähnliche Zwischenfälle hatte es offenbar noch nicht gegeben. Es war der absolute Glaube der Frau, der ermöglichte, dass diese heilige Übermittlung der Energie stattfinden konnte.

Ein weniger spektakuläres Ereignis, das mir dennoch die Wirklichkeit dieses Phänomens klarmachte, ereignete sich in Las Vegas. Meine Frau nahm dort an einer Konferenz über ein medizinisches Thema teil und ich fuhr einfach aus Spaß mit. Da ich jedoch so empfindlich bin, war die kitschig-bunte Atmosphäre dort bald eine Belastung für mich. Ich war allerdings entschlossen, solchen Einflüssen entgegenzutreten, und suchte Zuflucht in einer Meditation, bei der ich auch betete. Während ich meine spirituelle Kette der Meister anrief, begann ich eine unerklärliche Welle der Entspannung zu spüren, die mich durchströmte, was für mich überraschend und unerwartet kam, zumal sie bei jeder Anrufung noch zunahm. Ganz offensichtlich setzte dieser Prozess mein Bewusstsein in Einklang mit dem höheren Schwingungsfeld meiner Meister und schenkte mir eine persönliche Lektion zu den Gesetzen der Übereinstimmung. Die Wahrheit dessen, was es heißt, an einen Namen zu glauben, wurde ganz klar: Es bedeutete, spirituell eins mit dem Angerufenen zu sein, wofür allerdings eine entschiedene Anstrengung nötig ist, um diese Gnade zu empfangen. Mühe und Glaube müssen mit Empfänglichkeit kombiniert werden, um das eigene Bewusstsein in Übereinstimmung mit spirituellen Zuständen zu bringen und an der Macht teilzuhaben, die in ihnen liegt.

9. Macht und Wunder spiegeln nicht das Wissen um Gott wider und setzen auch nicht die Erlösung in Gang.

Vor Jahren, als ich in Marin County in Kalifornien lebte, war ich Zeuge einiger seltsamer Ereignisse, die einen bleibenden Eindruck auf mich machten. Eine war eine karnevalsähnliche Veranstaltung, bei der eine außergewöhnliche spirituelle Erfahrung angekündigt wurde. Das zweite war ein sehr ungewöhnliches Treffen der örtlichen Handelskammer und das letzte war eine pseudoschamanische Zeremonie. Bei dem ersten Ereignis war ich gerade von einem mehrmonatigen Yoga- und Meditationstraining in einem abgelegenen Bergashram zurückgekommen. Aus Neugier, was noch auf meinem metaphysischen

Die Praxis der Meditation

Teller auf mich warten konnte, nahm ich an dem Treffen teil, das sich in ein amüsantes Abenteuer verwandelte. Als diese New-Age-Farce weiterging, stellte sich ein eindrucksvoller weißhaariger Mann dem Publikum vor, der eine sehr sexy Blondine als seine Assistentin präsentierte. Er erklärte, er habe Erleuchtung erfahren, und bot an, den Teilnehmern einen Eindruck von dem zu geben, was sein hoher spiritueller Zustand sei. Natürlich war das nur ein Lockvogelangebot – um die ganze Erfahrung zu machen, sollte man sich für einen seiner folgenden Workshops einschreiben. So weit, so gut.

Wir alle wurden also in ein retro-artiges Zelt geschoben und gebeten, uns mit geschlossenen Augen hinzusetzen. Die Lampen wurden gedimmt, sanfte Musik erklang und eine Licht- und Klang-Show begann, die nur zu schnell überging in einen Aufruhr von dissonanten Tönen und Farben, eine Kakophonie, die scheinbar verschiedene, überbewusste Zustände überirdischen Friedens, von Seligkeit und eines erweiterten Bewusstseins nachbilden sollte. Es war ein Angriff auf die Sinne, aber kein übersinnliches Ereignis. Wäre ich in einem Nachtclub oder einem Restaurant gewesen, wo man mich mit einer solchen Show traktiert hätte, wäre ich sofort gegangen und hätte nicht noch dafür bezahlt, mehr davon zu bekommen. Hier aber schienen viele Zuhörer ganz angetan von der Vorstellung dieses Schwindlers zu sein, und statt dass sie vor seiner Falschheit zurückwichen, ließen sie sich überreden, eine deftige Workshop-Gebühr zu zahlen und auch noch dankbar für diese Gelegenheit zu sein! Nachdem ich den Ort verlassen hatte, nahm ich das Erlebte als eine Lektion für Gelassenheit, die man manchmal auch auf die harte Weise lernen kann: Gott ist kein Schausteller und ein Feuerwerk für die Sinne ist kein Maßstab für echte Erleuchtung.

Im Anschluss an diese verlogene spirituelle Wiederbelebung hatte ich mein nächstes Abenteuer mit der Handelskammer von Marin County. Mitte der 80er Jahre war Marin County ein New-Age-Zentrum für Kristalle, für Channelling, für alle Arten übersinnlichen Firlefanzes. Während dieses Treffens nun diskutierten die Händler darüber, welcher ihrer „Geistführer" wohl der beste Geschäftscoach sein würde. Eine körperlose Wesenheit fand ihr besonderes Interesse, weil er behauptete, Üppigkeit sei eine besonders geeignete Plattform für inneres Wachstum. Offensichtlich wurde man umso weniger von begrenzenden Bewusstseinsinhalten geplagt, je mehr man besaß und so die grenzenlose Natur und Fülle des göttlichen Geistes demonstrierte. Mir schien es, als wäre dies nichts weiter als eine gutgemachte Einladung zur Knauserigkeit. Als ich um meine Meinung gebeten wurde, erläuterte ich sie mit der folgenden Geschichte, die ich aus einem Roman mit dem Titel „Der Stein des Philosophen" nahm und ein wenig umformulierte:

„Es war einmal ein Prinz, der einen Zauberstein besaß, der alles, was man damit berührte, in Gold verwandelte. Als der Prinz nun eines Tages im Wald zum Jagen war, fiel er vom Pferd, stürzte mit dem Kopf auf einen Felsen und verlor das Bewusstsein. Ein alter Eremit, der den Unfall beobachtet hatte, eilte herbei, um dem Prinzen zu helfen. Als der Prinz wieder gesund war, wollte er dem Einsiedler eine Belohnung geben, deshalb lieh er ihm seinen Zauberstein für eine Woche. Der Einsiedler dankte demütig und nahm den Stein. Er versprach, ihn binnen einer Woche dem Prinzen zurückzugeben.

Als die Woche vorbei war, erwartete der Prinz, dass er den Einsiedler nun im Wald in unvorstellbarem Wohlstand wiederfinden würde. Wo einst nur Zweige, Farn, Gestrüpp und Blätter gewesen waren, dachte er, seien nun sicher Waldwiesen voll Gold.

Als er dem Einsiedler jedoch begegnete, war der Prinz sehr erstaunt, ihn in demselben zerrissenen Gewand und in derselben baufälligen Hütte zu sehen. Er hatte nichts verändert. Da er nicht unhöflich sein wollte, tauschte der Prinz mit dem Einsiedler einige galante Worte, bis er sich nicht mehr zurückhalten konnte und neugierig den Einsiedler fragte, warum er den Zauberstein nicht eingesetzt hätte, um seine Lebensumstände zu verbessern. Der Einsiedler antwortete: „Oh, das alberne Ding? Ich muss ihn wohl in den Fluss geworfen haben?" Außer sich vor Entsetzen warf sich der Prinz in den Fluss und plantschte wie wild darin herum, um den Stein zu finden. Lächelnd kam der Einsiedler hinterher und versicherte dem Prinzen, dass er sich keine Sorgen zu machen brauche – der Stein sei nicht verloren. Dann nahm er Stein nach Stein aus dem Fluss heraus und berührte mit jedem den nächsten – und jeder ließ den folgenden zu Gold werden. Überaus erstaunt stopfte der Prinz nun all die Steine in seine Satteltaschen und ritt davon, voll von Visionen, was er nun alles mit diesen Zaubersteinen anfangen könnte.

Die Praxis der Meditation

Früh am nächsten Morgen jedoch kam der Prinz zurück. Er sah mitgenommen und niedergeschlagen aus. Blinzelnd fragte ihn der Einsiedler, warum er gekommen sei und was er für ihn tun könne. Der Prinz sagte, dass er, während er noch Pläne für seine goldene Zukunft schmiedete, schwermütig geworden sei. Er hatte gedacht, dass die Zaubersteine unzerstörbare Sicherheit und ewige Glückseligkeit bedeuten würden, aber bald hatte er nur noch darüber nachgedacht, ob sie nicht verloren gehen oder gestohlen werden könnten. Außerdem könnte er doch krank werden und nicht mehr in der Lage sein, sich an der Fülle zu erfreuen, die sie ihm schenkten. Als er weiter über diese Dinge nachdachte, fiel ihm die Gelassenheit des Einsiedlers ein sowie seine verblüffende Fähigkeit, Wohlstand zu erzeugen, indem er immer weitere Zaubersteine erschuf.

Entschlossen, auch einen solchen inneren Frieden zu finden, der selbst inmitten von Armut unverändert schien, entschloss er sich dafür, seinen Wohlstand aufzugeben und Schüler dieses heiligen Einsiedlers zu werden. Der Einsiedler strahlte und sagte mit einem sanften Lächeln: „Mein Sohn, du hast gerade den ersten Schritt auf der Straße zur Weisheit getan und erkannt, dass nichts Materielles anhaltende Freude schenken kann. Nun, wo du frei von der Täuschung bist, werde ich dir voll Freude beibringen, wie du deinen Geist in eine Goldmine verwandeln kannst, die dir ewige Glückseligkeit schenkt."(19)

Wenn ich zurückschaue, befürchte ich, dass meine Erzählung bei der Handelskammer-Gruppe nicht allzu gut ankam. Aber wenn Geld für spirituell gehalten oder angeblich nur dafür gemacht wäre, dann hätten Jesus, Moses, Krishna und Buddha Multimilliardäre sein müssen. Aber keiner von ihnen strebte auch nur danach. Wohlstand sollte nicht verunglimpft werden und Geld ist sicher per se nichts Schlechtes, sondern neutral und kann für gute ebenso wie für schlechte Zwecke eingesetzt werden. Dennoch ist die Vorstellung, dass Reichtum Glückseligkeit bringen könnte, eine geradezu klassische Täuschung, die aus der Identifikation mit der Welt herrührt und die durch Weisheit ersetzt werden muss.

Nerven sind wie kleine Röhren, durch die Empfindungen wahrgenommen werden. Unsere Glückseligkeit mit diesen Wahrnehmungen gleichzusetzen, ist jedoch tödlich. Unser wahres Selbst, die Seele, ist reine Freude und ist nicht von Empfindungen oder von Gold abhängig.

Das letzte Ereignis, an dem ich teilnahm, war ein sehr seltsames Ritual, das ich in Ermangelung einer besseren Bezeichnung eine „Krafttier-Loslass-Zeremonie" nennen möchte. Das Ereignis wurde von einem spirituellen Heilzentrum gesponsert und nutzte angeblich schamanische Techniken, um den Teilnehmern zu helfen, intellektuelle Blockaden zu überwinden und ihre Urgefühle wiederzufinden. Während ich mich vor einem echten Einsatz schamanischer Techniken verneige, die so höhere Bewusstseinszustände induzieren und die Lebensreise eines Menschen zu lenken versuchen, war das, was ich hier erlebte, eine trendige, unwahre Imitation dieser Techniken. Die Urinstinkte wurden zunächst durch eine gekünstelte Kombination von Trommeln, Gestöhne und Hyperventilation erweckt. Dann wurden die Menschen verhöhnt, die ihre Selbstkontrolle behielten, angestachelt, ihre Emotionen loszulassen, und gepriesen, wenn sie gekünstelte, tierähnliche Mätzchen machten. Es war eine Übung im Schwelgen von Emotionen und eine Beleidigung für alle echten schamanischen Arbeiten. Menschen können sich geißeln, bis sie in Ekstase sind, aber solche intensiven emotionalen Zustände helfen niemandem dabei, erleuchtet zu werden.

Emotionalität ist die ungefilterte, falsche Form des Fühlens, die Wahrnehmungen nur verzerrt und durch eine Linse berauschender Über-Erregung sieht. Menschen in solchen Zuständen glauben vielleicht, dass ihre Emotionen die Wahrheit seien, aber das ist ein Irrtum und nur eine Selbstrechtfertigung, denn die beiden sind Welten voneinander entfernt. Wahrheit ist die exakte Übereinstimmung mit der Wirklichkeit. Neutrales Fühlen, anders als Emotionalität, ist ein Spiegel, der genau registriert und reflektiert, was vor ihm gestellt wird. Er manifestiert die Klarheit des Bewusstseins, das notwendig ist, um die Wahrheit ohne Abweichung wahrzunehmen. Emotionales Schwelgen andererseits verdunkelt die Wahrheit durch seine stürmische, ihm eigene Unfähigkeit, sie wahrzunehmen. So wie ein stiller Teich ein Bild auf seiner Oberfläche korrekt widerspiegelt, kann ruhiges Fühlen die Wahrheit erkennen. Bewegtes Wasser jedoch, wie Emotionalität, verzerrt ähnliche Bilder und kann wenig außer der Aufregung der Wildheit bieten.

Da pseudoschamanische Themen im Programm eingeschlossen waren, muss man auch ein Wort darüber verlieren. Alle Aspekte der Schöpfung sind Manifestationen des göttlichen Geistes und bieten unschätzbare Lektionen über das Leben. Dennoch haben die Menschen durch ihre energetische Anatomie, das Chakra-System, einen anspruchsvollen Platz auf der Leiter der Evolution inne. Es ermöglicht uns, zu höchsten Bewusstseinszuständen aufzusteigen, was Tiere niemals erfahren können. Diese Aussage ist nicht abschätzig gemeint, sie ist eine physiologische Tatsache. Weniger entwickelte Wesen werden hauptsächlich vom Kampf-und-Flucht-Reflex des Limbischen Systems gesteuert, über den die meisten Menschen schon vor langer Zeit hinausgewachsen sind. Kurz gesagt, animalische Sinnenfreude ist keine Erleuchtung, sie ist primitiv. Sich der Lektionen bewusst zu sein, die uns Gott durch die Natur schickt, ist nicht dasselbe, wie die Charakterzüge oder Mentalitäten weniger entwickelter Wesen hervorzubringen. Wenn das so wäre, dann würden alle taoistischen Weisen Verwandte von Tarzan sein. Eins mit der Natur zu sein, bedeutet, in Harmonie mit seiner Quelle zu leben, dem göttlichen Geist, und nicht, sich auf die Ebene von Tieren zurückzuentwickeln.

10. Gott allein sollte das Ziel unserer Anbetung sein.

Wenn man annimmt, dass es ein immer größer werdendes Interesse an metaphysischen Themen gibt, dann ist es nicht überraschend, dass auch fragwürdige Trends aufkommen. Hier beziehe ich mich vor allem auf die Faszination gegenüber Engeln, Naturgeistern oder astralen Wesenheiten. Obwohl solche Wesen sicher existieren und einige von ihnen wirklich auch echten Respekt verdienen, sollten sie dennoch nicht angebetet werden. Selbst eine Verehrung von Heiligen oder Propheten, die für Gott handeln, sollte nicht dazu führen, dass man sie anbetet, denn unsere Anbetung sollte Gott allein gelten. Jede Abweichung von diesem Grundsatz verletzt ein fundamentales spirituelles Mandat, wie dies ganz klar in den ersten beiden der Zehn Gebote zum Ausdruck gebracht wird, die die Grundlage der abrahamischen Religionen bilden: *„Ich bin der Herr, dein Gott…Du sollst keine anderen Götter neben mir haben. Du sollst dir kein Gottesbild machen und keine Darstellung von irgendetwas am Himmel droben, auf der Erde oder im Wasser unter der Erde."* (20)

Die Bhagavad Gita bestätigt ebenfalls die korrekte Anbetung, wenn auch von einer größeren Perspektive aus, die Heilige, Avatare, Engel, astrale Gottheiten und den göttlichen Geist umfasst. Während dieser Ansatz alle feinstofflichen

Bereiche einschließt, ist Gott dennoch das einzige Wesen, das Anbetung verdient. *„Welche Verkörperung (ein gottähnliches Wesen, ein Heiliger oder eine Gottheit) ein Jünger auch immer gläubig verehrt – Ich bin es, der seine Anbetung entschlossen macht."* (21)

Engel sind hohe Wesenheiten, die erschaffen wurden, um Gott zu dienen. Wenn jemand sich inspiriert durch sie fühlt oder ihnen dankbar ist, dann ist dies gut und richtig, aber – wie wir bei diesem Thema noch einmal hervorheben – Gott allein ist es dennoch, der wirklich unsere Huldigung verdient. Dasselbe gilt für die Mächte, die von Gott erschaffen wurden, um die Schöpfung zu lenken und zu erhalten: die Naturgeister und die astralen Gottheiten. Auch hier ist es uns auferlegt, unsere Konzentration auf den Schöpfer zu richten, nicht auf die Schöpfung. Was für die astralen Wesenheiten gesagt worden ist, gilt ebenfalls für die Lehrer und Leiter, also seid umsichtig. Es gibt sowohl gute wie auch böse Wesenheiten und Letztere mögen sich als etwas zeigen, was sie nicht sind, um uns zu täuschen und unverdiente Aufmerksamkeit auf sich zu ziehen.

Entkörperung macht jemanden noch nicht heilig, es ist lediglich eine Funktion davon, keine physische Form zu haben. Wir sind noch lange keine Engel, nur weil wir in einen Astralbereich reisen können, und Nachtod-Bewusstsein ist identisch mit dem Bewusstsein, dass wir auch als Inkarnierte besitzen. Deshalb ist jemand schlecht beraten, der sich mit astralen „Führern" zusammentut – oder mit denjenigen, die behaupten, dass sie sie repräsentieren. Diese Wesenheiten haben möglicherweise eine durchaus fragwürdige Absicht, und es ist sehr schwer auseinanderzuhalten, ob die Botschaften, die man durch sie erhält, wirklich authentisch sind oder lediglich unterbewusste Projektionen von denen, die sie vermitteln. Außerdem hinterlassen geheiligte Lehrer, die auf der Erde gelebt haben, bleibende Vermächtnisse durch ihre geschriebenen oder gezeigten Lehren. Ihre Werke müssen nicht durch gechannelte Nachworte auf den neuesten Stand gebracht werden, noch werden sie zufälligen Anrufungen gegenüber willfährig sein. Wenn die göttliche Hilfe eines Heiligen erwünscht ist, dann muss man sie auf direktem Wege erbitten, und zwar durch die traditionellen Methoden des Fastens, des Gebets und der Meditation, nicht durch Medien. Haltet euch also entfernt von seltsamen Erscheinungen und betet allein Gott an.

11. Die acht klassischen Eigenschaften Gottes sind: Licht, Klang, Weisheit, Macht, Liebe, Frieden, Ruhe und Freude.

Während Er in Seinen Ausdrucksformen unendlich ist, besitzt der göttliche Geist dennoch acht ewige Attribute, die in der gesamten Schöpfung erkennbar sind. Sie sind auch in unseren Seelen vorhanden und stellen die Mittel bereit, den göttlichen Geist auf direktem Wege im eigenen Inneren zu empfangen oder göttliche Eigenschaften im täglichen Leben zu manifestieren.

Licht und Klang sind die uranfänglichen Ausdrucksformen des transzendenten Geistes, der sich schon zu Beginn der Schöpfung zeigte. Sie sind die ursprünglichen, grundlegenden Bausteine, aus denen der Rest der Schöpfung zusammengesetzt ist. In den Begriffen des Taoismus wird die Beschwörung der Existenz aus einem scheinbaren Leeren mit dem folgenden Vers zum Ausdruck gebracht: *„Der Vorläufer von Himmel und Erde wird Nicht-Existenz genannt, Existenz ist die Mutter aller Dinge. Aus der ewigen Nicht-Existenz beobachten wir deshalb gelassen den rätselhaften Anfang des Kosmos."* (22) Im klassischen westlichen Kontext wird der Klang als das Wort Gottes bezeichnet: *„Im Anfang war das Wort und das Wort war bei Gott."* (23) Zu gegebener Zeit werden wir lernen, wie bedeutsam der Aspekt des Wortes im Hinblick auf bestimmte Aspekte der Meditation sein wird.

Weisheit meint den richtigen Einsatz der intuitiven Einsicht, die einem erlaubt, in vollkommener Übereinstimmung mit der universellen Wahrheit und den kosmischen Gesetzen zu leben. Paramhansa Yogananda sagte: *„Sorgen, Krankheit und Versagen sind die natürlichen Folgen, wenn man die göttlichen Gesetze übertritt. Weisheit besteht darin, solche Übertretungen zu vermeiden und Frieden und Glück in sich selbst zu finden, indem man seine Gedanken und Handlungen in Harmonie mit seinem wahren Selbst bringt."* (24) Falsche Handlungen zu vermeiden und sich nur auf die richtigen zu besinnen bedeutet auch die Fähigkeit, sich zwischen den beiden richtig zu entscheiden. Dies erfolgreich zu tun und dementsprechend zu leben, ist Weisheit.

Macht ist der Aspekt des göttlichen Geistes, der das Universum arbeitsfähig macht. Auf individueller Ebene können bestimmte Praktiken kosmische Kräfte wecken, um die Vitalität zu erhöhen und, wenn auf rechte Weise übermittelt, das spirituelle Wachstum zu fördern. Obwohl es ebenfalls möglich ist, paranormale Fähigkeiten durch bestimmte Übungen zu entwickeln, sollte es bei der Meditation nicht darum gehen. Ungewöhnliche Kräfte wie beispielsweise der Duft nach Blumen können sich in uns zeigen, wenn wir spirituell blühen, aber diese sind eine natürliche Nebenwirkung innerer Wachstumszustände und kein Ziel an sich.

Liebe ist der allumfassende Geist. Sie ist Harmonie. Sie ist Gesetz. Sie nährt und eint alle Dinge. Sie ist die echte Macht und Kraft, die Essenz des Seins, dessen Anziehungskraft alles zurück zu sich selbst zieht. Sie ist der Faden, aus dem das Universum gewebt ist, das, wonach wir alle streben, und das Einzige, das Gott von uns will. Ohne Liebe kann kein Fortschritt auf dem spirituellen Weg gemacht werden. Der heilige Augustinus bekannte: *„Du hast uns für dich selbst gemacht, oh Herr, und unser Herz ist ruhelos, ehe es nicht in dir ruht."* (25) Und so ist es auch. Wenn wir uns vollständig hingeben, in Liebe zu dem, was Liebe ist, dann lösen sich die Barrieren zwischen der Seele und dem göttlichen Geist auf und die letztendliche Befreiung ist nur noch eine Gnade weit entfernt.

Frieden ist der Vorläufer der Ruhe und ein Zustand, in dem alle Schwingungen, ob nun positive oder negative, zum Schweigen kommen. Wenn man in die meditative Stille eintritt, dann ist die Erfahrung, die man erlebt, wenn die geistige Unruhe aufhört, Frieden. Es ist eine Leere, die die Folge einer Abwesenheit von Reizen ist. Während sie einen Geist kennzeichnet, der bar jeder Ablenkung ist, hat sie dennoch sozusagen eine begrenzte Haltbarkeitsdauer. Würden wir uns zu lange in ihrer negativen Zone aufhalten, würden wir von dem Vakuum, das ihr innewohnt, gelangweilt werden. Wenn wir jedoch immer tiefer in den Frieden eintauchen, dann erleben wir einen selbsterhaltenden positiven Zustand, „der jedes Verstehen übersteigt." (26) Das ist Ruhe. Man kann sich endlos in dieser Ruhe aufhalten, denn sie besitzt ein unabhängiges Dasein und ist in sich selbst und durch sich selbst Freude spendend.

Freude nun ist die Seligkeitsnatur des göttlichen Geistes. Fortgeschrittene Meditation bringt uns über Frieden und Ruhe hinaus in Ebenen sich immer weiter vertiefender, bedingungsloser Freude. Eine Freude, von der Sri Yukteswar, der Guru von Yogananda, sagte: *„Spiritueller Fortschritt kann nicht daran* *gemessen werden, welche äußeren Kräfte man zeigt, sondern einzig an der Tiefe der Seligkeit bei der Meditation...Das Verlangen nach materiellen Dingen ist endlos, der Mensch ist niemals vollständig zufrieden und will ein Ziel nach dem anderen erreichen. Das Andere, was er wirklich erreichen will, ist der Herr, der allein bleibende Freude garantieren kann."* (27) In dieser Aussage steht, dass nicht einmal die Liebe das höchste Ziel der spirituellen Praxis ist. Dieser Platz ist für die Freude reserviert. Wir suchen aus vielen Gründen nach Liebe, aber letztlich ist das, was uns wirklich lockt, die nie endende Freude, die sie mit sich bringt.

Im Licht all dieser Eigenschaften und der allmächtigen Allgegenwart Gottes fragen sich viele Menschen, warum es eigentlich das Böse gibt. Ich möchte hier eine schlichte Antwort anbieten: Das Böse existiert nur relativ, im absoluten Sinn existiert es nicht. In der göttlichen Bewusstheit kommen alle Dinge aus der ewigen Quelle, die in sich selbst ewige Güte ist. Kosmische Kontraste jedoch sind lebenswichtig, damit die Schöpfung sich weiter entfalten kann. Ohne Gegensätze würde alles nur gleich sein. Auf ähnliche Weise könnten wir das Licht nicht wahrnehmen, wenn es keinen Schatten gäbe. Solche Schilderungen über die Natur der Dualität verstören uns, wenn wir gerade an ihr leiden. Das ist nur allzu verständlich. Dennoch gibt es unter dem Sturm der kosmischen Unterschiedlichkeit die all-wohlmeinende, einheitliche Ewigkeit. Mit Weisheit lernen wir irgendwann, über die sich allzeit wandelnden Schleier der Natur hinauszusehen und uns selbst in der bleibenden Zufriedenheit der Seele zu verankern. *„Nur diejenigen, die Zuflucht bei Mir suchen, werden frei von der Macht der Illusion."* (28)

Damit ich nicht falsch verstanden werde – nichts des hier Gesagten bedeutet, dass das Böse nicht existiert. Es ist da. Es gibt kosmische Kräfte, die böse Gedanken und Handlungen aufrechterhalten. Dennoch sind selbst diese Kräfte dem Einen unterworfen und sind wohl Instrumente des kosmischen Dramas. Das ist nur ein schwacher Trost, wenn man mit Leiden konfrontiert ist, aber es ist dennoch, so glaube ich wenigstens, die Wahrheit.

12. Spiritueller Fortschritt, obwohl feinstofflich, ist auf eindeutige Weise messbar.

Moderne Gesellschaften verlangen nach Ergebnissen und die westliche Kultur will, dass die Dinge schnell und einfach geschehen. Traurigerweise hat diese Haltung viele auf dem spirituellen Weg angesteckt. Vor allem Anfänger ersehnen höhere Bewusstseinszustände, als ob sie Waren wären, die man in einem Supermarkt kaufen kann. Fortschritt aber kann man nur erzielen, wenn dafür ganzheitliche Mühen unternommen werden. Er stoppt aber oder entwickelt sich sogar rückwärts, wenn man zielfixiert bleibt oder dafür sogar gefährliche Anstrengungen unternimmt, nur weil sie angeblich schnelle Ergebnisse bringen. Die Manifestation des göttlichen Bewusstseins braucht Zeit und kann nicht angeschoben werden. Feine astrale Kanäle müssen gereinigt und gestärkt werden, um mit den mächtigen Energiewellen umzugehen. Ohne diese Vorbereitung würden die überaus kraftvollen Vitalkräfte das nicht ausreichend vorbereitete Nervensystem geradezu „grillen". Spiritueller Eifer und rückhaltloses Streben vergrößern paradoxerweise Spannung und Egozentrik. Sie müssen durch Demut, Geduld und Hingabe ausgeglichen werden. Ruhiger Enthusiasmus ermöglicht am ehesten die ausgeglichene Empfänglichkeit, die notwendig ist, um positive Ergebnisse zu erzielen.

Seelenerweckung ist etwas sehr Subtiles und sehr schwer einzuschätzen. Paranormale Fähigkeiten sind keine beweiskräftigen Indikatoren, allerdings die zunehmende Liebe zu Gott, Freude, Frieden, Freundlichkeit, Weisheit, Mitgefühl und Harmonie mit anderen. Tägliche Überprüfung zeigt, ob positive oder negative Zeichen unser inneres Königreich und unsere Aktivitäten beherrschen.

Eine zuverlässige Liste der Maße für spirituelle Entwicklung schließen folgende Aspekte ein:

- Zunehmender Friede während der Meditation
- Bewusstes Erleben von Ruhe während der Meditation, die sich nach und nach zu Seligkeit erweitert
- Tieferes Verständnis und Empfang von Antworten durch Intuition

Die Praxis der Meditation

- Zunehmende geistige und körperliche Leistungsfähigkeit
- Liebe zur Meditation und Vorliebe für ihre Freude und ihren Frieden im Vergleich zu weltlichen Freuden
- Erweiterter Sinn einer gleichmäßigen und bedingungslosen Liebe zu allem
- Wahre Andacht und Kontakt mit Gott nehmen zu, immerwährende Seligkeit bei der Meditation, in der Schöpfung und darüber hinaus.

Ich möchte die Leser ermutigen, sich diese zwölf Prinzipien von Zeit zu Zeit immer wieder durchzulesen, um ihr Verständnis zu vertiefen. Wiederholte Beschäftigung mit wichtigen Themen ist ausschlaggebend, um die Inhalte zu speichern und so daran zu wachsen. Während wir uns entwickeln, sind wir in der Lage, Feinheiten zu entdecken oder Eingebungen zu erhalten, die vorher weniger sichtbar waren oder für uns nicht wahrnehmbar wurden.

Die nächsten beiden Kapitel beschäftigen sich mit zehn wichtigen inneren Haltungen und Verhaltensweisen, die notwendig sind, um zu erwachen. Sie sind die Grundsteine spiritueller Ausbildung. Obwohl das Erwachen der Seele etwas sehr Zartes ist und kaum gemessen werden kann, zeigen diese Eigenschaften, wenn man sie ausbildet, an, wie weit die Seele gereift ist.

Kapitel 6

—— • ——

Rechtes Verhalten:
Richtlinien für Denken und Handeln,
Teil 1 – Was man besser lassen sollte

Eine Volksweisheit sagt, dass die Haltung, die man zu etwas einnimmt, ausschlaggebend ist. Während das nicht vollkommen stimmt, ist es schon wahr, dass die Wahrnehmung sehr mächtig ist. Sie trägt dazu bei, wie wir mit anderen interagieren, indem sie unsere Ansichten formt und korrespondierende Reaktionen auslöst. Verhaltensweisen und Reaktionen halten zyklische Verhaltensmuster aufrecht. Wenn die dazugehörenden Haltungen weise sind, dann ist dieser Ablauf in Ordnung, aber wenn sie es nicht sind, dann kündigen sie Schlimmes an. In diesem Kapitel präsentieren wir nun einen Verhaltenskodex – Einstellungen und Handlungen –, der im universellen kosmischen Gesetz wurzelt, der das spirituelle Wachstum fördert und die Harmonie vergrößert.

Im Zentrum dieses Kodex steht das Prinzip, dass die Vielfalt der Schöpfung eine Erscheinungsform der einen Substanz ist, des göttlichen Geistes. Gedanken und Taten, die aus diesem Verständnis hervorgehen, fördern das Wachstum und die innere Verwirklichung. Gegensätzliche Reaktionen halten die Täuschung aufrecht und verhindern eine Entwicklung. Um spirituell zu erwachen, müssen wir die Wirklichkeit der Einheit mit dem Göttlichen anerkennen, nicht aus einem Gefühl blinder Gefolgschaft heraus, sondern, weil es wahr ist. Auf ebensolche Weise müssen wir alles aufgeben, was die Trennung von Gott vergrößert. Der Kodex bringt nach und nach die Kunst des vollkommenen Lebens nach den zehn Richtlinien hervor, von denen fünf in diesem Kapitel und fünf weitere im nächsten angesprochen werden.

Warum sage ich „vollkommenes Leben"? Weil die Praxis, die hier vorgestellt wird, die Ausdrucksformen des Seelenbewusstseins widerspiegelt und nicht soziologische Imperative. Sie lehrt uns, wie wir als Wesen reinen Geistes leben sollen, während wir in unserem Körper sind. Sehr einfach gesagt, fördert der Kodex das Ziel des Lebens selbst: Erleuchtung und Freiheit von Täuschung. Lasst uns nun die Bestandteile zusammen betrachten und dann jedes einzelne untersuchen.

Kodex der Erleuchtung

10 Eigenschaften der Selbstkontrolle in Gedanken und Taten
(basierend auf dem achtfachen Pfad des Patanjali)

Lassen	Tun
Nicht verletzen	Hingabe an den göttlichen Geist
Nicht lügen	Selbst-Studium
Nicht stehlen	Zufriedenheit
Nicht sinnlich sein	Reinheit
Nicht gierig sein	Genügsamkeit

Es ist ganz offensichtlich, dass die fünf Elemente in der linken Spalte etwas sind, was das Wort „nicht" in sich trägt. Der Grund dafür ist, dass sie betonen, was man in Gedanken und Taten nicht tun sollte, weil dies sonst zu illusionären Bewusstseinszuständen beitragen würde. Was hier gemeint ist, ist, dass die Seele von Geburt an so vollkommen ist, dass sie sich, wenn wir uns falscher Taten enthalten, auf ganz natürliche Weise in Form von richtigem Verhalten und gereinigter Achtsamkeit zeigt. Wenn wir beispielsweise jede Form von Gewalt aus unserem Bewusstsein entfernen, dann wird automatisch Harmonie hervortreten. Wenn wir Gier aus unserem Leben entfernen, dann gewinnen wir Zufriedenheit. Wenn wir diese Disziplinen meistern, dann kultivieren wir ein erleuchtetes Bewusstsein, denn sie ersetzen Einstellungen, die uns in die Irre führen, durch göttlich inspirierte Haltungen.

Nicht verletzen (Gewaltlosigkeit)

„In Gegenwart von jemandem, der fest in der Gewaltlosigkeit gegründet ist, hört jede Feindseligkeit auf." (Patanjali, Yoga Sutras 2:3) (1)

Gewaltlosigkeit muss, wie alle Elemente dieses Kodex, im Kontext unseres Körper-Geist-Wesens verstanden und angewendet werden. Der spirituelle Teil jedoch ist dabei der wichtigste und treibt alle anderen Aspekte an.

Körperlicher Aspekt

Niemand von uns würde meinen, dass es schlecht ist, sich jeder körperlichen Gewaltanwendung zu enthalten, wenn es darum geht, die gesellschaftliche Ordnung aufrechtzuerhalten. Dennoch muss man Gewaltlosigkeit genauer untersuchen und wirklich verstehen. Das Leben, gleich, ob das eines Menschen oder eines anderen Wesens, kommt vom göttlichen Geist und ist nicht etwas, das wir nach Belieben geben oder nehmen dürfen. Wir teilen alle das Leben, besitzen es aber nicht. Obwohl wir oft töten, um zu essen (vorzugsweise Früchte und Gemüse) oder Samen um der Gesundheit willen zerstören, haben wir nur selten das Recht, jemanden zu verletzen oder sein Leben zu beenden, wenn wir uns nicht verteidigen müssen. Das Leben ist dazu da, dass es sich weiterentwickeln kann und das Bewusstsein Gottes manifestiert. Indem wir uns von körperlicher Gewalt enthalten, bestätigen wir, dass wir mit der gesamten Existenz eins sind und auf eine Weise handeln, die diese Wirklichkeit ehrt.

Geistiger Aspekt

Wenn es um den geistigen Aspekt geht, dann muss man schon genauer hinschauen. Denn Gewaltfreiheit bedeutet auch, nicht schlecht von jemandem zu denken oder jemandem Schlechtes zu wünschen. Kritische Gedanken erzeugen tatsächlich innere Zwietracht, die viel schmerzlicher für uns selbst ist als für die, die wir so beurteilen. Denken ist eine mächtige Kraft. Geistige Feindseligkeit bewirkt nervliche Anspannung, zunehmenden Bluthochdruck und ein gefährdetes Immunsystem. Psychologisch betrachtet, werden wir aggressiv, defensiv und temperamentsmäßig abstoßend. Je mehr wir gegen andere wettern, desto mehr wird das Gleichgewicht unserer körperlichen Verfassung gestört. Während diese Gründe, auf geistige Gewalt zu verzichten, uns selbst dienen, lehren sie uns auch unbeabsichtigt rechtes Verhalten, indem sie uns in Richtung auf rechte Haltungen und Handlungen drängen. Indem das Verlangen, zu verletzen, aus unserem Bewusstsein entfernt wird, bildet sich nach und nach ein mitfühlender Blick für andere, wie ein süßer Duft, der vorher durch schlechte Gerüche überdeckt war. Die der Seele angeborene Harmonie wird zunehmend spürbar, wenn wir zulassen, dass sie sich geistig ausdrückt. Demzufolge beweist dies die optimalen Bedingungen, unter denen ein innerer und äußerer Frieden blühen kann.

Mit einer solchen Geisteshaltung können gewaltsame Gedanken nicht aufkommen, ganz zu schweigen von feindseligen Gedanken oder Worten.

„Gewaltfreiheit ist das Gesetz der menschlichen Rasse und ist unendlich größer als brutale Gewalt und dieser überlegen. ... Wenn Gewaltfreiheit angewandt und akzeptiert wird, dann muss sie das ganze Wesen durchdringen und darf nicht nur auf einzelne Handlungen angewandt werden." (2)

„(Ahimsa, nicht verletzen) steht im Zentrum der gewaltfreien Disziplin. ... Du bewegst dich dabei ständig auf den Punkt zu, wo du deinen Feind lieben kannst. ...Es ist eine überströmende Liebe, die keine Gegenleistung will. Theologen würden sagen, dass es die Liebe Gottes ist, die sich im menschlichen Herzen zeigt." (3)

„Du hast gehört, dass gesagt wurde: Liebe deinen Nächsten und hasse deinen Feind. Ich aber sage euch: Liebet eure Feinde, betet für die, die euch verfolgen, sodass ihr Kinder eures Vaters im Himmel werdet; denn er lässt die Sonne über dem Guten und über dem Bösen gleichermaßen aufgehen und schickt Regen zu den Gerechten und Ungerechten. Wenn du nur die liebst, die dich lieben, welchen Nutzen hast du davon?" (4)

Spiritueller Aspekt

Dieser Aspekt der Gewaltfreiheit kann mit den Worten der weltbekannten Goldenen Regel zusammengefasst werden: Geh mit anderen so um, wie du möchtest, wie mit dir umgegangen wird. Jeder Einzelne ist Teil deines kosmischen Selbst. Was du anderen in Gedanken, Worten oder Taten antust, tust du auch dem größeren kosmischen Selbst an. Die Vorstellung, dass man jemanden verletzen kann, ohne dass dies Auswirkungen auf einen selbst hat, verstärkt die illusionäre Trennung vom Leben und von Gott, es baut Mauern aus selbsterschaffener Isolation auf, die die Wahrheit leugnen, dass der göttliche Geist in allen wohnt. Solche Handlungen sind dazu bestimmt, Leben voll Not und bitterer Entfremdung zu erzeugen. Ich kannte beispielsweise eine Frau, deren rachsüchtiger Groll zur Folge hatte, dass sie sich zum Zeitpunkt ihres Todes vollständig von der Familie und von Freunden abgekapselt hatte – eine Situation, die leider nicht sehr selten ist. Wenn man es vom Ende her betrachtet, dann zahlen diejenigen, die gewalttätige Gedanken und Handlungen in sich tragen, letztlich den höchsten Preis.

Vollkommen gewaltlos geworden zu sein, zeigt sich darin, dass jemand in vollständiger Harmonie lebt. In ihrer höchsten Form erzeugt die Gewaltlosigkeit eine Aura des Friedens um einen Menschen, die die verletzenden Neigungen eines anderen – ob es sich dabei um ein Tier oder um einen Menschen handelt – entfernt, wenn dieser in sein Energiefeld kommt. Der heilige Franziskus wies diesen spirituellen Zustand auf, als er hingerissen lauschenden Vögeln predigte oder einen bösartigen Wolf besänftigte. Viele Hindu-Legenden erzählen von Heiligen, die als Eremiten lebten und die liebevoll ihre Wohnstätten im Wald mit wilden Tigern und Kobras teilten. Gewaltlosigkeit erzeugt eine Anziehungskraft und friedliebende Harmonie, weil Schwingungselemente von Trennung und Dissonanz von solchen der Liebe und der göttlichen Einheit ersetzt werden.

Affirmationen sind ein Weg, sich auf die kosmische göttliche Schwingung einzustimmen. Sie können genutzt werden, um Heilung auf der Schwingungsebene zu fördern oder um besondere Haltungen und Verhaltensweisen zu formen. Deshalb habe ich hier eine oder mehr affirmative Sätze nach jeder Eigenschaft aufgelistet. Wiederhole diese Affirmationen – oder solche, die diesen ähneln –,

Die Praxis der Meditation

wenn du spazieren gehst oder bevor du einschläfst, um deine Gewaltlosigkeit oder jede andere Eigenschaft zu fördern, die mit diesem Kodex in Zusammenhang steht. Sie sind wie Samenkörner, die tief in den empfänglichen Boden des Unterbewussten einsinken können und – wenn sie voll Vertrauen über einen längeren Zeitraum wiederholt werden und kein Zweifel sie vergiftet – positive Veränderungen in der Wahrnehmung, Handlung und Erfahrung auslösen. Wundersame Ergebnisse können sich zeigen, wenn Affirmationen genügend tief einsinken und das Unterbewusstsein wirklich berühren. Hier ist eine Affirmation, die man einsetzen kann, um eine Haltung der Gewaltlosigkeit zu entwickeln:

Als Kind Gottes ist die gesamte Schöpfung Teil meines göttlichen Selbst.
Ich strahle Frieden und Harmonie, Liebe und gute Absichten auf alle aus.

Nicht lügen (Wahrhaftigkeit)

„Wenn Wahrhaftigkeit erreicht ist, dann werden die Früchte der
Handlungen auf natürliche Weise eins mit dem Willen des Yogi."
PATANJALI, YOGA SUTRAS, 2:36

Das zweite Element dieses Kodex ist das Nicht-Lügen, was manchmal auch als Wahrhaftigkeit bezeichnet wird. Mehr als nur eine Aufforderung, nichts Falsches zu sagen, bedeutet es im Kern, sich nicht selbst zu belügen. Diese Praxis ist sehr bedeutsam, weil die akkurate Wahrnehmung der Wirklichkeit zum Teil daraus resultiert, dass sie nicht durch sehnsüchtiges Denken verzerrt wird. Wahrheit ist nicht abhängig von persönlichen Vorlieben oder Verzerrungen, sie ist die exakte Übereinstimmung mit der Wirklichkeit. Im Schmelztiegel des Nicht-Lügens nehmen wir unwahre Ego-Schichten weg, die unsere Täuschungen aufrechterhielten, um stattdessen unsere wahre Identität als Seelen freizulegen. Mahatma Gandhi war berühmt für seine selbstlose Wahrheitsliebe. Die folgenden Zitate zeigen seine Hingabe an dieses Prinzip:

„Die Suche nach Wahrheit ist die Suche nach Gott. Wahrheit ist Gott.
Gott existiert, weil es Wahrheit gibt." (6)

„Wahrheit ist ihrem Wesen nach offensichtlich. Sobald man die Spinnweben der Unwissenheit, die sie umgeben, entfernt, strahlt sie klar." (7)

Körperlicher Aspekt

Wahrhaftigkeit zu praktizieren, kann sehr komplex sein, da Fakten nicht immer die Wahrheit spiegeln. Wenn man beispielsweise einen relativ leichten Test geschrieben hat und dabei durchgefallen ist, dann ist es nicht ungewöhnlich, dass man sich schlecht fühlt oder sich selbst als dumm bezeichnet. In Wirklichkeit jedoch ist die Seele allwissend, Unwissenheit ist nur ein Teil eines unterentwickelten Egos. Wenn man sich mit seinen Fehlern identifiziert, dann verstärkt man die Täuschung, wenn man dagegen das Potenzial seiner Seele affirmiert, dann erweckt man es wirklich. Diese Aussage soll nicht bedeuten, dass man sich etwas vormachen soll oder nicht mehr versucht, seine Leistungen zu verbessern. Sie kann uns jedoch helfen, über die derzeitigen Fehler hinauszusehen und das zu erkennen, was ewig ist. Stell dir einmal vor, wie von Kindern eigentlich erwartet wird, dass sie Fehler machen, während sie aufwachsen. Unsere Aufgabe besteht darin, sie nicht zu beschämen oder anzuklagen, sondern ihr Verstehen zu lenken, sodass sie sich irgendwann selbst auf eine weise Art und Weise beherrschen können. Im Hinblick auf die eigene Wahrhaftigkeit geht es darum, sich ohne jede Bewertung selbst wahrzunehmen, um Begrenzungen mit der Wurzel auszureißen und sie zu überwinden.

In gesellschaftlichen Situationen kann Wahrhaftigkeit manchmal dazu führen, dass man hin und her jonglieren muss. Es ist so leicht, Menschen aufgrund von falscher Direktheit zu verletzen, und wenn man das tut, dann ist es oft sinnlos und grausam. Jemand anderen auf seine Fehler hinzuweisen, bringt oft nichts anderes hervor, als dass wir scheinbar dem anderen überlegen sind. Solch eine Denkweise aber ist nicht nur unfreundlich, sondern auch unnötig – es sei denn, es geht hier um eine schwerwiegende Ungerechtigkeit, die man korrigieren möchte. Diese Form von „Ehrlichkeit" jedenfalls ist in Wirklichkeit oft mehr eine Art heuchlerischer Klatsch und das Gegenteil von Gewaltlosigkeit. Sie stärkt diejenigen, die es lieben, andere zu verletzen, und kann dazu führen, dass der Änderungswille eines anderen unterminiert wird.

Die Praxis der Meditation

Unter diesen Umständen ist es meist das Beste, still zu sein oder, wie die Bibel sagt, erst den Balken im eigenen Auge zu entfernen, bevor man den anderen auf dessen Splitter hinweist. Umgekehrt erzeugt jedoch das Beschönigen von Tatsachen, nur um jemanden zu schützen, eine durchaus schlüpfrige moralische Situation, genauso, wie wenn man schweigt, wenn eigentlich die Wahrheit ausgesprochen werden sollte. In Fällen, in denen es wichtig es, die Gefühle anderer zu respektieren, bleibe still oder denke darüber nach, wie du das Notwendige mit freundlichen Worten sagen könntest. Kritische Details und harte Wahrheiten sind manchmal unvermeidbar, wenn ernste Umstände dies erfordern. Aber selbst dann muss das Nicht-Lügen von Gewaltlosigkeit geprägt sein, um eine Wahrheit auszudrücken, die allen zugute kommt. Letztlich ist Wahrheit eine positive Kraft, ein emporhebendes, ermutigendes Panorama und kein fehlerfindendes Herausstellen fragwürdiger, scheinbar wichtiger Fakten.

Geistige Aspekte

Glücklicherweise beeinflussen die menschliche Unwissenheit und ideologische Verrücktheit nicht den göttlichen Geist. *„Denn meine Gedanken sind nicht eure Gedanken, noch sind eure Arten und Weisen die meinen, spricht der Herr."* (8)

Was wir glauben oder glauben wollen, was wahr ist, ist manchmal leider nicht so. Wie schon weiter oben erwähnt, ist eine geistige Ausrichtung, die sich selbst nicht betrügt, notwendig, um wachsam zu bleiben und Täuschungen auszumerzen, wo auch immer sie in uns selbst und – wenn man dies Prinzip dort anwenden kann – auch in anderen aufkommen. Ein klassischer Fall von Ermahnung bei Falschheit war die Situation, als Jesus Petrus rügte, weil er sich für eine Täuschung ausgesprochen hatte: *„Er aber drehte sich um und sagte zu Petrus: Weiche von mir, Satan, du bist eine Beleidigung für mich, denn du schmeckst nicht die Dinge, die von Gott sind, sondern die, die vom Menschen sind."* (9) Menschen sagen manchmal leichthin: „Das ist doch nur menschlich!", um ihre Unfähigkeit zu rechtfertigen, so, als ob die Menschheit eine Spezies geborener Pfuscher wäre. Wir bleiben oft hinter unseren Möglichkeiten zurück, aber menschlich zu sein ist kein Pseudonym für Unfähigkeit. Die Wahrheit ist, dass der göttliche Geist in allen wohnt und dass wir, wenn wir uns ernsthaft bemühen, die Verschmutzungen des Egos in Ausdrucksformen des vollkommenen göttlichen Willens verwandeln können und dies auch verwirklichen können.

Nicht lügen bedeutet auch, dass wir uns auf unsere angeborene Größe besinnen. Eine berühmte Passage aus einem Buch von Marianne Williamson lädt uns mit ergreifenden Worten ein, unsere Macht und unser Potenzial zu leben:

„Unsere größte Angst besteht nicht darin, dass wir unzulänglich sind. Unsere größte Angst besteht darin, dass wir über jedes Maß hinaus großartig sind. Es ist unser Licht, nicht unsere Dunkelheit, die uns am meisten Angst macht. Wir fragen uns: Wer bin ich denn, so brillant sein zu wollen, so überwältigend, so talentiert, so fantastisch? Aber die Wahrheit ist: Wer bist du, dass du es nicht bist? Du bist ein Kind Gottes. Dich klein zu machen, hilft der Welt nicht weiter. Es ist nichts Erleuchtetes daran, dich zusammenzuziehen, damit andere Menschen sich in deiner Gegenwart nicht unsicher fühlen. Wir sind dazu gemacht, zu strahlen, so, wie Kinder es tun. Wir sind dazu geboren, den Ruhm Gottes zu manifestieren, der in uns ist. Er ist nicht nur in einigen, er ist in jedem von uns. Und indem wir unser Licht scheinen lassen, geben wir anderen Menschen unterbewusst die Botschaft, dies auch zu tun. Wenn wir uns von unserer Angst befreien, dann befreit unsere Gegenwart automatisch auch andere.“ (10)

Wahrhaftigkeit erfordert, unsere wahre Natur anzunehmen. Fehler und Errungenschaften definieren uns nicht. Wenn du einen Fehler gemacht hast, steh wieder auf. Korrigiere dich. Fehler sind nichts als ein vorübergehender Leuchtimpuls auf dem Bildschirm der Evolution. Als Kinder des göttlichen Geistes sind wir ewig und von Gott. Das zu wissen, hilft uns dabei, im Gleichgewicht und gelassen zu bleiben, selbst wenn uns die Stürme des Lebens umtosen.

Die folgende meditative Imaginationsübung hilft, sich noch vollständiger mit unserem ewigen Wesen zu identifizieren:

Sitze bequem und schließe deine Augen.

Sieh dich selbst, wie du auf einem Meer von Licht dahinströmst. Spüre still den göttlichen Geist in dir und um dich herum, über dir und unter dir, vor dir und hinter dir, auf deiner linken und auf deiner rechten Seite.

Stelle dir den Geist als Licht vor, dass den Kosmos und auch dich erschaffen hat. Spüre dies in deinem Blut, in deinen Knochen, in deinen Muskeln, in deinen

Zellen und in deinen Gedanken. Erkenne, dass es keinen Ort gibt, an dem der göttliche Geist nicht ist.

Entspanne dich und affirmiere: „Der göttliche Geist und ich sind eins!" und schmilz in dieses Licht hinein, dehne dich aus.

Spirituelle Aspekte

Dieser Aspekt des Nichtlügens kann dir zwei bedeutsame Erkenntnisse vermitteln. Als erste, dass der Geist das Zentrum deines Wesens ist. Er ist die universelle, aktivierende Kraft, der einzig gute und einzige Urgrund von allem.

„Ich suche nicht meinen eigenen Willen, sondern den Willen des Vaters, der mich gesandt hat." (11)

„Ich bin das letztendliche Ziel, der Hüter und Erhalter, der Meister, der Zeuge, die Zuflucht, die Unterkunft, dein einziger Freund. Ich bin der Ursprung, die Auflösung, die Grundlage, das kosmische Lager und das unzerstörbare Samenkorn von allem." (12)

Wenn man über all dies nachdenkt, dann zeigt sich, dass alle Macht, zu denken, Willen zu entwickeln und zu handeln, von Gott kommt. Es ist nicht, dass uns die Fähigkeiten dazu fehlen, aber dass unsere Fähigkeiten nur eine Leihgabe des Unendlichen sind. Um ein spirituelles Leben zu leben, müssen wir die Fähigkeiten, die uns von Gott gegeben worden sind, in Übereinstimmung mit dem göttlichen Willen bringen: Wenn wir das tun, dann nutzen wir die Macht des göttlichen Geistes für unseren ganzen Erfolg.

Die zweite Erkenntnis besteht darin, dass Wahrheit Schwingungseigenschaften besitzt, die im Einklang mit der Schöpfung stehen. Wenn das Nichtlügen vervollkommnet wird, dann bekommen Worte und Gedanken die Macht, sich zu materialisieren.

Der Wille der Meister, die im Einklang mit Gott und mit dem Christusbewusstsein stehen, ist mit einer schöpferischen Kraft aufgeladen. All diese großen Wesen können allein durch ihre Gedanken, ihre Worte und Taten Wunder vollbringen, wenn sie von Gott gelenkt werden. In seiner *Autobiografie eines Yogi* schreibt Yogananda, dass sein Guru, Sri Yukteswar, ihm berichtete, dass sein Guru, Lahirir Mahasaya, ein Meister war, der viele Menschen auf scheinbar sehr seltsame Weisen heilte. Einmal heilte er Sri Yukteswar einfach dadurch, dass er sagte: *„Es (der Zustand der vollkommenen Gesundheit) ist da, selbst in diesem Augenblick."* Als er gefragt wurde, wie dieser Zustand erreicht werden könne, sagte der Meister schlicht: *„Denken ist eine Macht, genauso wie Elektrizität oder Schwerkraft. Der menschliche Geist ist ein Funke des allmächtigen Bewusstseins Gottes."* Sri Yukteswar erläuterte: *„Mein Guru, der in Gott erwacht war, wusste, dass diese Welt nichts anderes ist als ein objektivierter Traum des Schöpfers. Da er sich so vollständig seiner Einheit mit dem göttlichen Träumer bewusst war, konnte Lahiri Mahasaya alles materialisieren oder entmaterialisieren oder jede andere Form von Veränderung in der Erscheinungswelt hervorbringen."* (13)

Das ist der vollendete Beweis und das Nebenprodukt der vollkommenen Form des Nichtlügens: Was wir sagen, wird Wirklichkeit. Die folgende Affirmation ist nützlich, um diese Tugend zu entwickeln:

> *„Meine Gedanken, Worte und Taten stehen in vollkommener Harmonie mit dem göttlichen Willen, der durch mich fließt."*

Nicht stehlen (Großmut)

> *Derjenige, der fest im Nichtstehlen eingerichtet ist, erreicht Wohlstand.*
> PATANJALI, YOGA SUTRAS, 2:37

Die dritte Eigenschaft verbietet Diebstahl materieller Güter und immaterieller Werte wie Ehre, Zuneigung, Wertschätzung oder Ruhm. Selbst Gerichtshöfe erkennen an, dass der Entzug von Zuneigung ein Delikt ist, das aus dem Diebstahl von Liebe oder einer Beziehung entsteht. Also ist Dieberei in jedem Fall falsch, ganz gleich, wie subtil sie stattfindet.

Die Praxis der Meditation

Körperliche Aspekte

Nach dem Gesetz des Karmas wirst du das, was du verdienst, auch bekommen. Wenn wir dieses Prinzip annehmen, dann können wir zufrieden und vertrauensvoll auf die makellose Fairness Gottes vertrauen. Schon früh im Leben erkannte ich, dass meine Karrierebestrebungen in erster Linie selbstsüchtigen und kurzfristigen Zielen folgten. Wie viele andere Menschen wollte ich das haben, was ich wollte, ohne mich weiter um größere Themen zu kümmern. Als ich irgendwann einsah, dass ich nicht auf dem richtigen Weg war, lernte ich, meine selbstsüchtigen Ziele durch etwas zu ersetzen, was ich nicht selbst festlegte, sondern was dem großen Ganzen dienen sollte. Durch diese Veränderung erkannte ich, dass ich jeden Job bekommen konnte, der für mich vorgesehen war und für den ich mein Bestes gegeben hatte, damit ich ihn bekam. Wenn etwas nicht klappte, dann konnte ich ohne Groll annehmen, dass es eben nicht sein sollte, und es loslassen. Dieser Blickwinkel ließ sich dann auch auf passende Partner anwenden, die ich entweder damit anzog oder nicht. Ebenso ging es mir mit Wohnungen und anderen Dingen – allem, was wir wollen.

So an etwas heranzugehen, scheint das Gegenteil gesunden Ehrgeizes zu sein, aber das stimmt nicht. Wir sollten unseren Vorstellungen gerne nachjagen und unser Bestes tun, damit wir sie verwirklichen können, aber wir sollten uns nicht darin verbeißen. Genau das hebt auch die Bhagavad Gita hervor:

„Gib dich Meinem Willen hin mit einem Mir unterworfenen Verstand und lasse die Anhaftung an und das unruhige Streben nach den Früchten deiner Anstrengungen los (indem du lernst, dass alle Ergebnisse von etwas von Gott gegeben sind) und nimm das, was kommt, mit Gleichmut an." (14)

Wenn wir in jeder Situation unser Bestes geben und gleichzeitig die Früchte unserer Handlungen Gott anvertrauen, dann gewinnen wir Freiheit von jeglicher Sorge, verbunden mit der Gewissheit, dass wir die Hilfe des Himmels bekommen werden. Ein spirituelles Leben erfordert, dass wir dem göttlichen Geist vertrauen, dass Er das Beste mit uns vorhat, und zwar unter allen Umständen und jederzeit. Wir verstehen vielleicht nicht immer das Gesamtbild, vor allem, wenn die Dinge sich nicht so entwickeln, wie wir wollen, und sich hart für uns anfühlen, aber wir können und sollten immer auf den Gesamtprozess vertrauen. Erinnert euch daran, dass das Universum nicht zufällig arbeitet, sondern nach unveränderlichen Gesetzen und so konstruiert ist, dass wir an Weisheit und Freude zunehmen. Das zu erkennen, hilft uns, das Nichtstehlen zu üben, indem wir in Gelassenheit das annehmen, was wir bereits besitzen, und erkennen, dass wahres Glück nicht von materiellen Dingen abhängig ist. Das ist keine Ideologie, die zur Passivität aufruft, sondern eine, die ernsthaftes Bemühen unterstützt, das sich jedoch mit Hingabe und Urteilsvermögen verbindet.

Um diesen Punkt zu unterstreichen: Wisst, dass wir niemals vom Schicksal in eine Falle gelockt werden! Gott wird denen helfen, die bereit sind, sich auch selbst zu helfen, wenn ihre Träume sich nicht erfüllen. An Ehrgeiz ist nichts Falsches, man sollte ihn nur in der ethisch richtigen Art und Weise und mit der richtigen Haltung einsetzen.

Geistige Aspekte

Stehlen zeigt an, dass man sich für eine Bewusstseinsrichtung entschieden hat, die einen weg von Gott führt. Denn sie bedeutet, dass man sich von der angeborenen Ganzheit abgewandt hat und einer Vorstellung folgt, dass Dinge außerhalb von einem selbst – ob sie nun materiell sind oder nicht – Freude hervorbringen und Glückseligkeit durch Besitz gewonnen werden kann. Weltliches Bewusstsein strebt nach Äußerem, in gnadenloser Suche nach Erfüllung. Nichtstehlen tritt in Gegensatz zu einer solchen, nach außen gerichteten Täuschung und betont, dass materielle Güter niemals unsere Seele befriedigen können. Wonach wir nämlich in Wirklichkeit streben, kann nur dadurch erreicht werden, dass wir uns der unendlichen Seligkeit des göttlichen Geistes zuwenden, die im Heiligtum unseres Selbst gefunden werden kann.

„Wer immer auch von diesem Wasser (dem Materiellen) trinkt, den wird es sofort wieder dürsten: Aber wer von dem Wasser trinkt, das Ich ihm gebe (dem göttlichen Geist), wird niemals wieder Durst verspüren (nach Glückseligkeit streben, die durch Äußerlichkeiten erreichbar scheint)." (15)

Ebenso ist es nicht ungewöhnlich, dass Menschen nach emotionaler Erfüllung streben, indem sie sich in Nahrungsmittel, Sex, Alkohol oder Arbeit stürzen.

Solch ein suchtähnliches Verhalten ist nicht per se mit Stehlen gleichzusetzen, hat aber immer etwas mit einem unbewussten Streben nach einer Erfüllung zu tun, die eine innere Leere durch äußere Errungenschaften füllen soll. Da diese innere Haltung der des Stehlens ähnelt, hat sie auch dieselbe Struktur, mit der eine Heilung versucht wird: eine Suche im Außen statt eine Glückseligkeit im Inneren.

Um dafür ein Beispiel zu geben: Ich beriet einmal einen Freund, nachdem seine Freundin ihn verlassen hatte, und der dann merkte, dass ihre Gegenwart für ihn nicht nur etwas war, was ihn glücklich machte, sondern dass sie ihm ein Wertgefühl gab, das er sonst nicht besaß. Als ich ihn das nächste Mal sah, war er euphorisch und voll Freude dabei, sich in neue, andere Abenteuer zu stürzen. Als wir über unsere Sitzung sprachen, sagte er, er habe nun erkannt, dass in seinem Leben eine neue Liebe wieder sehr willkommen war, aber dass sie keineswegs mehr ausschlaggebend sei für sein innerstes Selbst. Ich kann diesem Freund nur applaudieren! Er hatte eine heftige Lektion gelernt, doch hatte sie ihn von seinem Abhängigkeitsmuster befreit. Wenn man dieses Motiv auf das Nichtstehlen überträgt, dann wird deutlich, dass nichts, ob nun materiell oder nicht, einem wirkliche Freude verleihen kann. Neigungen, im Außen nach Erfüllung zu suchen, fallen dann einfach weg.

Spirituelle Aspekte

Nichtstehlen verstärkt den Glauben an ein gütiges und antwortendes Universum. Was uns wirklich gebührt, wird immer zu uns kommen, ohne dass wir es erzwingen oder dass wir ihm nachjagen müssen. Tatsächlich sagt man Menschen, die diese Tugend vervollkommnet haben, nach, dass sie eine durchaus praktische Gabe bekommen: Ihre Bedürfnisse werden erfüllt, ohne dass sie auch nur darum bitten müssten. Nichtstehlen vergrößert auch die Lebensfreude, denn dies befreit die Seele von materiellen Abhängigkeiten, wir lernen dadurch, uns an Dingen zu erfreuen, ohne dass wir unbedingt nach ihnen verlangen.

Wenn dir das ungewöhnlich erscheint, dann denke einmal darüber nach, wie es ist, wenn du einen Zoo besuchst, wo es wunderbare Wesen zu beobachten gibt, ohne dass du dabei das drängende Verlangen spürst, sie auch zu besitzen. Der Schlüssel hierbei liegt darin, dass du verstehst, dass Nichtanhaftung keineswegs mit Gleichgültigkeit gleichzusetzen ist, sondern dass man durchaus enthusiastisch sein kann, ohne etwas gleich haben zu wollen. Nichtstehlen jedoch ist noch mehr: Sich in seiner inneren Zufriedenheit zu verankern, eliminiert die Tendenz aus dem Bewusstsein, sich von falschem Glanz oder falschem Denken einlullen zu lassen, und bedeutet, dass du lernen kannst, dich an Dingen und Wesen zu erfreuen. Es sorgt auch dafür, dass du spürst, dass der Besitz unrechtmäßig erworbener Güter skrupellos ist.

Eine berührende Geschichte, die ich gern über das Nichtstehlen erzählen würde, berichtet von einem jungen Mädchen, das ich kannte. Sie wurde an ihrem Geburtstag im Zug nach Chicago gebracht, um ihre Tante zu besuchen. Sie kam morgens an und verbrachte den Tag damit, die Stadt mit ihrer Großmutter, ihrer Tante, dem Onkel und mir zu erkunden. Zum Abendessen gingen wir alle zu einem malerischen italienischen Restaurant, was sehr schön war, wo es aber kaum Gäste gab. Als ich bemerkte, dass sie dort keine Spielgefährten in ihrem Alter finden würde, betete ich aus Sympathie ein Schutzgebet für sie. Es erschien mir einfach nicht richtig, dass sie bei ihrem Geburtstagsessen leiden sollte, weil sie es nun mit echten Omas und Opas verbringen musste.

Nur wenige Minuten später passierte etwas sehr Bemerkenswertes: Die Tür öffnete sich und hereinströmten zahlreiche Freunde und Verwandte des Restaurantbesitzers. Bald schon war das Restaurant voll von temperamentvollen Italienern und, natürlich, Scharen von Kindern. Genau da gaben wir das verabredete heimliche Signal und der Geburtstagskuchen mit den Kerzen wurde hereingebracht, wobei alle Kellner ein Geburtstagsständchen gaben. Die Neuankömmlinge kamen zu uns herübergerauscht und machten keinen Hehl daraus, dass sie mitfeiern und natürlich auch etwas von dem Kuchen abhaben wollten. Glücklicherweise war dieser groß genug, sodass alle etwas bekamen, und das Mädchen war glücklich, nun Gastgeberin bei einer unerwarteten Gala zu sein.

Während all das passierte, schlich ich mich zur Musikbox in einer Ecke und entdeckte, dass sie „Happy Birthday" spielen konnte – etwas, was ich noch nie zuvor auf einer Musikbox gesehen hatte. Natürlich ließ ich sie das Lied spielen, was dem Ganzen noch eine wirklich feierliche Dimension verlieh. Am meisten jedoch war ich beeindruckt von dem Ausmaß göttlicher Aufmerksamkeit. Ganz offensichtlich war der göttliche Geist auch der Meinung, dass das Geburtstagskind weitere Kinder um sich haben sollte, um zu spielen und mit ihnen diesen besonderen Tag zu feiern.

Diese Geschichte zeigt, wie Nichtstehlen funktioniert – indem wir unser Teil dazutun und auf Gott vertrauen, dass unsere Bedürfnisse erfüllt werden (wobei es manchmal gut und richtig ist, auch um diese Dinge zu bitten). Dann bekommen wir manchmal sogar mehr, als wir erwartet und gewünscht oder für uns selbst getan hätten.

Ich bin voll Freude und vollständig in mir selbst.

Das Universum schenkt mir alles, was ich brauche, und genau zu der Zeit, wo ich es brauche.

Nicht sinnlich sein (Enthaltsamkeit)

„Jemand, der enthaltsam lebt, erhält enorme Kraft."
PATANJALI, YOGA SUTRAS 2:38

Der vierte Aspekt des Kodex nennt sich Enthaltsamkeit, was, ehrlich gesagt, ein schwieriger Aspekt ist, wenn man ihn in unserer auf Sex fixierten Gesellschaft anspricht. Genau genommen heißt Enthaltsamkeit nicht, ohne Sex zu leben, sondern meint das Vermeiden von allem, das uns davon abhält, uns auf den göttlichen Geist zu zentrieren. Dieses Thema ist uns eigentlich in allen Bereichen des Kodex begegnet, und hier geht es auch um nichts anderes, sondern wird diesmal nur ganz spezifisch angesprochen.

Die Krux dabei ist: Wo es Energie gibt, da ist auch Bewusstsein, oder, wie es in der Bibel ausgedrückt wird: *„Denn wo dein Schatz ist, dort wird auch dein Herz sein."* (16) Die Energie muss nach innen gerichtet und zu den Zentren der göttlichen Wahrnehmung im Gehirn gerichtet werden, damit das spirituelle Wachstum wirklich blühen kann. Wenn man sie sich selbst überlässt, dann fließt die Energie nach außen in die Sinnesnerven, um die Welt aufzunehmen, und wir tendieren – da angenehme Gefühle erfreulich sind – dazu, uns primär mit ihnen zu beschäftigen sowie mit dem, was sie verursacht. Dieser Exzess beinhaltet alle Empfindungen, nicht nur die sexuellen. Um sich gegen solche verzehrenden Tendenzen und suchtartigen Bindungen zu schützen, fördert Enthaltsamkeit den bewussten Einsatz von Energie, um von der Welt zu lernen und uns an ihr zu erfreuen, ohne von ihr verführt und getäuscht zu werden. Die Sinne sind für sich genommen sicher nichts Schlimmes, aber wenn man sich mit den Gefühlen identifiziert, die sie hervorbringen, und meint, sie seien die Quelle für Ganzheit, dann hat man ganz sicher ein Problem.

Körperliche Aspekte

Ein klassisches Thema im spirituellen Bereich ist, dass jeder nach Glück strebt und versucht, Schmerz zu vermeiden. Angenehme Empfindungen werden deshalb, wie gesagt, oft und unglücklicherweise mit innerer Freude gleichgesetzt. Wie der Gesang der Sirenen in den Sagen des Homer sind diese Sinnestäuschungen sehr verführerisch, führen in die Irre und zerstören, wenn man ihnen folgt. Sie vernebeln die Erkenntnis feinerer Wirklichkeiten und lassen unsere Unzufriedenheit fortbestehen, weil das Bewusstsein sich mit diesen Wahrnehmungen identifiziert, wenn es nicht durch Weisheit geimpft ist. Wenn Unwissenheit regiert, dann werden die Sinne und die Energie, die von ihnen gelenkt wird, dafür eingesetzt, dass man im Außen nach Erfüllung sucht. Aber es sind nur flüchtige Nervenkitzel und Gelüste, die immer wieder Enttäuschungen und wiederholte Wiedergeburten mit sich bringen. Erkenntnisse, die aus Schmerzen geboren werden, Leid und weises Urteilsvermögen enthüllen irgendwann, dass solche Erfahrungen die spirituelle Einheit, die wir wirklich ersehnen, nicht ersetzen können.

Da nur der göttliche Geist anhaltende Freude schenken kann – da er selbst nämlich Freude ist – muss das Bewusstsein in die Zentren der göttlichen Wahrnehmung gelenkt werden, die in unserer feinstofflichen Anatomie vorhanden sind. Wenn man das richtig ausführt, dann finden wir innere Seligkeit, die weit reizvoller ist als die Stimulation, die durch unsere Sinne erfolgen kann. Letzterer nachzustreben ist so, als würde man Salzwasser trinken, um seinen Durst zu löschen – statt dass es die Gelüste löscht, verstärkt es sie nur noch. Wie in einer zersetzenden Spirale verlieren wir umso mehr Energie, sinken hinunter in immer mehr Unzufriedenheit, je mehr wir äußeren Befriedigungen hinterherjagen. Je größer aber unsere Selbstkontrolle wird, desto mehr können wir uns von einem Punkt des Gleichgewichts aus an der Welt erfreuen. Und noch einmal, Enthaltsamkeit bedeutet nicht, keinen Sex zu haben. Sex hat einen wichtigen Platz im Leben eines Menschen. Und Enthaltsamkeit ist auch nicht das Gegenteil des Wahrnehmens durch die Sinne – nur auf richtige Weise. Enthaltsamkeit ist in Wirklichkeit wie ein Schild gegen falsche Hoffnungen auf bleibendes Glück, das durch die Köder der Sinne hervorgerufen wird.

Geistige Aspekte

Ein gesundes Selbstbewusstsein wird vor allem dadurch hergestellt, dass man bewundernswerte Eigenschaften und Leistungen in sich fördert, aber nicht dadurch, dass man sich mit anderen vergleicht. Es wird immer Menschen geben, die fähiger sind als wir, deshalb ist es lebenswichtig, unseren angeborenen Wert nicht durch solche Vergleiche bestimmen zu lassen. In spirituellem Sinn basiert echter Erfolg auf unserer Fähigkeit zu lieben, auf unserer Bereitschaft zu dienen und auf unserer Erkenntnis unseres Selbst. Wenn man nach diesen Maßstäben urteilt, dann ist ein armer Mensch, der erfüllt ist von göttlicher Eingebung und Freude, allemal höher einzuschätzen als jemand, der zwar reich, aber unzufrieden ist. Jeder von uns ist im spirituellen Sinn bereits vollkommen. Wenn wir uns mit der Welt identifizieren, dann verdunkelt dies diese essenzielle Wirklichkeit.

Diese Erkenntnis wurde bei einem legendären Treffen zwischen Alexander dem Großen und Dandamis deutlich – einem indischen Heiligen, der Enthaltsamkeit auf eine poetische und wörtlich gemeinte Weise praktizierte. Nachdem er von diesem Heiligen gehört hatte, war Alexander neugierig geworden, mehr von ihm zu erfahren. Deshalb sandte er Oneskrates aus, um ihn zu Alexander zu bringen. Als dieser den großen Heiligen gefunden hatte, sprach er zu ihm:

„Heil dir, du Lehrer der Brahmanen. Der Sohn des mächtigen Gottes Zeus, König Alexander, der Herr über alle Menschen ist, bittet dich, zu ihm zu kommen. Wenn du einwilligst, wird er dich mit großartigen und prächtigen Geschenken belohnen, aber wenn du dich weigerst, wird er dich enthaupten lassen."

Dandamis hörte ihn mit einem spöttischen Lächeln bis zum Ende an, aber hob nicht einmal sein Haupt von dem Bett aus Blättern, auf dem er lag und gab, während er seine ruhende Haltung beibehielt, seine Antwort:

„Gott, der höchste König, ist niemals der Urheber von anmaßendem Fehl-
verhalten, sondern er ist der Schöpfer des Lichts, des Friedens, des Lebens,
des Wassers, des menschlichen Körpers und der Seelen, und all diese emp-
fängt er, wenn der Tod sie freisetzt und sie in keiner Weise mehr böswilligem
Verlangen unterworfen sind. Er allein ist der Gott meiner Anbetung, er ist
derjenige, der Schlachten verabscheut und niemals Kriege anzettelt.

Aber Alexander ist nicht Gott, denn er wird den Geschmack des Todes kosten,
und wie kann jemand so wie er sich überhaupt als Herrn der Welt bezeich-
nen, der noch nie das andere Ufer des Flusses Tiberoboas erreicht hat, der
sich bisher nicht auf den Thron des kosmischen Reiches gesetzt hat? Darü-
berhinaus hat Alexander weder das Reich des Hades betreten noch kennt er
den Lauf der Sonne in den zentralen Regionen der Erde, während die Natio-
nen, die an diesen Grenzen leben, nicht einmal seinen Namen gehört haben.

Wenn das Reich, das er gegenwärtig beherrscht, nicht groß genug für sein
Verlangen ist, dann lasse ihn den Ganges überqueren und dort wird er eine
Gegend finden, die den Menschen erhalten kann, wenn das Land auf unserer
Seite ihm zu eng ist.

Wisse jedoch dies, dass das, was Alexander mir bietet, und die Gaben, die
er mir verspricht, Dinge sind, die für mich vollkommen nutzlos sind, denn die
Dinge, die ich hochschätze und die für mich echten Nutzen und Wert haben,
sind die Blätter, die mein Haus darstellen, diese blühenden Pflanzen, die mir
leckeres Essen spenden, und das Wasser, das mich trinken lässt, während
alle anderen Besitztümer und Dinge, die mit so viel ängstlicher Besorgt-
heit aufeinandergetürmt worden sind, sich gewöhnlich für diejenigen, die
sie erworben haben, als schädlich erweisen und ihnen nur Leid und Ärger
einbringen, mit denen jeder armselige Sterbliche sowieso schon übermäßig
befrachtet ist.

Ich dagegen liege auf Blättern des Waldes, und da ich nichts besitze, auf
das ich aufpassen müsste, kann ich meine Augen in ruhevollem Schlummer
schließen, während ich, wenn ich Gold hätte, das ich bewachen müsste,
kaum noch schlafen könnte. Die Erde schenkt mir zudem in all ihrer Fülle
alles, was ich brauche, so, wie eine Mutter genügend Milch für einen Säug-
ling hat. Ich kann gehen, wohin ich will, und es gibt keine Sorgen, die ich mir
gegen meinen Willen um mich machen müsste.

Die Praxis der Meditation

Sollte Alexander mich köpfen lassen wollen, dann wird er damit meine Seele nicht vernichten. Mein Kopf allein, der dann schweigt, wird weiter da sein, aber meine Seele wird zu ihrem Meister eingehen und meinen Körper wie ein abgetragenes Kleidungsstück auf der Erde liegenlassen, der Erde, von der er einst genommen wurde. Und ich, der ich dann reiner Geist bin, werde zu meinem Gott aufsteigen, der uns in unserem Fleisch eingeschlossen hatte und uns auf der Erde ließ, um zu beweisen, ob wir in der Zeit, die wir hier unten sind, Ihm wirklich gehorsam sind und seinen Befehlen gehorchen, und der auch, wenn wir einst in Seine Gegenwart zurückkehren, von uns fordern wird, ihm einen Bericht über unser Leben zu geben, denn Er ist der Richter über alles großspurige Fehlverhalten: Denn die Hilfeschreie der Unterdrückten werden zu den Strafen für die Unterdrücker.

Lass Alexander darum diejenigen mit seinen Drohungen beeinflussen, die sich nach Gold und Reichtum sehnen und die den Tod fürchten, denn gegen uns gerichtet sind diese Waffen machtlos, da die Brahmanen weder Gold lieben noch Angst vor dem Tod haben. Gehe darum und sage Alexander Folgendes:

„Dandamis hat kein Verlangen nach irgendetwas, das dir gehört, und wird deshalb nicht zu dir kommen, aber wenn du irgendetwas von Dandamis haben willst, dann komm zu ihm."

Als Alexander von Oneskrates diese Botschaft des Weisen bekam, spürte er ein starkes Verlangen, Dandamis aufzusuchen, denn obwohl dieser alt und unbekleidet war, hatte er dem König als einziger Widerstand geleistet und er, der so viele Völker unterjocht hatte, hatte in ihm seinen Meister gefunden. (17)

Enthaltsamkeit ist also ein Schutzschild gegen falschen Selbstwert und Verlangen nach falschen Dingen. Enthaltsamkeit hilft uns dabei, uns auf unser wahres Wesen zu besinnen und das, was wirklichen Wert schafft: die Seele und der göttliche Geist.

Spirituelle Aspekte

Wir sind für Sinneswahrnehmungen ausgestattet. Ironischerweise jedoch ist das, was wir nicht sind, nämlich unser Körper, das erste, was unsere Sinne wahrnehmen, während das, was wir wirklich sind – unsere Seele nämlich – mit Hilfe unserer Intuition wahrgenommen werden kann. Die Illusion der Sinne kann durch Weisheit, Beharrlichkeit und das rechte Bewusstsein überwunden werden. Sinnesfallen verwirren uns hauptsächlich deshalb, weil uns das Urteilsvermögen fehlt. Frage dich doch einmal, ob es wirklich im Äußeren Erfüllung gibt oder ob sie nur auf Reaktionen basiert.

Wir lassen uns von den Umständen verwirren, weil wir unsere reaktiven Gefühle mit dem verwechseln, was sie verursacht hat. Gefühle sind etwas Subjektives. Was sich für einen als etwas ganz Besonderes anfühlt, ist für den anderen ein Gräuel. Deshalb ist Freude auch nichts, was den Dingen selbst innewohnt, sondern unsere Reaktion auf diese Dinge. Und die Fähigkeit, Freude zu empfinden, kommt daher, weil sie schon vorher in unserer Seele vorhanden war. Wenn wir in unserem Inneren keine Freude hätten, dann könnten wir sie auch durch äußere Auslöser nicht empfinden. Das zu wissen, lässt uns unsere emotionalen Reaktionen in anderem Licht sehen und sie weise einsetzen, um uns noch stärker mit unserem spirituellen Wesen zu identifizieren. Das zu tun, zerstört unsere Fähigkeit, zu fühlen, keineswegs, sondern erleichtert die Fähigkeit, echte Glückseligkeit der Seele von den Erfahrungen zu unterscheiden, die sie scheinbar auslösen. Durch eine solche Unterscheidung und eine meditative Disziplin kann ein Bewusstsein geschaffen werden, das die Sucht nach Sinnesreizen und die Illusion der Vollständigkeit auflöst. Durch Enthaltsamkeit finden wir dann die Vollständigkeit in unserem Inneren und können gleichzeitig die Sinne und das, was sie uns zeigen, durchaus schätzen, ohne dass wir uns davon verwickeln lassen.

Die folgende Geschichte beschreibt eine irdische Lektion über das Thema Enthaltsamkeit. Während meiner Yoga-Ausbildung hatte ich, wie viele Männer, mit starkem sexuellen Verlangen zu tun. Es schien unüberwindbar zu sein und ich konnte mir einfach nicht vorstellen, dass irgendjemand wirklich glücklich sein konnte, ohne dass ein solches Verlangen erfüllt wurde. Verwirrt durch die klassischen Aspekte der Enthaltsamkeit, die meist mit sexueller Zurückhaltung oder sogar vollständigem Verzicht auf Sex verbunden werden, betete ich, diesen Aspekt besser zu verstehen. In jener Nacht träumte ich, dass der untere Teil meines Körpers vollkommen frei von fleischlichen Gelüsten war, während mein Herz gleichzeitig gefüllt und überfließend vor Liebe war. Ich lernte daraus, dass sexuelles Verlangen eine Konzentration der Lebensenergie ist, die in weit erfreulichere Zustände verwandelt werden kann, wenn man die Energie von den unteren Energiezentren in diejenigen hebt, die eine höhere Orientierung in sich tragen. Obwohl der Antrieb, die Energie zu heben, sich nicht nur auf das Thema Sex bezieht, ist die Umwandlung der damit verbundenen Kräfte, um ein inneres Wachstum zu beschleunigen, ein brauchbarer Ausdruck spiritueller Hingabe. Diese Umwandlung ist der wahre Sinn und Zweck hinter dem Zölibat: Die Vitalkräfte so zu verwenden, dass man damit die ersehnten Ziele erreicht. Wenn ein solcher Weg unternommen wird, dann muss er jedoch in einer balancierten, nichtunterdrückenden Art und Weise unternommen werden, denn Unterdrückung verursacht psychologischen Stress oder Missbrauch.

Bei der Enthaltsamkeit geht es vor allem darum, dass die Seele aus Freude besteht und keine äußeren Anreize braucht, um Erfüllung zu erfahren. Sinnesreize, die das Bewusstsein an den Körper binden, blockieren seinen Aufstieg zu den Höhen der Glückseligkeit. Deshalb sabotiert Genusssucht jeder Art, ob nun sexuell oder anderer Natur, paradoxerweise genau die Erfüllung, die sie sucht. Wenn erst einmal die Seelenbewusstheit erlebt wird, dann entsteht so eine Grundlage, auf deren Basis man vergleichen kann und die das Loslassen von Sinnesfixierungen leichter und sogar wünschenswert macht. Wenn Enthaltsamkeit perfektioniert wird, dann entsteht so eine außergewöhnliche körperliche, geistige und spirituelle Kraft, die zu einer unglaublichen Macht führt, die sich auf alles richten kann, was man anstrebt. Die folgende Affirmation hilft uns dabei, eine Haltung zu kultivieren, die Enthaltsamkeit fördert:

Die Sinne dienen mir, nicht ich ihnen.
Mein Verstand verharrt in ewiger Seelenfreude.

Nicht gierig sein (Begierdelosigkeit)

„Wenn man aufhört, gierig zu sein, dann erwirbt man sich eine gründliche Erkenntnis des Wie und Warum der eigenen Geburt."
Patanjali, Yoga Sutrasm 2:39

Das Element des Nicht-gierig-Seins unterscheidet sich vom Nicht-Stehlen dadurch, dass Letzteres alles zurückweist, was irgendwie mit Wegnehmen zu tun hat, während die Nicht-Gier die Freiheit von Anhaftung betont. Beide jedoch sind sich darin gleich, dass Konzepte von Freude, die von außerhalb des Selbst erworben werden und behaupten, dass allein die Zentriertheit im Göttlichen Geist einen dazu bringt, alle Dinge wertschätzen – die eigenen und die anderer –, ohne dass man danach strebt, sich essenziell zu vervollständigen.

Körperliche Anwendung

Gier bewölkt das Glück, indem sie uns einredet, dass man Erfüllung findet, wenn man etwas erwirbt oder besitzt. Gier treibt Sehnsüchte an, die wiederum das Verlangen nach ihrer Erfüllung vergrößern – wie eine Droge, nach der man süchtig wird. Wenn wir uns mit unseren Fixierungen identifizieren und Gefühle von Fröhlichkeit mit ihnen assoziieren, dann wollen wir davon immer mehr, je mehr wir bereits von ihr haben. Kurze Episoden der Befriedigung gehen schnell vorbei und wir werden wieder geplagt von Verlangen – in einem ewigen Zyklus von Hunger und kurzer Befriedigung. Gier verlockt, und Anhaftungen, ob nun an Menschen oder an Dinge, binden. Begrenzende Stricke, gewebt mit Fäden falscher Identifikation und eifersüchtiger Unsicherheit beschmutzen ansonsten unvoreingenommene Besitzzustände.

Genügsamkeit wirkt diesem Zustand entgegen, indem sie unerbittlich die Freiheit betont, die nicht durch Besitztümer definiert oder besessen werden kann. Richtig verstanden ist alles, was wir besitzen, eine Leihgabe des Kosmos, nichts und niemand ist vom Wesen her unser Besitz. Wir können Gegenstände und Menschen wertschätzen und sie verantwortungsbewusst pflegen, ohne dadurch einem falschen Ruhm anheimzufallen. Und noch einmal: Es ist nicht falsch, uns daran zu erfreuen, was wir besitzen, oder über einen Verlust zu trauern.

Die Praxis der Meditation

Genügsamkeit billigt keine Herzlosigkeit. Es ist jedoch falsch, wenn man sich emotional von irgendetwas Materiellem verlocken lässt, oder erwartet, dass man dadurch ein bleibendes Gefühl von Zufriedenheit bekommen könnte. Wie alle Eigenschaften dieses Kodex erinnert uns die Genügsamkeit daran, dass Zufriedenheit ein Zustand ist, den man nur im Inneren finden kann. Wir sind nicht das, was uns gehört, und unsere Besitztümer vervollständigen uns auch nicht, nur Gott kann das tun.

Geistige Aspekte

Unser Engagement für die Welt ist etwas zutiefst Geistiges. Wir bauen unser Leben rund um unsere Neigungen, Abneigungen und Vorstellungen darüber auf, was uns glücklich macht. Wie schon erwähnt, zertrümmert Genügsamkeit Tendenzen, uns mit dem zu identifizieren, was wir besitzen. Nur durch befreiende Nichtanhaftung kann die Seele die ihr inne wohnende Glückseligkeit erfahren und zum Ausdruck bringen.

Es gibt zahlreiche Möglichkeiten, Nicht-gierig-Sein auf einer geistigen Ebene zu praktizieren. Eine sehr nutzbringende Möglichkeit besteht darin, nicht bereit zu sein, dass Krankheit die eigene innere Haltung und Einstellung bestimmt. Eine persönliche Freundin von mir wurde zweimal mit Brustkrebs diagnostiziert. Obwohl sie sich entweder beide Brüste abnehmen lassen oder eine Chemotherapie und Bestrahlung in Kauf nehmen musste, blieb sie unnachgiebig in ihrer Hingabe an ihre Dankbarkeit Gott gegenüber. Wenn ich sie nicht direkt beobachtet hätte, würde ich gemeint haben, dass ihre Haltung eine Abwehrreaktion war, um ihre Trauer mit einer hochgestimmten Verleugnung zu bedecken. Aber sie war echt. Sie war nicht eben begeistert über ihre Situation, aber erkannte, dass ihre wahre Heimat im göttlichen Geist lag, und sie war nicht bereit, ihren Glauben daran infrage zu stellen, weil sie krank war. Diese Ansicht brachte sie dazu, ihre Erkrankung von ihrem seelischen Wohlbefinden zu trennen. Eine wirklich bewundernswerte Haltung und eine großartige Frau!

Eine weniger dramatische, aber deswegen vielleicht besonders praktikable Ausdrucksform der Nicht-Gier wirkt als Gegenspieler zur Co-Abhängigkeit, denn sie fördert Beziehungen, die auf qualitativen Werten basieren und nicht auf Angst, Verpflichtung und anderen bindenden Faktoren. Genügsamkeit baut hier ein Vertrauen auf, dass man sich voll Anmut, Flexibilität und mit der Fähigkeit durchs Leben bewegen kann, auf alles, was einem begegnet, gut und passend zu reagieren. Wenn Beziehungen für uns nicht länger erhaltenswert sind, dann können wir sie loslassen und weitergehen – ohne angespannte Zwänge und Einschränkungen. Und auch hier möchte ich noch einmal betonen, dass dieser Aspekt kein Aufruf zur Herzlosigkeit ist, sondern ein Ausdruck der Weisheit, die aus einem reinen Gefühl geboren wird, nicht aus einer Emotion voll Verwirrung.

Spirituelle Aspekte

In ihrer höchsten Anwendungsform beschleunigt Nichtgier die spirituelle Befreiung, indem sie eine Leidenschaftslosigkeit fördert, die das Ego neutralisiert. Wenn Verbindungen mit dem Körper und der Persönlichkeit abnehmen – und zwar nicht durch eine Psychose oder ein inneres Ungleichgewicht, sondern durch eine Überwindung des Ego in einer suprabewussten Meditation –, dann tauchen Themen aus vergangenen Leben auf, die vorher verborgene Aspekte der eigenen Seelenreise aufdecken. Diese Einsichten sind das Ergebnis einer vollkommen perfektionierten Nichtanhaftung und können – auch wenn sie nicht per se spirituell bedeutsam sind – eine direkte und nichtintellektuelle Bestätigung unserer ewigen Natur darstellen. Die folgende Affirmation hilft, die Haltung der Genügsamkeit zu kultivieren:

Ich bin nicht mein Körper, ich bin nicht mein Geist. Alle Freude existiert in meinem ewigen Selbst. Ich bin frei!

Kapitel 7

———— • ————

Rechtes Verhalten:
Leitlinien für Denken und Handeln,
Teil 2 – Was wir tun sollten

Der Kodex der Erleuchtung	
Was wir nicht tun sollten	**Tun**
Gewalt ausüben	Hingabe an den göttlichen Geist
Lügen	Selbsterforschung
Stehlen	Zufrieden sein
Sinnesreizen folgen	Auf Sauberkeit achten
Gierig sein	Askese üben

Der Kodex der Erleuchtung hat nur ein einziges Ziel: Die Illusionen zu überwinden und unsere Seelen-Erkenntnis hervorzurufen. Die fünf Formen der disziplinierten Einschränkung, die „Nicht-Handlungen", die wir bisher beschrieben haben, betonten, was wir nicht tun sollen, damit das Selbst sich als natürliche Tugend in uns zeigen kann. Die fünf positiven Handlungen spezifizieren nun, welche Handlungen oder Einstellungen eingenommen werden sollten, damit eben diese Tugenden eintreten können. Es sind die Hingabe, die Selbsterforschung, die Zufriedenheit, Sauberkeit und die Askese. Sie sind alle keine Befehle, sondern Verhaltensweisen, die das Bewusstsein des eigenen Selbst offenbaren helfen und eine spirituelle Befreiung herbeiführen, wenn man sie richtig anwendet, und das ganz unabhängig von der jeweiligen religiösen oder spirituellen Tradition, in der man sich befindet. Deshalb nennt man sie auch universelle Hilfen, sowohl in ihrer Anwendung wie auch in ihren Ergebnissen, und sie besitzen von daher einen breitgefächerten, dauerhaften Wert.

Hingabe an den göttlichen Geist

„Indem du dich vollkommen Gott hingibst,
wirst du Samadhi erfahren."
PATANJALI, YOGA SUTRAS, 2:45

Das Einzige, wonach der göttliche Geist immer wieder Sehnsucht hat und was er dennoch nie von uns fordern wird, ist unsere Liebe. Wir können sie Ihm echt und ohne jeden Zwang anbieten, wir können sie Ihm aber auch, da wir über einen freien Willen verfügen, versagen. Dennoch suchen alle Seelen von Natur aus Gott, denn sie sind selbst individualisierte Aspekte von Gott und nichts außer der vollständigen Einheit mit dem Göttlichen kann das vollständige Gefühl des Ganzseins vermitteln, nach dem wir uns alle sehnen. Unsere Sehnsüchte, ganz gleich, auf was sie sich richten, können nur durch die Liebe Gottes vollständig befriedigt werden. Hingabe wird aus dieser Wahrheit geboren und ist, wenn man sie so betrachtet, der Pfad zur Liebe, auf dem unsere Seelen in Liebe in ihre Heimat zurückkehren.

Hingabe ist aus verschiedenen Gründen lebenswichtig: Sie öffnet das Herz, sie reinigt den Geist und, vielleicht am bedeutsamsten, sie zieht Gnade an. Aber wenn man den göttlichen Geist nur liebt, weil man sich einen potenziellen Gewinn verspricht, dann ist auch das Erhalten von Gnade bereits von Anfang an makelbehaftet. Hingabe muss bedingungslos sein. Menschliche Beziehungen sind alle ähnlich. Niemand will Aufmerksamkeit von denen, die nicht wirklich an einem interessiert sind. Andererseits wird die Welt geradezu magisch, wenn wir vor Liebe brennen: Wir könnten dann für unseren Liebsten Berge erklimmen oder auf glühenden Kohlen gehen. Das ist Hingabe.

Jeder – auch der göttliche Geist – sehnt sich nach dieser Art Liebe, denn sie ist selbstlos und rein. Und tatsächlich, der Allmächtige zeigt sich nur dann, wenn wir Ihn mehr als alles andere suchen. Demzufolge sind sowohl Hingabe als auch Techniken nötig, um die spirituellen Höhen zu erklimmen. Trainiert euch also darin, alles für Gott zu tun, und zwar so, als würdet ihr es für euren am meisten geliebten Menschen tun. Das zieht nicht nur Gnade an, sondern hat eine wunderbare, versüßende und erhebende Wirkung auf denjenigen, der es tut. *„Wenn man Mir (Krishna) mit Liebe und Hingabe opfert, ein Blatt, eine Blume, eine Frucht oder Wasser, dann werde ich dieses Opfer annehmen.“* (1)

Körperliche Aspekte

Menschen bringen ihre Hingabe auf sehr viele Arten und Weisen zum Ausdruck: Sie zünden Kerzen an, sie verbrennen Räucherstäbchen oder duftende Kräuter, oder sie beten oft. Andere chanten oder tun mildtätige Werke. Ganz gleich, welche Form die Hingabe annimmt, das Wichtige bei der Hingabe ist die Absicht. Wie gerade beschrieben, sagte auch Krishna, dass Gott sogar ganz einfache Dinge annimmt, wenn sie in der richtigen Haltung dargebracht werden. Ebenso pries Jesus die andachtsvolle Großmut einer älteren Frau, die ihre letzte Münze wegschenkte: *„Wahrlich…, diese arme Witwe hat mehr gegeben als all die, die einen ganzen Schatz geschenkt haben: Denn alles, was sie gaben, kam aus ihrer Fülle, aber sie gab aus ihrem Bedürfnis heraus alles, was sie hatte.“* (2)

Es geht also nicht darum, was wir tun, sondern wie wir es tun, damit unsere Handlungen zu einer Andacht, zu einer Hingabe werden (oder, um es auf bekanntere Weise auszudrücken: Es ist nicht so wichtig, ob man im Spiel gewinnt oder verliert, sondern dass man es überhaupt spielt). Die richtige Haltung, verbunden mit einer Handlung aus dem inneren Gleichgewicht heraus, stellt rechtes Verhalten her, was wiederum, wenn es mit Hingabe parfümiert wird, zu einer machtvollen Kraft zur Selbsterkenntnis wird.

Chanten ist eine besonders potente Praxis, denn es bringt die Energie (Macht) ins Herz (Liebe) und lenkt die Aufmerksamkeit vollständig (aus ganzem Herzen und mit ganzer Seele) zu Gott. In all den Jahren, in denen ich Meditationsgruppen geleitet habe, war es immer so, dass ich erlebte, wie Chanten den Menschen auf sehr wirksame Weise hilft, aus dem Kopf heraus und in ihr Herz zu kommen. Selbst Menschen, die keinerlei spirituelle Ausrichtung besitzen, fühlten sich wohl in der faszinierenden Aura, die durch das Chanten entsteht. Wenn man wirklich ganz aus dem Herzen chantet, dann kann dieses andachtsvolle Singen eine Art Rausch erzeugen, der ähnlich dem ist, den die Jünger Jesu erlebten, als sie den Heiligen Geist zu Pfingsten empfingen: Deine Energie wird bis zu einer göttlichen Ebene emporgehoben und du wirst einfach trunken von deiner Liebe zu Gott!

Eine weitere Form andachtsvoller Praxis ist der Einsatz von Gebetsperlen oder eines Rosenkranzes – was immer auch in deine Tradition passt. Die Vorstellung dahinter ist, dass man die Perlen eine nach der anderen zwischen den Fingern entlanglaufen lässt, während man gleichzeitig ein Mantra oder ein Gebet rezitiert. Wie auch alles andere kann dies entweder eine leere Geste sein oder inneren Wert besitzen, je nachdem, welche Qualität deine Aufmerksamkeit oder Absicht besitzt. Eine Geschichte erzählt von einer Frau, die sich bei einem Hinduheiligen darüber beklagte, dass die Gebetsperlen unwirksam seien. Sie hatte ihre schon jahrelang benutzt und kein Ergebnis damit erzielt. Als der Heilige sie diskret über längere Zeit beobachtete, merkte er, dass ihre Aufmerksamkeit überall war, nur nicht auf Gott ausgerichtet, also konnte ihr mechanisches Gebet auch keinerlei Früchte bringen. Dasselbe kann über jede Art von spiritueller Praxis gesagt werden, die oberflächlich ausgeübt wird. Wir könnten damit im Himmel sein, aber wir verpassen seine Möglichkeiten, weil wir zu unaufmerksam sind. Mit der richtigen Entschlossenheit und Hingabe jedoch kann einen nichts vom göttlichen Geist fernhalten. Liebevolle Gedanken an Gott laden seine Gesellschaft ein, und das kann man überall und zu jeder Zeit machen.

Die Liebe zu Gott öffnet mentale und emotionale Kanäle, die uns im Einklang mit dem göttlichen Geist halten, denn dieser Geist ist Liebe. Das Göttliche ist überall vorhanden, und die Erinnerung an Gott ist der Weg zu Seiner Gegenwart. *„Sei darum fleißig bei den Handlungen, die du zu meinem Gedenken ausführst. Selbst wenn du mit Handlungen beschäftigt bist, die du Mir zuliebe ausführst, wirst du höchsten göttlichen Lohn empfangen."* (3) Wenn wir an Gott denken und Ihn lieben, dann wird unser Schwingungsfeld erhöht. Gewöhnliche Menschen werden diesen Anstieg bemerken, weil sie sich dadurch fröhlich und inspiriert fühlen. Diejenigen, die in göttlichem Feuer brennen, spüren vielleicht spirituelle Ekstase oder, wie im Fall des christlichen Mystikers Bruder Laurenz, beginnen, sich von der Erde zu erheben. Als dieser nämlich vom göttlichen Feuer erfasst wurde, begann der Bruder zu schweben und seine Mitmönche, die das Ganze sehr praktisch nahmen, setzten ihn zum Dienst im Refektorium ein, damit er ihnen nicht entschweben konnte. Der Himmel, so scheint es, zeigt, wo der Kopf und das Herz von Gott ganz erfüllt sind.

Warum weisen Heilige manchmal ungewöhnliche Fähigkeiten auf, wenn sie erfüllt vom göttlichen Geist sind? Der wichtigste Grund ist der Einklang. Die Begrenzungen der Naturgesetze gelten für sie nicht mehr, weil sie die Einheit mit Gott erreicht haben. Diejenigen, deren Bewusstsein sich mit dem Grenzenlosen vereint hat, haben Fähigkeiten, außergewöhnliche Dinge zu tun, weil für sie alles Gott ist – auch sie selbst. Meister, die eine solche vollkommene Einheit mit Gott erreicht haben, beschreiben diese Erfahrung als ein Erwachen zu ihrer schon immer vorhandenen Wirklichkeit. Es ist nicht etwas, das jemand erwerben müsste, sondern etwas, was er oder sie auf direktem, unmittelbarem Weg erkennt. Wenn einmal die Welle wieder eins mit dem Meer geworden ist, aus dem sie sich einst erhob, dann versteht sie, dass sie schon immer Teil des Meeres war und selbst in Wirklichkeit der Ozean ist, der sich als er selbst manifestiert. Wir gewinnen Fähigkeiten, die ansonsten in der Welt nicht vorkommen, wenn unser Bewusstsein sich über unsere Körpergrenzen hinaus ausdehnt und eins mit der unendlichen Sphäre des göttlichen Geistes wird.

Solche Zustände sind nicht intellektuell erfassbar, sondern müssen erlebt werden, und diejenigen, die eins mit dem Göttlichen sind, werden Kanäle für eine Macht, die keine Grenzen in Zeit, Raum oder Ausdruck kennt. Die Erreichung dieses Zustandes ist die Basis, in der Wunder getan werden können, denn sie sind das Ergebnis von Gesetzmäßigkeiten, die die Naturgesetze übersteigen.

Geistige Aspekte

Von all den unzähligen Arten und Weisen, wie man Andacht und Hingabe im Alltag anwenden kann, bevorzuge ich zwei Methoden: die Gegenwart Gottes erfahren und mentales Flüstern. Über Ersteres sagt die Bhagavad Gita: *„Derjenige, der Mich überall empfängt und alles in Meine Hände legt, wird Mich nie aus dem Blick verlieren und auch Ich werde ihn nie aus dem Blick verlieren."* (4) Die Gegenwart Gottes zu erleben, ist wirklich nicht schwer. Es bedeutet zu versuchen, die Gegenwart des Göttlichen zu jeder Zeit zu spüren in allem und jedem, überall und zu jeder Zeit. Wenn das richtig ausgeführt wird, dann erzeugt dies ein tiefes Gefühl von Nähe zu Gott.

Ein bekannter christlicher Mönch demonstrierte einst diese göttliche Gegenwart auf wirklich unerwartete Weise. Als er gefragt wurde, die Anrufung für eine kirchliche Versammlung zu sprechen, öffnete er einfach nur den Mund und sprach laut die stille betende Konversation aus, die er immer mit Gott führte. Für ihn war jeder Moment so, dass er in Seiner Gegenwart lebte.

Um also deinen eigenen Prozess in Gang zu setzen, beginne deinen Tag damit, dass du morgens als Allererstes zu Gott: „Guten Morgen!" sagst. Dann lade den göttlichen Geist zum Frühstück ein, zu deiner Arbeit, in deine Sporthalle, zu deinem Abendessen und dann ins Kino, in das du vielleicht gehst. Wenn du die Kommunion mit dem Heiligen zu etwas ganz Persönlichem und Intimem machst, dann wird die Hingabe an Gott sehr leicht. Sie ist nicht angespannt, so, wie wenn man einen Fremden unterhalten muss, sondern süß, wie wenn du mit deinem liebsten Freund, deiner besten Freundin zusammenbist. Je mehr du bewusst und beständig das Göttliche in alles einlädst, was du tust, desto mehr wirst du seine stille, kameradschaftliche Gegenwart fühlen.

Mentales Flüstern nun ist ein anderer Weg, den göttlichen Geist in deine Nähe zu ziehen, indem du ihn nämlich ständig anrufst. Das bedeutet, dass du dazu liebevolle geistige Sätze oder Anrufungen einsetzt, wie „Ich liebe dich!" oder „Komm zu mir!" oder „Zeige dich mir!" Metaphysisch gesprochen, ist dies sehr wirkungsvoll, denn wann immer wir etwas wirklich von Herzen ersehnen, denken wir ununterbrochen daran. Kreisende Gedanken, gefüllt mit ständiger Sehnsucht, erzeugen eine magnetische Wirkung, die das ersehnte Objekt anzieht. Diese magnetische Kraft zieht den göttlichen Geist zu uns und uns zu Ihm, vor allem, wenn unser Verlangen nach Gott jedes materielle Verlangen übersteigt.

Ich saß einmal auf einem Flughafen fest, zusammen mit verkaterten Touristen, die von einer rauflustigen Ferienreise zurückkamen. Sie waren unerträglich und ich wurde nach und nach immer ärgerlicher. Aber statt mich immer tiefer in diesen Ärger hineinfallen zu lassen, entschied ich mich dafür, meine mentale Gangschaltung zu verändern, indem ich still Gott anrief. Es dauerte nicht lange, und ich spürte einen inneren Energiewandel, der meine saure Stimmung in eine voll Geduld, Freundlichkeit und innere Süße verwandelte. Die Situation hatte sich nicht verändert, aber ich ganz sicher schon.

Der Trick besteht darin, diese Praxis kontinuierlich und täglich auszuüben und nicht nur, wenn es eine Situation gibt, in der du sie brauchst. Im Laufe der Zeit wirst du eine bedeutsame Veränderung in dir feststellen, wie du dich auf die Welt beziehst und wie sie auf dich reagiert. Während wir uns spirituell entwickeln, wird Andacht und Hingabe eine natürliche Widerspiegelung unseres geistigen Zustandes. Sie durchdringt alles, was wir tun, und wird zum Kern dessen, wie wir leben, statt nur zu einer spirituellen Praxis. Mutter Teresa beispielsweise war ein Bollwerk einer solchen Andacht. Da sie ihre Tage mit Meditation und Gebet umschloss, diente sie unaufhörlich Christus in den Geringsten der Menschheit. Indem sie alles, was sie besaß, Gott übereignete, ob durch Anbetung oder durch ihren Dienst in den Slums in Indien, wurde sie zum Modell für ein Leben, das die Hingabe an den göttlichen Geist auf jeder Ebene ihrer Verrichtungen einschloss. Sie wurde deshalb zu einem hervorragenden Beispiel dafür, wie man in Gott in dieser Welt leben und erfolgreich sein kann.

Spirituelle Aspekte

Dienst am anderen ist dafür hervorragend geeignet, denn „andere" sind in Wirklichkeit wir selbst. Wenn wir erkennen, dass wir alle Aspekte der einen gemeinsamen Quelle sind, dann hilft uns das, unser Ego-Bewusstsein zu reduzieren, und dies ist ein bedeutsamer Teil einer spirituellen Ausbildung. Aber das Ego durch Selbst-Realisierung zu transzendieren, ist sogar noch besser. Deshalb besteht die höchste Manifestation der Hingabe darin, uns ganz und gar selbst dem göttlichen Geist zum Opfer zu bringen – unseren Körper, unseren Geist, unser Herz und unsere Seele. Dies wird durch Meditation erreicht, denn durch richtiges Meditieren werden unsere Lebenskraft und unser Bewusstsein zurück zur Quelle gelenkt. Alle Illusionen der Trennung schmelzen weg, wenn wir uns ganz hingeben. Durch unsere Hingabe gereinigt, können wir dann unser göttliches Geburtsrecht in Anspruch nehmen, denn Gott schenkt sich selbst denjenigen, die sich Ihm ganz schenken. In Wahrheit sind wir Er. Es ist nur die Illusion des Getrenntseins, die uns dazu bringt, dies anders zu sehen, und Hingabe wäscht dies weg.

Die folgende Affirmation hilft dabei, eine Haltung der Hingabe zu entwickeln:

Ich sehe, diene und liebe Gott in allem. Ob wachend, schlafend, träumend, denkend, arbeitend oder spielend, überantworte ich mich ganz dem göttlichen Geist.

Selbsterforschung

„Indem wir studieren (die Heiligen Schriften und unser Selbst),
erwerben wir eine Kommunion mit dem Herrn in der Form,
die wir am meisten bewundern."
Patanjali, Yoga Sutras, 2:44

Selbststudium ist keine narzisstische Selbstversenkung, sondern die Suche nach den Bereichen, die jenseits der materiellen Form liegen, jenseits der Wellen des Denkens, jenseits der Bewegungen der Emotion, um schließlich unsere Seele wahrzunehmen. Ein berühmter indischer Heiliger, Sri Ramana Maharshi, war bekannt dafür, dass er Anhänger besaß, die zutiefst über die Kernfrage meditierten: „Wer bin ich?" Als ihm von Besuchern oder Schülern Fragen danach gestellt wurden, pflegte er sie oft zu fragen: „Wer ist es, der da fragt?" So seltsam dies klingen mag, er versuchte auf diese Weise, seine Schüler über den Intellekt hinaus in die göttlichen Tiefen zu schieben. Seine Ausbildung war vergleichbar mit der von Zenmeistern, die rätselhafte Koans verwendeten, wie beispielsweise: „Wie ist der Klang einer klatschenden Hand?", um so in den Mönchen eine kognitive Dissonanz zu erzeugen und sie so dazu zu bringen, dass sie über ihre mentalen Begrenzungen hinaus in eine unmittelbare intuitive Erkenntnis vorstoßen konnten.

Selbsterforschung bedeutet, falsche Selbstwahrnehmungen durch ein klares inneres Bewusstsein seiner Selbst zu ersetzen, sie treibt uns vorwärts über die Fata Morganas dessen hinaus, was wir zu sein scheinen, und in eine Wirklichkeit der Erkenntnis dessen, was wir wirklich sind.

Körperliche Aspekte

Der moderne spirituelle Lehrer Ram Dass schrieb über seinen Gehirnschlag, der ihn zum Krüppel machte, in seinem Buch *Still Here: Embracing Aging, Changing and Dying*. Er untersuchte darin das Phänomen des Alterns und der Gebrechlichkeit und nutzte dazu seinen immensen Pool an einsichtsvoller und mitfühlender Selbsterforschung. In diesem Buch, das sich viel um persönliche Herausforderungen dreht, behauptete er, dass wir alle zu irgendeinem Zeitpunkt mit potenzieller Hinfälligkeit, Verwirrung und schwächenden Krankheiten konfrontiert sind. Sein Ansatz ist der einer Selbsterforschung und besteht darin, sich auf die Seele und nicht auf den Körper zu konzentrieren – den der Heilige Franziskus als „Bruder Esel" bezeichnete. Das Selbst wird in solch einem Zustand zu einer Zuflucht, wenn wir geübt darin sind, und dann kann auch ein Trauma erfahren werden, ohne dass wir in einem darauffolgenden Leid gefangen bleiben.

Das ist ein sehr wichtiger Punkt, denn Schmerzen selbst bedeuten nicht unbedingt Leiden. Leiden bedeutet, mit dem Unbehagen identifiziert zu sein, im Gegensatz zu einer unparteiischen Anerkennung, dass es den Schmerz eben gibt. Schmerz oder Genuss sind beide unvermeidbar, aber müssen uns nicht ausmachen, wenn wir in der Weisheit verankert sind. Dann lernen wir entweder Geduld und Durchhaltevermögen, oder, wenn wir dies können, ziehen wir uns in Sphären des Bewusstseins zurück, in denen Höllenqualen uns weniger beherrschen.

Hier sind einige Beispiele dafür, wie man mentale oder spirituelle Distanziertheit ausüben kann: Yogananda nutzte einmal einen schmerzlichen Unfall, um seinen Schülern beizubringen, was geschieht, wenn der Geist auf der spirituellen Ebene gehalten wird. Ein massiver Block war dem Meister auf den Fuß gefallen und dennoch blieb er davon unbeeindruckt. Er sagte ihnen dann, sie sollten ihm zusehen, während er seinen Geist hinunter in das Körperbewusstsein brachte. Und sofort verwandelte sich sein Gesicht in eine schmerzverzerrte Grimasse. Sein Ziel war zu zeigen, wie die Kultivierung des Seelenbewusstseins einen dazu bringen kann, seinen Körper so zu bewohnen, dass er nicht von den Empfindungen dominiert wird, mit denen wir uns normalerweise identifizieren.

Als ein anderer erleuchteter Heiliger, Sri Ramakrishna, an Magenkrebs sterbend auf seinem Totenbett lag, fragte ihn ein von Trauer überwältigter Schüler, wie er ihm helfen könne. Stöhnend vor Schmerzen streckte Ramakrishna seine Hand aus und griff nach der Hand des Schülers. Erstaunlicherweise begann der Mann eine zunehmende Freude zu spüren und wurde irgendwann wie trunken vor Seligkeit. Er erkannte, was da geschah, und sagte: „Genug, Meister, ich kann es jetzt erkennen!" Der Heilige hatte sein körperliches Drama benutzt, um zu vermitteln, wie sein Bewusstsein nicht an den Köper und seine Krankheit gebunden war. Er wohnte in einer Sphäre, die geheiligter war.

Solche Geschichten sind nicht dazu da, dass man den Körper geringschätzen soll, sondern um zu zeigen, wie ein Meister sich dafür entscheiden kann, wie er mit schmerzlichen Umständen umgeht.

In gewisser Weise erinnert uns die Selbsterforschung daran, dass das Leben sinnvoll und dennoch flüchtig ist. Wir sind nicht dazu da, auf Dauer auf der Welt zu bleiben, sie ist nur vorübergehend unser Zuhause, damit wir lernen und uns verfeinern. Übermäßige Aufmerksamkeit auf den Körper und die Dramen der Erde maskieren einen heiligen Entwicklungsplan, der uns vorantreibt, um uns daran zu erinnern, wer wir sind, und uns über den Tanz der Natur und der Veränderung zu erheben. Die gesamte Schöpfung – unsere Körper, dieser Planet, der Kosmos – ist eine riesengroße Manifestation desjenigen, was allein Bestand hat – des göttlichen Geistes. Wenn wir uns mit dem Göttlichen vereinen, dann erwachen wir aus dem Traumgesicht der Schöpfung und werden uns bewusst, dass wir ewig sind. Das bedeutet nicht, dass wir unsere Identität verlieren, aber wir erkennen, dass Gott zu uns geworden ist und wir dann immer und auf ewig eins mit Ihm sind.

Geistige Aspekte

Ein wunderbares Beispiel für Selbsterforschung ist das, wie Herbert Benson und Jon Kabat-Zinn meditationsähnliche Übungen und die Achtsamkeitsmeditation in die westliche Medizingesellschaft einführten. Als Folge davon wurden diese inneren Techniken von einer Mehrheit aufgenommen und sind inzwischen nicht nur akzeptiert, sondern sogar populär geworden.

Herbert Benson, ein Kardiologe von der Harvard-Universität, wurde in den 60er Jahren des vergangenen Jahrhunderts von Praktizierenden der Transzendentalen Meditation (TM) gefragt, ob er nicht ihre Gehirne und biologischen Reaktionen auf die Meditation erforschen wollte. Anfangs eher abgeneigt, gab er dann nach und war schockiert zu entdecken, dass Meditation den Blutdruck senkte, und zwar so wirksam, dass Menschen, die unter einem hohen Blutdruck litten, lange suchen müssten, um Medikamente zu finden, die genauso wirksam waren. Benson war von diesen Ergebnissen so fasziniert, dass er sein Buch „*The Relaxation Response*" (deutsch: *Gesund im Stress*) schrieb und an der Harvard-Universität das Geist-Körper-Medizinische Institut gründete. Als einer der ersten westlichen Schulmediziner, die Spiritualität und Heilung untersuchten, hat Benson seitdem seine Forschungen ganz in diesen Bereich verlegt und zahlreiche Artikel darüber geschrieben und mitverfasst sowie elf Bücher darüber geschrieben, die westliche und östliche Medizin, Spiritualität, Heilung und die Wissenschaft vom Geist/Körper zusammenbringen.

Jon Kabat-Zinn wiederum, ein Verhaltenspsychologe, wurde 1993 zur Meditationsikone, als Bill Moyers ihn für ein Fernsehspecial mit dem Titel „Heilung und der Geist" interviewte. Kabat-Zinn integrierte damals erfolgreich Hatha-Yoga mit traditionellen buddhistischen Achtsamkeitsmeditationen für Patienten mit chronischen Schmerzen oder einem hohen Stress-Pegel, die bisher mit herkömmlichen medizinischen Mitteln nicht behandelbar gewesen waren. Seine Ergebnisse waren so förderlich, dass ein Programm, das seinen Ansatz verwandte, entwickelt wurde und in seinen Büchern „*Full Catastrophe Living*" und „*Wherever You Go, There You Are*" veröffentlicht wurde.

Wenn man die Leistungen von Benson und Kabat-Zinn betrachtet, dann hat die Profession der Menschen, die sich mit Gesundheit beschäftigen – und besonders die westliche Schulmedizin – einen wesentlich größeren Respekt vor dem bekommen, was Meditation und Geist/Körper-Trainings bewirken können.

Von besonderer Bedeutung für die Selbsterforschung ist, wie Kabat-Zinn seine Patienten bat, ihre mentalen und Lebensprozesse zu beobachten. Er brachte ihnen bei, wie sie ihr Denken, ihre Gefühle und ihre Reaktionen neutral beobachten konnten, und seine Patienten begannen nach und nach, ihre Identifikation mit ihrem Schmerz zu lösen. Sie erkannten, dass solche Erfahrungen keine festen Zustände, sondern Bewusstseinsströme waren, die dadurch miteinander verbunden wurden, dass man sich mit der Wahrnehmung identifizierte. Durchbrüche wurden erzielt, als die Patienten lernten, ihre Wahrnehmungen zu verfeinern – von einer Wahrnehmung ständiger Schmerzen zu einer Wahrnehmung, die auch schmerzfreie Momente einschloss. Befreit von der Last unerbittlichen Leidens, konnten sie dadurch ihr Leben neu gestalten – von einer chronischen Behinderung zu einer machbaren, alltagstauglichen Aktivität. Die Kraft der Selbsterforschung erlaubt einem, zu beobachten, was wirklich ist, und sich daraufhin entsprechend zu verhalten.

Spirituelle Aspekte

Wie bereits erwähnt, ist Descartes Ausspruch „Ich denke, also bin ich" zwar ein bemerkenswerter Ausspruch, aber spirituell betrachtet falsch. Bewusstheit entsteht nicht aus dem Nichts und kann auch nicht vor der Existenz existieren. Der richtige Ausspruch müsste also sein: „Ich bin, deshalb denke ich", denn die Fähigkeit, zu sein, muss der Fähigkeit, etwas wahrzunehmen, vorausgehen. Ein spirituelles Leben erfordert, dass wir immer nach der Wahrheit suchen, denn dadurch erlangen wir Freiheit. Selbsterforschung bewegt uns über das Vergängliche hinaus in den Bereich des Ewigen. Zu erkennen, dass wir Projektionen des göttlichen Geistes sind, der uns auf den Schirm der Dualität projiziert hat, kann uns von dem scheinheiligen Einfluss der kosmischen Täuschung befreien.

Die folgende Affirmation fördert eine richtige Haltung bei der Selbsterforschung:

> *„Ich bin nicht mein Körper und nicht mein Denken, ich bin freier Geist, ewig-neues Bewusstsein, Existenz und göttliche Seligkeit."*

Zufrieden sein (Zufriedenheit)

„Wenn Zufriedenheit erreicht wird,
dann gewinnt man die höchste Freude."
PATANJALI, YOGA SUTRAS, 2:42

Zufriedenheit ist sowohl eine Haltung, die man kultiviert, wie auch das Ergebnis von Weisheit. Sie ist eine oft falsch verstandene Eigenschaft, die manchmal fälschlicherweise als Bequemlichkeit angesehen wird. In den yogischen Werten jedoch wird sie als eine sehr hohe Tugend gesehen, denn sie steht für einen unerschütterlichen Gleichmut. In der Welt der Relativität ist Kontrolle illusorisch und Erfolg vergänglich. Trotz unserer intensivsten Bemühungen sind wir zu einer Zeit unseres Lebens gesund und wohlhabend und zu einer anderen bettlägerig und verarmt. Wahre Zufriedenheit erfordert, dass wir uns in den göttlichen Ebenen verankern, in denen die Wechselhaftigkeiten des Lebens einen nicht im Kern erschüttern können.

Körperliche Aspekte

Es ist schwer, ein körperliches Beispiel für Zufriedenheit zu finden, da es sich hierbei nicht um etwas handelt, was man tun kann. Es handelt sich hierbei vielmehr um eine geistige Eigenschaft, die durch Glauben, Verständnis und praktizierte Ruhe und Gelassenheit genährt wird. Das Leben kann sehr bedrückend sein, wenn wir nicht über das Unwirkliche hinaussehen und zum Wirklichen kommen und dabei die dualistische Natur dieser Ebene überschreiten. Eine materielle Betrachtungsweise bringt uns dazu, uns selbst nur an deren Werten zu messen. Solche Beurteilungen jedoch verstärken nur die emotionale Reaktivität auf sich verändernde Umstände.

Die Legende erzählt, dass der Höchste der Gottheiten, Sakka, bei Buddhas Tod ausrief:

„Unbeständig sind alle Dinge, die aus Einzelteilen bestehen. Sie werden und vergehen, das ist ihr Wesen: sie werden geboren und sterben wieder und die Überwindung dieser Dinge ist die höchste Seligkeit!" (8) Nur durch rechtes Verstehen und innere Erfahrung kann die reaktive Anbindung an äußere Ereig-

nisse durch wahren Seelengleichmut ersetzt werden. Wenn man gleichmütig und freundlich bleibt, selbst wenn man die unausweichlichen Hochs und Tiefs des Lebens zu bewältigen hat, dann kann echte Zufriedenheit entstehen.

Geistige Aspekte

Welche Haltung man zu etwas einnimmt, ist vor allem eine Sache der Entscheidung. Wenn wir aufhören, darauf zu warten, dass die Dinge sich so entwickeln, wie wir es wollen, und uns stattdessen bewusst dafür entscheiden, das Leben enthusiastisch zu begrüßen, ganz gleich, wie die Umstände sein mögen, dann bestätigen wir so unsere Macht, glücklich zu sein. Die inneren Muskeln der Freude spielen zu lassen, macht sie stark, besonders, da es so häufig Gelegenheiten gibt, genau das Gegenteil zu tun. Dennoch erkennen wir nur selten, wie sehr wir unsere Lebensqualität beeinflussen könnten, wenn wir auf richtige Weise denken und uns entscheiden würden, uns nicht von den unzähligen Missgeschicken des Lebens zu Fall bringen zu lassen. Die Wirklichkeit ist objektiv so, wie sie ist, aber unsere Reaktion darauf ist durchaus subjektiv. Zufriedenheit ist für jeden erreichbar, der bereit ist, sich dafür zu entscheiden, besonders, wenn man in der Lage ist, positive Zustände, die man in der Meditation erlangen kann, zu erreichen und zu behalten. Man braucht dazu Übung, aber wenn wir beständig dabei sind, unsere Freude zu kultivieren, und wachsam sind, damit Negativität unsere Absicht nicht aushöhlen kann, dann erkennen wir immer mehr, wie sich die innere Haltung dem Willen anpasst.

Praktisch sind die Möglichkeiten der Anwendung der Zufriedenheit endlos. Für Teenager beispielsweise herrscht das Verlangen danach, von Altersgenossen als gut befunden zu werden, vor, jedenfalls so lange, bis sie erkennen, dass dies eigentlich ziemlich wenig Bedeutung hat. Wirklich bedeutsam ist, wer wir sind, nicht, was andere von uns denken. Dieses Prinzip gilt für Menschen aller Altersgruppen und für jede Art von Verlangen. Wenn Menschen an Weisheit zunehmen, dann erkennen sie, dass bleibende Zufriedenheit nur dann entsteht, wenn man sich nach innen wendet. Mit der richtigen Mühe können auch ungesunde Tendenzen, sich fruchtlosen Vergnügen zuzuwenden, überwunden und durch inneres Gleichgewicht ersetzt werden. Dies entsteht durch Zentriertheit im Selbst. Solche Zustände von Zufriedenheit bedeuten nicht, dass man nicht mehr fühlen oder das Leben meiden sollte, sondern sie sind geistige Zufluchtsorte, die einem helfen, auch im Fluss des Lebens und der Pflichten ausgeglichen zu bleiben.

Spirituelle Aspekte

Illusionen erzeugen Stillstand, Verwirrung, Unruhe, Verlangen und Trägheit. Dies wird treffend in den Worten des berühmten Songs beschrieben, in dem es heißt: *„…du suchst nach Liebe immer am falschen Ort.“* (9) Zufriedenheit ersetzt diese Tendenzen dadurch, dass sie schädliche Gelüste mit den positiven Nebeneffekten des Kontaktes zur eigenen Seele ersetzt. Auf tausenden Wegen suchen wir nach Erfüllung, nach Anerkennung, nach Macht usw., bis uns dämmert, dass das, wonach wir wirklich suchen, eine andere Erfüllung ist, ein spirituelles Attribut, das man nur im Inneren finden kann. Das Suchen nach Ruhm und Reichtum im Außen hört auf, wenn die inneren Seeleneigenschaften sich mehr und mehr zeigen. Fehlgelenktes Streben im Außen kann dann zugunsten der allzeit vorhandenen inneren Freude des Geistes aufgegeben werden und wir können lernen, in beständiger Gelassenheit zu leben, ohne noch Bestätigung oder Resonanz durch die Welt zu brauchen. Wir hören dann auch auf, uns über die Vergangenheit oder die Zukunft allzu viele Gedanken zu machen, und können zulassen, dass unser Glücklichsein sich in der einzigen Zeit zeigt, in der wir wirklich leben: Im Jetzt. Letztlich nämlich würden wir sonst immer auf die Gnade und Launen des Zufalls angewiesen sein, wenn wir zulassen, dass unsere Lebensqualität durch zufällige Umstände bestimmt würde. Wenn wir Zufriedenheit in uns vervollkommnen, erreichen wir eine innere Freiheit, die uns ganz in den gegenwärtigen Augenblick bringt, bis wir schließlich erkennen, dass es eine grundlegende spirituelle Freude gibt, die in der gesamten Schöpfung und auch darüber hinaus immer vorhanden ist.

Um unsere Zufriedenheit zu verbessern, setze eine der folgenden Affirmationen ein:

Im Selbst zu Hause, nehme ich alle Umstände mit freudiger Gelassenheit an.
Ich bin glücklich, jetzt und immerdar, vollkommen in meinem Selbst!

Darüber hinaus probiere die folgende Übung:

Schieße deine Augen und stelle dir vor, dass alles, was in deinem Leben Bedeutung hat, dir genommen wird. Spüre dieses Gefühl des Verlustes, vielleicht sogar die Angst, wenn diese Dinge verschwinden. Bleibe bei diesem Gefühl, erkunde dein Alleinsein. Denke darüber nach, warum diese nun fehlenden Teile für dich so wichtig waren. Haben sie dir das Gefühl gegeben, dass du geliebt wirst, wertgeschätzt oder anerkannt? Geh noch tiefer. Sei präsent in dieser Leere, schau über die Leere hinaus. Lass alle Gefühle sich auflösen und frage dich still: „Wer ist dieses Ich, das dies alles fühlt?“ und: „Was macht dieses Ich ganz und glücklich?“ Ist es ein Mensch, ist es ein Gegenstand? Nimm wahr, wie nur dieser Mensch oder dieser Gegenstand dich glücklich machen, aber nicht etwas oder jemand anderes. Nimm wahr, dass es nicht der Gegenstand oder der Mensch ist, der dich glücklich macht, sondern deine Reaktion darauf. Das Gefühl der Freude ist nicht etwas, was in dem anderen liegt, ist nichts Äußeres, sondern kommt aus deinem Inneren und wird dann nach außen projiziert.

Sei nun ganz still und spüre diese Freude, einfach nur so, ganz und gar unabhängig von irgendetwas, einfach und direkt. Stell dir nun wieder etwas oder jemanden vor, der in dir ein Gefühl von Freude hervorruft. Dann konzentriere dich wieder auf die Freude selbst, ihre Qualität in dir, nicht auf das, was scheinbar die Quelle dieser Freude war. Konzentriere dich auf diese Freude und fühle sie als einen unabhängigen, schon immer vorhandenen Aspekt von dir, der dir immer zur Verfügung steht, wenn du weißt, wohin du dich wenden und wie du ihn finden kannst. Ganz gleich, was das Leben dir nun schenkt, dir nimmt oder verweigert, in deinem innersten Kern bist du unabhängig, frei, vollständig und voll Freude. Sonne dich in dieser Erkenntnis, spüre sie und – wenn du dies wirklich zulässt – spüre in dir auch die Geburt wahrer Gelassenheit.

Auf Sauberkeit achten (Reinheit)

„Mehr noch, man gewinnt die Reinheit des Sattva (der Existenz),
Heiterkeit des Geistes, innere Ausgerichtetheit, Meisterschaft über
die Sinne und die Kraft zur Selbstverwirklichung."
PATANJALI, YOGA SUTRAS, 2:41

Vielleicht scheint es seltsam, eine Art von Sauberkeit als eine heilige Praxis zu erachten, aber es geht dabei nicht um Putzen oder Reinigen. Vielmehr bedeutet Reinheit hier, sich selbst zu reinigen, und zwar von allem, das uns vom göttlichen Geist fernhält. Spirituelles Verlangen und heilige Eingebungen nehmen auf ganz natürliche Weise zu, wenn Kopf und Herz von materiellen Fixierungen gereinigt werden.

Körperliche Aspekte

Von einem rein physischen Gesichtspunkt aus betrachtet ist die Konzentration auf das Göttliche leichter, wenn wir nicht von körperlichen Zuständen wie Schmutz, Schmerz oder Begierden abgelenkt sind. Der Körper ist ein Tempel, in dem der göttliche Geist als Seele wohnt. Wenn der Geist sich nur mit dem Zustand des Tempels beschäftigen muss, dann kann er sich nicht auf seinen göttlichen Bewohner konzentrieren. Stellt euch vor, ihr versucht, mit einem pochenden Kopfschmerz zu meditieren oder mit einem unaufhörlichen Juckreiz oder mit einem Krampf im Zeh oder Bein. Das ist wirklich fast nicht möglich. Das Prinzip der Reinheit erkennt an, dass ein sauberer, gesunder Körper den Geist für spirituelle Übungen frei hält, während einer, der von Unbehagen verdorben ist, sich eigentlich nur auf die Signale dieses Unbehagens konzentrieren kann.

Versuche also, vor deiner täglichen spirituellen Praxis zu baden oder zu duschen. Wasser löscht die Rückstände auf der Hautoberfläche aus, beruhigt die Nervenenden und reinigt das Energiefeld, das den Körper umgibt. Genauso, wie wenn man Fenster putzt und dadurch das Licht besser sehen kann, wäscht eine Reinigung der Aura den feinstofflichen übersinnlichen „Staub" von dir ab, die eine verfeinerte Wahrnehmung behindern könnte. Genauso sinnvoll ist es vor einer spirituellen Praxis, dass du den Platz, an dem du übst, dafür vorbereitest. Methoden, dies zu tun, können sein: eine Kerze anzünden oder Räucherstäbchen verbrennen, einen Gong oder Glocken anzuschlagen, oder, wie dies Eingeborene tun, diesen Bereich mit bestimmten Kräutern wie Salbei, Süßholz oder Kopal zu reinigen. Eine solche Praxis erzeugt eine erhebende Atmosphäre, in der unharmonische Schwingungen keinen Platz finden.

Ein weiterer Aspekt von Reinheit ist der deiner Ernährung. Die Maxime „du bist, was du isst" hat in dieser Hinsicht eine wirklich tiefe Bedeutung. Athleten essen vor Wettkämpfen nur eine bestimmte Nahrung, die eine positive Wirkung auf ihre Leistungsfähigkeit hat, und viele Glaubensrichtungen sehen in der Vorbereitung und dem Verzehr von Nahrungsmitteln viel mehr als reine Nahrungsaufnahme. Manche Traditionen achten darauf, dass beim Essen Stille herrscht, da sie in Mahlzeiten Möglichkeiten sehen, sich auf die Gegenwart Gottes im Essen zu konzentrieren. Bestimmte Yogis essen überhaupt nicht in der Öffentlichkeit oder nehmen keine Nahrung von Menschen an, die sie für unrein halten, denn sie meinen, dass diese Faktoren die Schwingungen beeinträchtigen. Wie alles im Universum hat auch die Nahrung feinstoffliche Eigenschaften, wobei manche von ihnen erheben, während andere träge oder unruhig machen.

Die zelluläre Intelligenz im Essen überträgt die darin vorhandenen Eigenschaften auf einer verfeinerten Ebene und beeinflusst so den Zustand des Geistes und des Körpers dessen, der sie aufnimmt. Diese Behauptung könnte vielleicht extrem klingen, aber sie ist es in Wirklichkeit nicht: Was und wie wir etwas essen, hat einen Einfluss auf uns. Selbst Gandhi spürte, dass die Beherrschung des Gaumens ihm half, den Geist und die sexuelle Begierde unter Kontrolle zu bringen. Auf grobstofflicher Ebene erzeugt eine schlechte Ernährung überflüssige Abfallstoffe und das überfordert das Ausscheidungssystem. Die Anstrengung, diese Abfallstoffe aus dem Körper zu befördern, erfordert zusätzlich Energie, die dann für die Meditation nicht mehr zur Verfügung steht. Ich ehre und hänge der Stimme von Yoganandas Guru, Sri Yukteswar, an, der meinte, dass Menschen eine einfache Ernährungsform finden sollen, die zu ihnen passt und an die sie sich dann halten können. Wenn du Fleisch essen willst, dann ziehe möglichst Geflügel oder Lamm vor, statt Rindfleisch oder Schweinefleisch zu essen, und iss auch Fisch, wenn möglich, da die Erstgenannten ebenso wie Fisch den geringsten negativen Einfluss auf dich ausüben. Periodische Fastenzeiten (frage deinen Arzt, wenn du Sorge um deine Gesundheit hast) sind hervorragend, um den Körper von Giftstoffen zu reinigen und den Geist von bestimmten Gewohnheiten zu befreien. Reinheit hilft uns auf so vielen verschiedenen Ebenen, von denen eine darin besteht, sich zu erinnern, dass wir nicht nur unser Körper sind und dass wir nach und nach lernen können, weniger aufgrund materieller Mittel (nämlich Essen und Trinken) zu leben und mehr aufgrund einer Ernährung mit feinstofflichen Energien, die uns in unserer Seele nähren und erhalten. Wir werden uns noch später mit diesem Thema weiterbeschäftigen.

Während Reinigung für ein spirituelles Training geeignet ist, kann es auch einen falsch verstandenen Enthusiasmus hervorrufen. Eine Frau, die dasselbe Yogalehrer-Training wie ich durchlief, ehrte eine Ernährung, die ausschließlich aus Rohkost bestand. Für sie schien sie notwendig zu sein und wie viele andere Fanatiker tendierte sie dazu, jeden zu maßregeln, der nicht ihrer Ansicht war. Meine Liebe zu Kaffee war ihr ein besonderer Dorn im Auge und deshalb war es mir ein besonderes Vergnügen, mit ihr eine Botschaft zu teilen, die ich während meiner Meditation empfangen hatte: „Nur Liebe wird dich rein machen." Meine Haltung schien mir damals nicht ganz uneigennützig zu sein, aber ein alter Weisheitsspruch bestätigte sich hier: *„Nicht das, was in den Mund hineingeht, beschmutzt einen Menschen, sondern das, was aus dem Mund herauskommt, kann ihn beschmutzen."* (10)

Paradoxerweise besteht der Sinn, dass wir überhaupt einen Körper haben, darin, zu erkennen, dass wir nicht dieser Körper sind. In dem Maße, in dem die Reinheit diesem Ziel dient, ob nun im Hinblick auf Ernährung oder irgendetwas anderes, ist sie gut. Was darüber hinausgeht, kann zu einem eigenständigen Ziel werden, das uns von dem größeren Zusammenhang ablenkt: *„Deshalb sage ich euch: Nehmt nicht den Gedanken für euer Leben: Was soll ich essen, was soll ich trinken, und auch nicht für euren Körper, was soll ich anziehen. Ist denn nicht das Leben mehr als das Fleisch und der Körper mehr als die Kleidung?"* (11)

Geistige Aspekte

Die Haltung ist ausschlaggebend. Denkt darüber nach, wie viel Zeit und Energie ihr damit verschwendet, euch mit unreinen Gedanken zu beschäftigen. Ärger, Lügen, Begehren, Furcht, Lust usw. spiegeln alle die geistige Unreinheit wider. Und zu welchem Zweck? Wir leiden. Genau wie bei der Gewaltlosigkeit beeinflusst das Denken das Fühlen, und unreines Denken färbt auf diejenigen ab, die es in sich zulassen. Da Denken das hervorbringt, was es zum Inhalt hat, ernten wir, was wir säen. Wenn wir wütend sind, ziehen wir Wut an. Wenn wir liebevoll sind, ziehen wir Liebe an. Wir setzen uns in Einklang mit den universellen Schwingungen, die mit unserem eigenen Denken korrespondieren und die uns demzufolge entweder segnen oder zugrunde richten. Was noch wichtiger ist: Unreines Denken hält die Täuschungen aufrecht, indem es die Illusion des Getrenntseins verstärkt, während reines Denken uns zur Erlösung führt, weil es die Einheit und die Harmonie fördert. Der Buddhismus ist besonders scharfsinnig, wenn es um die Verwandlung negativer Emotionen geht.

Ein Mensch, der seine Ausbildung in hervorragender Weise demonstriert, ist Seine Heiligkeit, der Dalai Lama. Trotz der schon seit langem andauernden Unterdrückung seines Heimatlandes Tibet durch die Chinesen hat sich der Dalai Lama beständig für einen friedlichen Dialog mit ihnen eingesetzt und auf politisch oder spirituell unproduktive Reaktionen wie Wut oder Gewalt verzichtet. Die Situation Tibets ist noch nicht gelöst, aber die Toleranz, das Mitgefühl und die Freundlichkeit Seiner Heiligkeit haben mehr globale Unterstützung für die Sache Tibets gebracht, als alle Aufrufe zur Waffengewalt hätten bringen können. Diese gewaltfreie Art des Einsatzes erinnert uns an die friedlichen Kämpfe, wie sie Mahatma Gandhi oder auch Dr. Martin Luther King jr. durchgefochten haben.

Solche Handlungen, die, spirituell betrachtet, rein sind, sind vielleicht in der Welt nicht sehr verbreitet, dennoch sind sie letztlich am wirksamsten. Man kann nicht anders, als von Fällen beeindruckt zu sein, die auf Dialog, Prinzipien und Gebet setzen statt auf Blutvergießen. Die feinstoffliche Reinheit solcher Fälle steht in Übereinstimmung mit dem kosmischen Gesetz, dass das Universum unausweichlich Anliegen unterstützen wird, die wahrhaftig und karmisch betrachtet gerecht sind.

Die Praxis der Meditation

Spirituelle Aspekte

Verfeinerung bedeutet, dass man eine höhere Qualität erzeugt, indem man Unreinheiten ausschaltet. Wenn man dies auf Menschen überträgt, dann ist die Schlacke, um die es hier geht, das Ego-Bewusstsein. Wenn dies einmal entfernt worden ist, dann wird die Präsenz des göttlichen Geistes selbst sichtbar und verwirklicht den uralten Ausspruch: *„Gesegnet seien diejenigen, die reinen Herzens sind, denn sie werden Gott sehen."* (12)

Unreinheit hält den Geist fokussiert auf die niedrigsten Bereiche menschlicher Interaktion und ermüdet irgendwann, aber andererseits gibt es so viel Lüsternheit und niedrige Handlungen, mit denen ein Mensch sich beschäftigen kann. Unreinheit lässt einen mit dem schalen und geschmacklosen Gefühl zurück wie eine Cola, aus der das Prickeln verschwunden ist. Auf der positiven Seite deckt Unreinheit seine eigene Unzulänglichkeit auf: Der Illusion der Sinnesfreuden zu folgen, führt unausweichlich ins Nichts und bringt einen dazu, seinen Weg zu überdenken. Auf einer tiefen Ebene wollen wir uns alle rechtschaffen verhalten, weil dies dazu führt, dass wir uns glücklich fühlen. Traurigerweise stellen sich dem Unwissenheit und schlechte Angewohnheiten in den Weg.

Wenn wir uns dafür entscheiden, die, moralisch betrachtet, höhere Straße zu nehmen, dann müssen wir unreine Gedanken und Handlungen aus unserem Leben verbannen. Damit können wie anfangs nur wie Kleinkinder beginnen, aber das sollten wir auch tun, denn das wird auf Dauer bedeutsame Veränderungen bringen. Selbst wenn du fehltrittst oder sogar fällst, gib nicht auf! Yogananda lehrte, dass die Macht der Konzentration zwischen den Augenbrauen im sechsten Chakra zu Hause ist. Um uns also von schlechten Angewohnheiten, den Gehirnwellen und feinstofflichen Tendenzen zu befreien, die solche Muster aufrechterhalten, müssen wir sie ausbrennen, indem wir unsere Macht der Konzentration vom sechsten Chakra aus ins Gehirn lenken. Wenn wir das tun, dann werden die energetischen Ströme so ausgerichtet, dass sie nach und nach die verursachenden Faktoren und Elemente ausbrennen, die die schlechten Angewohnheiten aufrechterhalten. Zusätzlich sollten wir uns Tag für Tag auf unsere positiven Eigenschaften konzentrieren, unsere angeborene Reinheit affirmieren und die Güte in anderen wahrnehmen. Dann kommen wir nach und nach dazu, den Ruhm Gottes in allem wahrzunehmen.

Die folgende Affirmation hilft dir, eine innere Haltung der Reinheit zu entwickeln:

Das reine Licht Gottes scheint in mir, um mich herum, überall. Ich bin rein,
denn der Geist Gottes ist in mir.

Askese üben (Enthaltsamkeit)

„Durch Enthaltsamkeit werden Unreinheiten des Körpers
und der Sinne zerstört und okkulte Kräfte werden wahr."
PATANJALI, YOGA SUTRAS, 2:43

Enthaltsamkeit wird gemeinhin als eine sehr unattraktive Praxis angesehen, weil sie Bilder von Strenge und Entbehrung heraufbeschwört. Während der Verzicht auf Versuchungen und das Üben von Rechtschaffenheit anfangs schwierig sein kann, bringt es doch irgendwann einen Lohn. Als Mitstreiter der Nicht-Sinnlichkeit und der Selbstkontrolle hat die Enthaltsamkeit die Eigenschaft, den Willen zu stärken, all das zurückzuweisen, was einen zu lockenden, aber letztlich vergiftenden Ablenkungen durch die Sinne verführt. Sie zerstört den Würgegriff schlechter Angewohnheit und – was vielleicht noch wichtiger ist – erlaubt der Seele, die Dominanz des Ego durch die Herrschaft des göttlichen Geistes zu ersetzen.

In der Bhagavad Gita wird ein vom göttlichen Geist erfülltes Leben durch Krishna (die Personifizierung Gottes) symbolisiert, der den Streitwagen (den Körper) für seinen Schüler Arjuna lenkt (der Personifizierung der Seele), während sie gegen die Kräfte des Bösen (der Täuschung) kämpfen, um die Rechtmäßigkeit (die Selbstverwirklichung) im Reich (dem Bewusstsein) wiederherzustellen. Es ist eine Metapher für den epischen Kampf, den alle Menschen kämpfen müssen, um ihre Unwissenheit zu überwinden und die Einheit mit dem Göttlichen wiederherzustellen. Durch unnachgiebige Enthaltsamkeit bzw. Selbstdisziplin wird schließlich der größte Sieg errungen: die Klarheit des Bewusstseins, die innere Befreiung und die ewige Seligkeit. *„Derjenige, der sich selbst überwindet, wird neben Mir auf Meinem Thron sitzen, genauso, wie Ich Mich überwunden habe und Mich zusammen mit Meinem Vater auf Seinen Thron gesetzt habe."* (13)

Körperliche Aspekte

Zu glauben, dass irgendetwas im Leben ohne Mühe erreichbar wäre, ist töricht. Du kannst dann etwas erreichen, wenn du deine Vorstellungen und Ideen Wirklichkeit werden lässt, und zwar, indem du methodisch darauf achtest, dass du deine Energie auf die ersehnten Ziele ausrichtest. Wenn du dies nicht tust, dann bleibst du ein wirkungsloser Träumer. Wie es schon Shakespeares König Lear sagte: *„Aus Nichts kann nur nichts entstehen."* (14)

Eine positive Folge meiner Ausbildung in Kampfkunst war eine eiserne Disziplin. Ich arbeitete aktiv an mir, während meine Kameraden aktiv Party machten. Letzteres ist nicht untypisch, kann aber schlimme Folgen haben, wenn man nicht irgendwann klug wird und sich zurückhält. Das Leben ist nicht statisch, und Menschen riskieren, dass sie wie auf Autopilot funktionieren oder in eine Abwärtsspirale rutschen, bis sie sich bewusst dafür entscheiden, zu blühen und voranzukommen. Enthaltsamkeit bedeutet letztlich nichts anderes, als eine feste Absicht zu haben: Es ist die wirkungsvollste Verwendung von Energie, um ein ersehntes Ziel zu erreichen. Im Falle von spirituellen Zielen heißt dies, dass die Enthaltsamkeit ein bedeutsamer Meilenstein für das Erreichen der Selbstverwirklichung ist.

Von einer klassischen Yogaperspektive aus betrachtet, bezieht sich Enthaltsamkeit auf Disziplinen, mit denen man den Geist, den Körper und die Lebenskraft kontrollieren konnte. Schüler, die solche Disziplinen meistern, gewinnen bestimmte übersinnliche Kräfte, die man *siddhis* nennt.

Die wichtigsten *siddhis*, im Vergleich zu den weniger wichtigen, ermöglichen denjenigen, die sie besitzen, Folgendes zu tun:

- so klein zu werden, wie man möchte,
- so groß zu werden, wie man möchte,
- den Körper so leicht zu machen, dass man die spezifische Anziehungskraft vermindern kann,
- den Körper so schwer zu machen, dass man die spezifische Anziehungskraft vergrößern kann,
- tausende von Kilometern in Sekundenschnelle zurückzulegen,

- auf der Erde zu stehen, aber die höchsten Dinge berühren zu können,
- erwünschte Dinge erreichen zu können,
- die Zukunft vorauszusagen,
- Hellsichtigkeit, Hellhörigkeit, Telepathie und Gedankenlesen entwickeln zu können,
- alle Sprachen zu verstehen, einschließlich der von Tieren,
- alle Krankheiten heilen zu können,
- unter Wasser zu bleiben, solange man möchte,
- unsichtbar zu werden,
- spirituell den Körper eines anderen zu betreten,
- eine jugendliche Erscheinung zu bewahren, solange man möchte,
- Männer, Frauen, Tiere und alle Elementarkräfte kontrollieren zu können
- Leidenschaften und Emotionen zurückhalten zu können,
- eins mit dem Herrn des Kosmos zu werden (und so das Leben weitergeben zu können).

Die Lebenskraft ist die Währung unseres Astralbereiches und muss deshalb vermehrt und nicht verringert und aufgebraucht werden. Wie bereits wiederholt gesagt, führt der Missbrauch der Sinne zu einem kurzlebigen und gleichzeitig auszehrenden Genuss, während das Bewahren und Erheben der Energie zu Zentren höherer Wahrnehmung im Gehirn zu einer anhaltenden spirituellen Freude führt. Nach und nach können sich innere Kräfte entwickeln, wenn die Seele die Begrenzungen des Egos überwindet. Solche Fähigkeiten können für eine unvorbereitete geistige Ausrichtung sehr verführerisch erscheinen und zu einer Art spirituellem Materialismus führen. Deswegen sollten kluge Schüler ihre Fähigkeiten nicht einsetzen, bis sie im eigenen Inneren den Ruf spüren, dies auch zu tun. Der wahre Wert der Enthaltsamkeit liegt nicht darin, übernatürliche Fähigkeiten durch geheimnisvolle Praktiken zu entwickeln, sondern eine echte Selbstverwirklichung zu erlangen, indem sie ihre Energien kontrollieren. Wir sollten uns nicht so sehr auf das Fantastische konzentrieren, sondern mehr auf das Essenzielle: Die Transformation des Selbst. *„Derjenige, der andere überwindet, ist stark, derjenige, der sich selbst überwindet, ist mächtig."* (15) Die Fähigkeit reinster Selbstkontrolle ist in sich schon wundersam genug. Wenn erst einmal die Einheit mit dem Göttlichen erreicht ist, dann wird der Einsatz irgendwelcher zusätzlich erworbener Kräfte relativ unwichtig.

Zwei weitere Formen der Enthaltsamkeit, die beinahe jeder auf eine sichere Weise praktizieren kann, sind Fasten und die Übung der Mäßigkeit. Fasten reinigt den Körper, beruhigt den Geist und vertieft die Meditation. Sie hilft einem, sich von den Diktaten des Körpers zu befreien. Obwohl es unkompliziert und relativ einfach durchzuführen ist, zerreißt das Fasten, die Enthaltsamkeit beim Essen, das Gewebe des Gewohnten und wirft Menschen aus ihrer Komfortzone hinaus. Das kann sehr beängstigend sein, denn wir sind gewohnt, Hunger möglichst bald zu befriedigen, und viele Menschen können sich gar nicht vorstellen, nicht wenigstens dreimal am Tag zu essen.

Dennoch macht Fasten sogar Spaß, wenn man sich einmal daran gewöhnt hat. Als Jugendlicher beneidete ich Athleten, die in der Lage waren, riesige Mengen Essen in sich hineinzuschaufeln. Inzwischen merke ich, dass reichhaltige Mahlzeiten mir ein Gefühl von Unbehagen geben und meine spirituelle Empfindungsfähigkeit beeinträchtigen. In der Regel faste ich einmal die Woche und habe den Eindruck, dass die Ruhepause, die ich meinem Verdauungstrakt gönne, einen sehr angenehmen Zustand des Wohlbefindens in mir auslöst.

Wenn du von dieser Vorstellung fasziniert bist, dann besteht die einfachste Form des Fastens darin, nur Orangensaft und Wasser in den gewünschten Mengen zu trinken und sonst 24 bis 36 Stunden nichts anderes zu sich zu nehmen. Wem das zu herausfordernd ist, der kann eine Mono-Diät zu sich nehmen, bei der man nur eine Art von Nahrungsmitteln – Äpfel oder Wassermelonen – für dieselbe Zahl von Stunden zu sich nimmt. Wichtig ist, dabei viel zu trinken, während man nach und nach die Zeitabstände vergrößert, ehe man wieder feste Nahrung zu sich nimmt. Nach und nach wird das Hungergefühl abnehmen und sich nicht mehr wie eine grausame Enthaltsamkeit anfühlen, sondern mehr wie ein ganz neutrales Gefühl. Das Umschwenken passiert, wenn du stattdessen eine zunehmende Vitalität, Klarheit und Ruhe in dir zu spüren beginnst.

Experten haben viele Bücher über das Fasten geschrieben, aber sprich lieber mit deinem Arzt, bevor du mit dem Fasten beginnst, ob es nicht vielleicht dabei irgendwelche körperlichen Einschränkungen zu beachten gibt. Fasten sollte niemals zum Abnehmen eingesetzt werden, da es dazu führt, dass der Stoffwechsel sich verlangsamt, und das ist für das Ziel einer Gewichtskontrolle genau kontraproduktiv. Faste nur aus Gründen der inneren Reinigung oder aus spirituellen Gründen und mach deine Diät auf andere Weise.

Die zweite Praxis der Enthaltsamkeit, Mäßigung, wurde von Buddha als Mittlerer Weg bezeichnet. Als Pfad beschrieben, der genau in der Mitte zwischen sinnlichem Schwelgen und Selbstkasteiung liegt, ist Mäßigung eine Lehre, die wir schon aus reiner Notwendigkeit heraus an die Umstände anpassen müssen. Die Legende erzählt, dass Buddha den Mittleren Weg verstand, als er einmal an einem Flussufer saß und einem Lautenspieler zuhörte, der in einem vorüberfahrenden Boot saß. Er erkannte, dass die Saiten der Laute weder zu straff gespannt noch zu locker sein durften, um einen harmonischen Klang hervorzubringen, und meinte daraufhin, dass dies der korrekte Pfad sei, auf dem man zur Befreiung gelange. Trotz dieser netten Anekdote ist das Zügeln von Lüsten eine ziemliche Herausforderung. Wir tendieren dazu, die Schwierigkeiten unseres Lebens dadurch zu verbessern, dass wir uns in tröstliche Aktivitäten stürzen. Und dennoch geht es ja nicht darum, uns vollständig von jedem vernünftigen Vergnügen zurückzuziehen, sondern der Schlüssel zur Mäßigung ist achtsame Selbstkontrolle, was bedeutet, die rechten Dinge zur rechten Zeit mit der richtigen Haltung zu tun.

Die Praxis der Mäßigung beginnt damit, sich selbst zu beobachten. Beobachten ist kein Codewort für zwanghaft neurotische Kontrolle, sondern die Demonstration von Willen und Intelligenz, die auf kompetente Weise ausgeübt wird. Erforsche also deine Abläufe, um zu erkennen, wo du mit mehr Aufmerksamkeit vorgehen könntest. Nimm wahr, wann du genug hast – von Essen, Trinken Ausruhen, Sport usw. Nimm wahr, wann du dazu neigst, zu viel zu tun, und dann übe, dich zurückzuhalten. Spüre den Gleichmut, der sich einstellt, wenn du deine Gelüste gemeistert hast. Nach und nach werden sich Weisheit und nicht Gewohnheit oder Genusssucht einstellen.

Geistige Aspekte

Die emotionale Anwendung der Enthaltsamkeit besteht nicht darin, dass man gefühlskalt wird, sondern darin, dass man Zufriedenheit behält, wenn man sich von unangemessenen Erwartungen fernhält. Ich benutze oft die Dynamik einer Beziehung, um dieses Konzept zu veranschaulichen. Wer Erfüllung von einem anderen erwartet, der wird oft enttäuscht. Es ist sicher nicht falsch, bestimmte Dinge zu ersehnen, einschließlich eines liebevollen Partners, aber die Schwierigkeiten setzen dann ein, wenn unser Gefühl von Ganzsein von der Zuneigung eines anderen abhängt. Das ist geradezu eine Schnellstraße zu einem Beziehungsdesaster. Liebeshunger ist etwas Natürliches und bringt Menschen auch zusammen, aber in der Tiefe spiegelt er den Hunger der Seele nach der Einheit mit dem göttlichen Geliebten wider. Die Romantik geht schief, wenn Menschen von einem Partner die vollkommene Ergänzung erwarten, die nur Gott schenken kann.

Enthaltsamkeit auf dieser Ebene kann uns also dabei helfen, zu lieben und geliebt zu werden, ohne dass wir uns mit falschen Erwartungen befrachten. Obwohl ähnlich wie die Nichtanhaftung, bezieht sich diese Praxis hier mehr auf die Kontrolle emotionaler Energie, die Erwartungen umgibt.

Hier ist eine Geschichte, die dabei helfen kann, diesen Punkt zu verstehen: Als eifriger Jugendlicher, der im Leben eines Einsiedlers ganz neu war, fragte Yogananda einst seinen Meister, ob er den Ashram verlassen dürfe, um im Himalaya Gott zu suchen. Sri Yukteswar antwortete: *„Im Himalaya leben viele Gottsuchende, aber sie besitzen keine wirkliche Gotteswahrnehmung. ... Weisheit kann man besser von einem Menschen lernen, der Gott verwirklicht hat, als von einem trägen Berg."* Yogananda ging trotzdem, aber verschiedene unglückselige Zwischenfälle zeigten, dass er sich auf einem Irrweg befand, deshalb kehrte er voll Scham in den Ashram zurück. Als er dort ankam, grüßte ihn Sri Yukteswar voll Wärme und begann, für ihn Essen vorzubereiten. Überrascht durch so viel Freundlichkeit fragte Yogananda, warum ihn sein Guru nicht stattdessen zurechtgewiesen habe. Sri Yukteswar antwortete: *„Zorn entspringt nur aus durchkreuztem Verlangen. Ich erwarte nichts von anderen, deshalb können ihre Handlungen nicht in Gegensatz zu meinen Wünschen treten. Ich würde dich nie für meine eigenen Zwecke benutzen. Ich bin nur glücklich, dass du selbst wirklich glücklich bist."*

Durch dieses Ereignis entdeckte Yogananda die wahre Bedeutung und den Beweis für die bedingungslose Liebe. Enthaltsamkeit, wenn man sie in richtiger Weise durchführt, befreit die Energie und erlaubt ihr, sie in der höchsten Weise anzuwenden. Im Falle von Emotionen produziert sie innere Freiheit und vermittelt persönliche Gelassenheit und einen milden Geist.

Spirituelle Aspekte

Mein Vater pflegte oft lapidar zu sagen: *„Man muss geben, wenn man etwas bekommen will."* Enthaltsamkeit in spirituellen Dingen bedeutet, nur Disziplinen auszuwählen, um göttliche Ziele zu erlangen. Enthaltsamkeit in diesem Sinn ist keine Funktion grandioser oder schmerzvoller Darstellungen wie das Liegen auf einem Nagelbrett. Nein, Enthaltsamkeit in ihrer höchsten Form bedeutet, sein Ego zum Opfer zu bringen, sowie die Abkehr von Energien, die ein falsches Selbst nähren, um stattdessen die Verwirklichung des ewigen Selbst zu kultivieren. Dennoch ist es sogar hier nötig, bei solchen Bemühungen Extreme zu vermeiden und achtsam zu bleiben, wenn man sie ausübt. Zu oft werden die Mittel, um eine innere Achtsamkeit zu entwickeln, für die Ziele genommen und ersetzen die eigentlichen Gründe, für die sie anfänglich unternommen wurden. Im Westen kann dieser Zustand sehr oft in yogischen Kreisen angetroffen werden, wo es beim „Yoga machen" hauptsächlich darum geht, körperzentrierte Hatha-Yoga-Übungen zu vollziehen und nicht dem wahren Zweck von Yoga – die Seele mit dem göttlichen Geist zu vereinen – nachzustreben, dem Hatha-Yoga dienen soll, das er aber nicht ersetzen kann.

Dieser falsche Weg kann sich in vielerlei verschiedenen Weisen zeigen. Eine Freundin beispielsweise erwähnte einen Workshop, von dem sie gehört hatte, bei dem man die Praxis des Mantrasingens mit Tantra verbinden lernen sollte. Sie kicherte, denn dies waren Code-Worte für ein spirituell gewürztes Sextraining, das man alternativ auch mit „Chanten und Japsen" betiteln konnte. Und ganz sicher ist da etwas nicht ganz richtig, wenn man altehrwürdige Disziplinen für schändliche Zwecke vereinnahmt. Für den Fall, dass ich allzusehr vom Thema abschweife – Enthaltsamkeit ist kein Ziel in sich selbst, sondern eine Sprosse einer Leiter bei der Selbstentwicklung, die jeden erhebt, der sie auf rechte Weise anwendet, um Erleuchtung zu erreichen.

Die fünf Enthaltsamkeitsformen, die ich im Folgenden aufliste, sind sanfte, wenn auch bedeutsame Techniken, die nützlich sind, wenn man sie richtig ausübt. Obwohl sie vielleicht für vollständige Anfänger ziemlich herausfordernd scheinen können, ermutige ich auch solche Menschen, sie auszuprobieren, wenn auch nur schrittweise. Praktiziere das, was dich anzieht, so lange, wie du dich angenehm damit fühlst, und schon nach einiger Zeit wirst du die Übungen wirklich lohnend finden. Auch Babyschritte können zu großen Ergebnissen führen.

- Faste einmal wöchentlich mit Orangensaft und Wasser und faste einmal monatlich drei aufeinanderfolgende Tage lang.
- Übe Mäßigkeit in allen Dingen: beim Sport, bei deiner Ernährung, in deiner Arbeit, mit deinen Freunden usw.
- Übe dich darin, einmal pro Woche zu schweigen – den ganzen Tag. Wenn du wieder anfängst zu sprechen, dann sprich nur achtsam.
- Meditiere zweimal pro Tag, und meditiere dann und wann zwischen drei und sechs Stunden lang.
- Halte dich entfernt von Klatsch und negativen Gedanken oder Gefühlen.

Die folgende Affirmation ist nützlich, um eine innere Ausrichtung der Enthaltsamkeit zu fördern:

Durch meinen Willen und meine Weisheit kontrolliere ich mich selbst, um mein Selbst zu befreien.

Der Kodex, der in den letzten beiden Kapiteln dargestellt wurde, ist ein umfassendes Werkzeug für deine spirituelle Entwicklung. Es kann dir zeigen, wie du in der Welt leben kannst, ohne von der Welt eingenommen zu werden. Wenn du dich auf diese zehn Grundsätze in Worten und Taten einlässt, dann förderst du deine Selbstverwirklichung und lebst in Übereinstimmung mit der Lehre von der göttlichen Einheit. Da sie so wichtig sind, schickt es sich für uns, unsere Übersicht mit einer integrierenden Zusammenfassung zu beschließen.

Die Elemente des Nichttuns sind Gewaltlosigkeit, nicht lügen, nicht stehlen, nicht sinnlich sein und nicht anhaften/nicht gierig sein. Während es viele Schichten dieser Unterlassungen gibt, kann uns eine knappe Interpretation zeigen, wie Gewaltlosigkeit Harmonie herstellt, nicht lügen Wahrheit erzeugt, nicht stehlen das kosmische Gesetz aufdeckt, Nichtsinnlichkeit die Seelenfreude erweckt und nicht gierig sein Freiheit bedeutet. Die fünf vorgeschriebenen Handlungen umfassen Reinheit, Genügsamkeit, Zufriedenheit, Hingabe an den göttlichen Geist und Selbsterforschung. Reinheit reinigt den Geist und das Herz, Genügsamkeit begünstigt Selbstkontrolle, Zufriedenheit stellt Gleichmut her, Hingabe an den göttlichen Geist zieht Gnade an und Selbsterforschung erleichtert die Selbstverwirklichung.

Jede Eigenschaft steht in einer komplexen Verbindung mit jeder anderen: Reinheit mit Nichtsinnlichkeit, Zufriedenheit mit nicht gierig sein, Genügsamkeit mit nicht stehlen, Selbsterforschung mit nicht lügen und Gewaltlosigkeit mit Hingabe. Natürlich sind sie alle noch in viel umfangreicherer Weise miteinander verbunden und bilden zusammen ein integratives System des Selbstmanagements, das das Beste in jedem herausbringt, der es praktiziert. Besonders wichtig aber ist, dass diese Vorschriften einen Lebensstil erzeugen, der dem göttlichen Geist gewidmet ist. Jedes Element ist ein Werkzeug für die innere Verfeinerung und das innere Erwachen. Wende sie an und beobachte die positiven Veränderungen, die dir und durch dich geschehen. Deine Bemühungen – in Gedanken, Worten und Taten – sind wichtig, denn indem wir heller werden, werden auch andere von ihrer Dunkelheit befreit. Durch die Kraft des Einen werden viele emporgehoben.

Wir selbst erzeugen unser Schicksal. Wenn unser Geist auf die richtige Weise gelenkt wird, dann eilen wir zu Gott, wenn wir falsch geleitet werden, dann sinken wir tiefer in die Welt der Täuschung hinein. Lerne darum, dich richtig zu verhalten! Reinige dein Bewusstsein durch dein rechtes Verhalten und erreiche so das Königreich in deinem Inneren.

Kapitel 8

— • —

Energie: Die Lebenskraft
aufbauen und ausrichten

E in sehr bedeutsames Element für den Erfolg bei jeder spirituellen Bemühung ist der Aufbau und die Ausrichtung von Energie. Auch wenn nicht jeder meine kindliche Vorliebe für Comic-Bücher teilt, erfreuen sich doch die meisten Menschen an Helden und ihren Eigenschaften, die sie repräsentieren. Ich habe schon seit langem den Verdacht, dass die Fantasie ein übersinnlicher Vorbote von Wirklichkeit ist und dass Mythen und Märchen, von der Odyssee des Homer bis zu Superman, eine geheime Quelle von unbewussten Archetypen der Seele in sich tragen. Das Heilige mit dem Fantastischen zu kombinieren, scheint vielleicht unrealistisch zu sein, aber wir projizieren oft durch Erzählungen und Legenden nach außen, was wir innerlich in uns tragen.

Helden zeichnen sich durch ihre Prüfungen und ihr Suchen aus, Titanen in den Comics erscheinen oft nach spektakulären Transformationen. Im wirklichen Leben werden Heilige im Feuer hingebungsvollen Durchhaltevermögens und trotz außergewöhnlicher Umstände geschmiedet. Epische Schlachten zwischen Licht und Dunkelheit, die auf der inneren Bühne der Fantasie stattfinden, spiegeln den spirituellen Wettkampf zwischen Gut und Böse in uns wider. Wo Comic-Helden Superkräfte einsetzen, um Bösewichte zu bekämpfen, rechnen die geheiligten Seelen mit der Selbstverwirklichung, um die Macht der Illusionen zu durchbrechen. Und wirklich göttliche Champions in der Verkleidung erleuchteter Meister werden von Zeit zu Zeit in vollster Absicht auf diesen Planeten geschickt, wenn es hier Zeiten besonderer Dunkelheit gibt, damit sie das Licht erzeugen und andere inspirieren können:

„Wann immer die Tugend abnimmt und das Laster vorherrscht, werde Ich mich auf der Erde inkarnieren. Indem Ich sichtbare Form annehme, komme Ich, um das Böse zu zerstören und die Tugend wiederherzustellen." (1)

„Denn Gott sandte Seinen Sohn nicht in die Welt, um sie zu verdammen, sondern damit die Welt durch ihn gerettet würde." (2)

Die Zutaten zu einer wahrhaften Heldenmacht – ob nun real oder aus dem Reich der Fantasie – sind Energie, Wille und Absicht. Energie ist Macht, der Wille ordnet diese Macht und die Absicht lenkt sie, ob nun zum Guten oder zum Schlechten. Hitler demonstrierte die dunkle Seite dieser Energie, während Jesus, Buddha und Krishna ausschließlich die Lichtseite hervorbrachten. Da uns meist eine solche Energie fehlt, treiben wir meist durch unser Leben, ohne dass wir einen bleibenden Einfluss erreichen, mit dem wir unser eigenes Schicksal beeinflussen könnten.

Energie, die auch als Lebenskraft bekannt ist und auch Chi, Qi oder Prana genannt wird, muss gefördert und kanalisiert werden, damit sie sich nutzbringend auswirkt. Das zu tun, erfordert eine geeignete Ausbildung, die Entfernung von Blockaden und eine richtige Anwendung.

Wie man die Energie kultiviert

Dieser Prozess erfordert ein ganzheitliches Verständnis davon, was überhaupt die Quelle dieser Energie ist, des Weiteren, wie man sie in der richtigen Weise nutzt und sie wirksam anwendet.

Wie schon wiederholt gesagt, ist die Schöpfung untrennbar mit dem Schöpfer verbunden. Der schöpferische Akt beginnt mit einem kreativen Gedanken des göttlichen Geistes, wird dann zu allgegenwärtiger Energie kondensiert – der feinstofflichen Kraft, die die gesamte Schöpfung durchzieht und belebt – und konkretisiert sich dann in immer dichteren Schwingungsformen, die sich irgendwann als kausale, astrale und physische Bereiche manifestieren. Kurz gesagt, die Quelle der Energie ist der göttliche Geist.

Sportliche Betätigung wird gemeinhin als Schlüsselzutat zum Wohlbefinden angesehen. Sie ist aber, auch wenn sie sicher zur körperlichen Gesundheit beiträgt, nicht unbedingt ein Transportmittel für die Lebenskraft. Diese stützt sich ausschließlich auf den Glanz der kosmischen Energie, den jedes menschliche Wesen umgibt und durchdringt. Keiner von uns könnte ohne diese Energie leben. Um dies zu verdeutlichen: Genau wie Spielzeugflugzeuge, Autos und Boote von Funkwellen betrieben werden, werden Menschen auf ganz ähnliche Weise von einem universellen Lebensstrom versorgt. Diese Energie wird ganz individuell je nach Individuum in Mengen verteilt, die für ihn zum Leben notwendig ist, kann jedoch erhöht werden, um die Geist-Körper-Funktionen anzukurbeln und, was noch wichtiger ist, das innere Wachstum zu fördern.

Um diese Energie-Menge zu erhöhen, gibt es verschiedene Wege, wie man sie oft in yogischen oder T'ai Chi-Übungen findet, die sich auf die Kontrolle und die Entwicklung der Lebenskraft spezialisiert haben. Wenn mich jemand fragt, welches der beiden Systeme für diesen Zweck am besten geeignet ist, dann zögere ich. Denn beide haben ihre positiven Seiten und können, je nach der eigenen Vorliebe, gewählt werden. Es ist klüger, sich erst einmal mit den Details der beiden Methoden zu beschäftigen und ihre Lehrer oder Schüler kennenzulernen, um zu sehen, ob sie auch die versprochenen Wirkungen der Methode aufweisen.

Ich persönlich setze eine Folge von Übungen dafür ein, die aus meiner Tradition kommt, um den Geist-Körper zu beleben. Die Prinzipien dieser Energetisierungs-Serie, die von Paramhansa Yogananda im Jahr 1916 entwickelt wurde, sind solide und gesund und sie unterstützen sowohl das Wohlbefinden wie auch das Gefühl von Belebung. Ich werde sie weiter unten genauer vorstellen, möchte aber zunächst darauf hinweisen, dass energieverstärkende Übungen, ganz gleich aus welcher Tradition, immer nur in Verbindung mit Mediation eingesetzt werden sollten, um die innere Verwirklichung zu fördern.

Der Schlüssel zu solchen Übungen liegt im allgemeinen im eigenen Willen, im Atem, in Bewegungen oder, wie in der Yogananda-Methode, in der bewussten körperlichen Anspannung. Willenskraft ist dabei entscheidend, denn sie aktiviert die Lebenskraft, die den Körper umgibt, und durch besondere Atemformen, Bewegung oder Anspannung werden wir davon durchdrungen. Diesen

Prozess in seiner ganzen Fülle zu verstehen, erfordert ein gewisses Verständnis der Lehre von den Chakras, da sie unsere inneren Energiezentren darstellen. Der Begriff **Chakra** kommt aus dem Sanskrit-Wort **cakra** und ist der früheste Hinweis auf dieses Phänomen in den vedischen Upanishaden, den man finden kann. Wie wichtig die Chakras für das Funktionieren von Geist, Seele und Körper sind, kann man auch daran sehen, dass in den esoterischen Lehren aller großen Religionen auf sie Bezug genommen wird: im Buddhismus, im Judentum, im Taoismus, im Islam und selbst in den mystischen Zweigen des Christentums.

Chakra bedeutet „Rad" oder „Kreis" und bezieht sich auf ein Energiezentrum, das den Körper und den Geist beseelt und erhält. Die Chakras sind in einer aufsteigenden Folge im Körper vorhanden – von der feinstofflichen Wirbelsäulenbasis bis zum höchsten Punkt des Kopfes, und jedes von ihnen besitzt eine bestimmte Farbe und einen Klang und hat einen körperlichen, geistig-emotionalen und spirituellen Einfluss auf den Menschen. Chakras besitzen ebenfalls zwei energetische Pole, einen negativen und einen positiven Pol. Das sechste Chakra ist für die Dynamik der Energien zentral, denn es ist das wichtigste Zentrum, durch das die Lebenskraft den Körper betritt und dann durch den ganzen Körper gelenkt wird. Seinen negativen Pol finden wir an der Schädelbasis an der Medulla oblongata, während sich der positive Pol am Zentrum des spirituellen Auges zwischen und leicht über den Augenbrauen befindet.

Unter anderem ist das sechste Chakra das Zentrum des Willens und das Tor, das ermöglicht, dass zusätzliche Energie in den Körper strömt. Dies wird durch die rechte Haltung, durch Absicht und die Anwendung der korrekten Technik erreicht. Die Energetisierungsübungen nutzen dafür einen Prozess, der den konzentrierten Willen und bewusste Anspannungs-Entspannungsformen einsetzt, um Energie in spezielle Körperbereiche einströmen zu lassen. So einfach sie auch scheinen mag, ist die Theorie nicht. Der Prozess beinhaltet nämlich, dass man die Vitalkräfte, die den Körper unaufhörlich umgeben, in bestimmte Bereiche zieht, und das nur durch den Einsatz der Muskeln. Dieser Muskeleinsatz aktiviert dann einen Prozess, der die Ströme der Lebensenergie durch die Medulla oblongata zum Gehirn kanalisiert, sie dann durch die feinstofflichen „Straßen" des inneren Kreislaufsystems – der Nadis oder Meridiane – schickt und sie dann in das körperliche Nervensystem eintreten lässt und dort in den damit zusammenhängenden Körpergeweben verteilt. Andere Methoden der Energiezirkulierung kommen vielleicht auf anderem Wege zu ähnlichen Ergebnissen, das darunterliegende Prinzip jedoch ist bei allen dasselbe.

Bevor ich das weiter erläutere, lasst mich zunächst eine Erfahrung schildern, die ich einmal mit den Energetisierungsübungen nach einem Flug über den Atlantik gehabt habe. Wie dies oft bei solchen Reisen der Fall ist, war mein Schlafrhythmus sehr durcheinandergekommen. In diesem Fall nun kamen meine Frau und ich in Amsterdam mit genügend Zeit an, um ein Museum zu besuchen, bevor wir unseren Anschlussflug nehmen mussten. Unglücklicherweise jedoch führte der Jetlag dazu, dass ich mich sehr schwindelig fühlte, und die Vorstellung, nun auf einen Stadtführungstrip zu gehen, erschien mir weder sehr anziehend noch in meinem Zustand wirklich sinnvoll. Unter den gegebenen Umständen bestand wohl das beste Vorgehen – wenn wir überhaupt den Ausflug durch Amsterdam retten wollten –, darin, irgendwo einen Rückzugsort zu finden, wo ich meine Energetisierungsübungen machen konnte. Glücklicherweise fanden wir einen solchen Ort, ich machte meine Übungen und spürte sofort eine positive Wirkung. Meine Vitalität kehrte in mein System zurück, eliminierte bis auf wenige Rückstände all meine Erschöpfung, und vor allem hörte der Schwindel sofort auf. Ich konnte voller Freude und Enthusiasmus auf den Stadtführungstrip gehen.

Obwohl sie also auch einen direkten nutzbringenden Effekt auf den Körper und auch auf den Geist haben, muss ich zu meinen Regeln stehen und ausführen, dass diese energiefördernden Übungen natürlich in erster Linie dazu dienen sollen, Meditation und inneres Wachstum zu unterstützen. Diese korrekte Perspektive zu behalten, auch wenn die Übungen anderweitig einsetzbar und förderlich sind, scheint mir notwendig, um die Möglichkeiten von Verstrickungen zu vermeiden, über die wir weiter oben gesprochen haben.

Energieblockaden überwinden

Stellt euch den Körper als eine komplexe bio-energetische Maschine vor. Obwohl dies kein sehr romantisches Bild ist, ist sie nichtsdestotrotz wahr. Und wie bei anderen mechanischen Systemen können Blockaden im Zuleitungssystem oder in der Energiezufuhr die Funktion dieses Systems beeinträchtigen. Da der Körper grundlegend von Lebenskraft betrieben wird, können Energieblockaden hier die Funktionsfähigkeit des Körpers deutlich beeinträchtigen. Krankheiten, die solche Blockaden verursachen, können beispielsweise Wirbelsäulenschäden sein, Nerveneinklemmungen, eine schlechte Ernährung, Verletzungen oder negative oder unharmonische innere Haltungen.

Um Selbstverwirklichung zu erreichen, sollte man seinen Körper gut mit Energie versorgen, ohne dass man zu sehr über ihn wacht oder an ihm hängt. Ein geeigneter „Treibstoff", wie Nahrung oder Energie, ist zudem wichtig, um die Ausscheidung von Abfallprodukten aufrechtzuerhalten oder um die Organe und Gliedmaßen gesund zu erhalten. All dies fördert einen wirksamen Fluss der Elektrizität durch die Nerven und Meridiane und ist von ausschlaggebender Bedeutung für ein optimales Funktionieren von Körper, Geist und Seele.

Ernährung

Obwohl Nahrung nicht für jeden eine hohe Priorität besitzt, führt die Wahl einer geeigneten Ernährungsform zu einem qualitativen Unterschied im Menschen, sowohl was seine Stimmungen als auch was seine Leistungsfähigkeit angeht. Fragt doch einmal die Coaches von Berühmtheiten, ob sie sich nicht darum kümmern, was ihre Kunden oder Teammitglieder essen. Eine optimale Ernährungsweise für eine spirituelle „Leistungsfähigkeit" besteht aus Nahrungsmitteln, die einen erhebenden oder hochschwingenden Einfluss besitzen und das System nicht verstopfen, also vor allem Früchte, Gemüse, Nüsse, Vollkornprodukte und Milchprodukte, wenn dein Körper all dies vertragen kann. Rotes Fleisch, raffiniertes Mehl, Zucker, ungeeignete Fette, Stärken und verarbeitete Produkte sollten vermindert, wenn nicht ganz aus der Ernährung ausgeschlossen werden. Esst, was nahrhaft ist, und nicht einfach das, was scheinbar gut schmeckt. Nehmt Nahrungsergänzungsmittel zu euch, wenn eure Ernährung nicht alles enthält, was ihr braucht. Nahrungsergänzungsmittel sind vielleicht sogar für jeden ratsam, denn viele Nahrungsmittel, die wir heute essen, kommen aus Quellen, die ihren Nährwert beeinträchtigt haben, aber achtet auch hier auf ein gesundes Gleichgewicht. Wählt eine für euch passende, gesunde Ernährung aus und dann bleibt dabei. Für mehr Informationen über dieses Thema empfehle ich euch das Buch *Eating Well for Optimum Health: The Essential Guide to food, Diet and Nutrition* von Andrew Weil (deutsch: *Besser leben aus eigener Kraft*). Er ist eine Autorität auf diesem Gebiet und sein ganzheitlicher Ansatz macht ihn zu einer wertvollen und ausbalancierten Quelle.

Ausscheidung

Nur wenige Dinge fühlen sich so unangenehm an wie eine Verstopfung. Glücklicherweise kann man sie mit einer Ernährung, die viel Wasser enthält, meist beseitigen. Wenn du in dieser Hinsicht Probleme hast, dann sprich mit deinem Arzt oder Heilpraktiker darüber. Ganz gleich, wie dieses Thema angegangen wird – durch eine Veränderung deiner Ernährungsweise, durch mehr Sport oder durch eine Wirbelsäulenkorrektur – das Ziel besteht immer darin, dass du regelmäßig die Giftstoffe aus deinem Körper entfernst. Hier sind einige grundlegende Tipps, um dir dabei zu helfen, dass dein System gut funktioniert:

Fasten

Einmal pro Woche einen Tag lang und drei aufeinanderfolgende Tage jeden Monat zu fasten, ist gewöhnlich für jeden ziemlich sicher. Orangensaft ist hervorragend, um viele Unreinheiten aus dem System zu entfernen, einschließlich solcher, die durch ein Übermaß an Fleischverzehr im Körper entstanden sind. Pampelmusensaft kann ebenfalls dabei helfen, die Ausscheidung anzukurbeln. Ballaststoffreiche Hilfsmittel wie Flohsamen, Haferkleie oder Leinsamen können mit Wasser oder Saft vermengt und eingenommen werden, um den Ausscheidungsprozess zu fördern, wie dies auch natürliche Abführmittel tun. Letztere jedoch sollten nur während einer Fastenperiode eingenommen werden. Wenn du aufhörst zu fasten, dann nimm auch keine Abführmittel mehr, es sei denn, dein Arzt verordnet und verschreibt sie dir.

Atmung

Richtiges Atmen ist für die körperliche Gesundheit, für geistige Ruhe und für die spirituelle Praxis von ausschlaggebender Bedeutung. Nicht nur bringt sie mehr Sauerstoff ins Blut, sondern leitet auch Abfallprodukte des Stoffwechsels aus dem Körper, kurbelt die Funktion des Körper-Geistes an und unterstützt die Aufnahme und Zirkulation der Lebenskraft im Körper, sodass die Konzentrationskraft auf die Meditation verschärft wird. Die energetischen Elemente, die mit dem Atmen verbunden sind, werden in yogischen Disziplinen sehr hochgeschätzt und empfohlen.

Hier ist eine sanfte sichere Atemübung, mit der man anfangen kann:

- Atme vollständig durch die Nase aus, während du innerlich von eins bis sechs zählst.
- Wenn deine Lungen ganz leer sind, dann halte den Atem an und zähle erneut von eins bis sechs.
- Atme dann ganz langsam durch die Nase ein, zähle dabei wieder von eins bis sechs.
- Halte den Atem an, zähle dabei von eins bis sechs.
- Das ist eine Runde. Wiederhole diesen Zyklus elf Runden lang.

Diese Übungsfolge kann dreimal am Tag ausgeführt werden. Längere Atemrhythmen wie acht-acht oder zehn-zehn können auch geübt werden, aber es ist klug, nicht über einen Rhythmus von zwölf-zwölf hinauszugehen. Stelle sicher, dass das Verhältnis von Ein- und Ausatmen sowie Atem anhalten und Atempause bei jeder Form, die du wählst, gleichmäßig bleibt.

Baden

Die meisten Menschen fühlen sich nach einem Bad oder einer ausführlichen Dusche besser. Besonders wenn man vorher einen Luffahandschuh benutzt hat, um sich abzurubbeln, ist Baden oder Duschen hervorragend geeignet, um Schmutz aus den obersten Hautschichten zu entfernen, abgestorbene Hautzellen zu beseitigen und Giftstoffe zu lösen, die durch die Poren nach außen treten können. Das elektromagnetische Feld um den Körper wird durch das Wasser gereinigt, zudem wird auch die Aura vom Wasser gereinigt und wenn man in seine Badewanne Mineralsalze gibt, bevor man darin badet, dann kann dies auch therapeutische Wirkungen haben. Obwohl dies also eine simple Handlung ist, kann Baden oder Duschen einen wirklich großartigen Beitrag zum Wohlbefinden leisten.

Nervensystem und Kreislauf

Den vielleicht wichtigsten Bereich der Energieblockaden kann man im körperlichen und feinstofflichen Nervensystem finden. Wie schon weiter oben beschrieben, transportieren die Nadis oder Meridiane die Lebensenergie in die sensomotorischen Nerven, die wiederum einen elektrischen Strom durch den gesamten Körper senden. Beide sind lebenswichtig für das richtige Funktionieren des Gesamtsystems. Wenn die körperlichen Nerven verletzt oder ihr Strom durch eine Wirbelsäulen-Fehlhaltung unterbrochen ist, solltest du möglichst schnell eine Behandlung bei einem geeigneten Gesundheitsberater wie einem Physiotherapeuten, einem Neurologen, einem Osteopathen oder einem Chiropraktiker bekommen. Auch ein Akupunkteur oder eine Heilerin, die mit Energie arbeitet, kann konsultiert werden, wenn die feinstoffliche Lebensenergie blockiert oder verstopft ist. Das Ziel jeder energiebezogenen Behandlung oder jeder Behandlung des Nervensystems besteht darin, den Kreislauf der Lebenskraft ins Gleichgewicht zu bringen und die Nervenübertragung vollständig wiederherzustellen. Wenn das erreicht wird, dann herrscht ein Gefühl von körperlichem und geistigem Wohlbefinden im ganzen System vor.

Der richtige Einsatz der Energie

Wie man seinen Körper gesund erhält, ist kein dramatisches Geheimnis. Die Grundlagen bestehen aus einer guten Ernährung, Sport und ausreichender Ruhe. Da die Beziehung zwischen Geist und Körper etwas sehr Reales ist, sollte man eine positive geistige Haltung ebenfalls bewahren. Da wir das Thema Ernährung schon kurz erwähnt haben, lasst uns jetzt einmal zu den Themen Sport, Ausruhen und der rechten Haltung kommen.

Sport

Betreibt in gemäßigter Weise eine aerobische, schweißtreibende Sportart, mindestens drei und höchstens sechs Tage in der Woche. Jede Aktivität sollte zwischen 20 und 60 Minuten lang dauern. Macht zwischen den einzelnen Aktivitäten nicht mehr als zwei Tage Pause. Wenn möglich, fügt dem sonstigen Sport auch Sportarten hinzu, bei denen ihr es mit einem Widerstand zu tun habt, etwa Gewichtheben oder kraftvolle Gymnastik, und vergesst die Übungen zur Erhaltung der Flexibilität nicht. Wenn ihr keine Gewichthebe-Übungen macht, dann kann das die Knochendichte und den Muskeltonus vermindern, die mit zunehmendem Alter oder hormonellen Veränderungen abnehmen. Dehnende Übungen erhalten die Beweglichkeit und helfen, Stress zu vermindern. Sport muss beständig ausgeführt werden, wenn er wirkungsvoll sein soll, deshalb macht euch ein Programm, das zu eurem Stundenplan passt und euch Spaß macht, sodass ihr es dauerhaft ausführen könnt.

Ruhe

Ausreichender Schlaf ist für das Nervensystem und für alle Körperfunktionen wichtig. Experten raten, dass nicht alle Altersgruppen dieselbe Stundenanzahl schlafen sollten, aber insgesamt ist die Qualität der Ruhe wichtiger als die Menge der Zeit, die ihr im Bett verbringt. Während viele Erwachsene jede Nacht wirklich acht Stunden Schlaf benötigen, kann es sein, dass man sich schon nach sechs oder sogar vier Stunden ausreichend erfrischt fühlt – dann ist das auch genug. Die dem Körper innewohnende Intelligenz wird schon ein Gleichgewicht herstellen, wenn man nicht mit zu viel Kaffee oder anderen anregenden Getränken dazwischenfunkt. Wenn ich gerade von Gleichgewicht spreche – nehmt euch auch Zeit für Schläfchen, denn sie sind immer wieder als äußerst erfrischend erkannt worden und besitzen leistungssteigernde Wirkungen. Kümmert euch also darum, was der Körper braucht, um sich vital und enthusiastisch zu fühlen.

Einstellung

Die Forschung hat nachgewiesen, dass es eine Korrelation zwischen der Einstellung eines Menschen und seinem Immunsystem gibt. Eine negative Einstellung macht uns anfälliger für Erkältungen und Grippe. Wut und Angst lösen bestimmte Chemikalien aus, die ins Blut entlassen werden und die im Laufe der Zeit schädlich sein können und mit verschiedenen akuten und chronischen Krankheiten in Verbindung gebracht wurden. Auf der anderen Seite des Spektrums werden positive geistige Einstellungen mit Langlebigkeit, einer verbesserten Stress-Reaktion und besserer Herz-Kreislauf-Gesundheit verbunden. Wie der heilige Paulus schon schrieb: „*Und zum Schluss, liebe Gemeinde, was immer auch wahr ist, was immer auch ehrlich ist, was immer auch gerecht ist, was immer auch rein ist, was immer auch liebenswert ist, was immer einen guten Ruf genießt – wann immer es irgendeine Tugend gibt, die ihr wertschätzen könnt, dann denkt an diese Dinge.*" *(3)* Und du wirst wahrscheinlich auch eine bessere Gesundheit bekommen.

Energieverlust vermeiden

Energie im ausreichenden Maße zu haben, bereichert das persönliche, berufliche und spirituelle Potenzial. Energieverlust dagegen ist ebenso einflussreich, aber genau in der anderen Richtung. Deshalb vermeidet sorgsam alles, was unsere vitalen Ressourcen vermindert. Die drei wichtigsten Energieräuber sind: zu viel Essen, Sex und Negativität.

Zu viel Essen

Die Ernährungsaspekte unseres Essens haben wir bereits kurz angesprochen. Jetzt wollen wird uns mit einer Ernährung beschäftigen, die zu einem Energieverlust führt. Missbrauch von Essen, sowohl was die Art als auch was die Qualität angeht, veranlasst den Körper, sich zuzumachen. Vergleicht einmal, was geschieht, wenn ihr zum Mittagessen einen Gemüsesalat esst oder einen Teller Lasagne. Das letztere wird wahrscheinlich eine nicht geringe Müdigkeit in euch verursachen und euch dazu bringen, dass ihr euch am liebsten zum Schlafen hinlegt. Es ist nicht die Pasta, die schlecht ist, sondern schweres Essen braucht einfach mehr Energie zur Verarbeitung als leichtere Mahlzeiten. Die Regel, der man folgen sollte, heißt: Iss, um zu leben, lebe nicht, um zu essen. Nimm nur gemäßigte Portionen zu dir und wähle Nahrungsmittel, die zu deinen Bedürfnissen passen und in Übereinstimmung mit den Ernährungsempfehlungen stehen, die ich weiter oben gegeben habe.

Vermeidet, zu viel zu essen. Vermeidet auch, zu schnell zu essen. Der Magen braucht etwa 20 Minuten, um zu merken, dass er satt ist, also schiebt euren Stuhl vom Esstisch zurück, wenn ihr euch gut und befriedigt fühlt. Zu üben, weniger zu essen, ist eine Herausforderung, weil Nahrungsmittel oft dazu dienen, dich zu belohnen oder dich zu trösten. Wie auch immer – der Lohn einer schmaleren Taille und einer größeren Vitalität ist der Mühe mehr als wert.

Sex

Sex wird heute oft betrachtet, als wäre es eine Art Sport. Die Teilnehmer werden danach beurteilt, wie gut sie sind, wie oft sie können und wie talentiert sie dabei sind. Wenn Sex eine olympische Disziplin wäre, dann würde sie zweifelsohne die meisten Athleten anziehen. Von einer biologischen Perspektive aus betrachtet, ist Sex eine Handlung, die ausschließlich dem Zweck dient, Kinder zu zeugen. Das ist eine Ansicht, die manche Menschen lieber ignorieren oder auch die sie benutzen, um ihre Kinder so lange wie möglich vor Schwierigkeiten zu bewahren. Von einer emotionalen Ebene aus betrachtet, kann Sex ein Mittel sein, die beiderseitige Intimität zu teilen oder romantische Gefühle zum Ausdruck zu bringen. Und nur allzu oft ist Sex der primäre Antrieb, wenn Menschen danach streben, Erfüllung zu finden. Männer im Besonderen scheinen unendlich kreativ dabei zu sein, Wege zu finden, wie sie möglichst oft Sex haben können. Sex aber braucht eine unglaubliche Menge Lebenskraft und der Trend der Moderne geht leider dahin, eine uneingeschränkte hemmungslose sexuelle Aktivität für positiv zu halten: Je öfter, desto besser, wenn das deine Vorliebe ist. Sich beim Sex zurückzuhalten, steht nicht einmal auf dem Speiseplan der Verhaltensoptionen.

Aber von einem metaphysischen Standpunkt aus betrachtet, laugt zu viel Sex die Vitalität aus und kann eine nachträgliche Wirkung auf das Nervensystem haben, wenn er zu exzessiv ausgeübt wird. Spirituelle Schulen sprechen sich daher für eine Selbstkontrolle, Mäßigung oder gar für einen Verzicht auf Sexualität aus, um die Gesundheit von Körper und Geist zu erhalten und sich spirituell weiterzuentwickeln. Die Befürworter eines Zölibats argumentieren, dass die Abstinenz ein Potpourri von nutzbringenden Eigenschaften mit sich bringt: innere Erkenntnisse, geistigen Frieden, ein besseres Gedächtnis, innere Stärke, Willenskraft, Erkenntnis, Vitalität und Gleichmut. Die Kontrolle der sexuellen Energie soll ebenfalls, so sagt man, die übersinnliche Wahrnehmung begünstigen, was letztlich befriedigender sei als die Erfahrung mit weltlicher Freuden.

Ich kann mir denken, dass dieses Thema ein Minenfeld ist, denn Menschen finden immer Wege, für alles rationale Gründe zu finden, was sie tun wollen.

Das verleugnet nicht den subtilen Einfluss, der damit einhergeht, dass man seine Energie sexuell vergeudet. Da der Sexualtrieb so vorherrschend im Menschen ist und gleich nach dem Selbsterhalt kommt, kann eine Unterdrückung dieses Triebes zu ernsthaften psychologischen oder gesellschaftlichen Problemen führen. Deshalb kann man Menschen, die es ernst mit ihrer spirituellen Ausbildung meinen, nur raten, sich zu mäßigen. Die Sublimierung sexueller Energien muss schrittweise geschehen und willentlich erfolgen, um sich den vorhandenen Zwang abzugewöhnen. Diese Energie kann dann mit der rechten Haltung, dem rechten Verständnis und der richtigen Technik umgewandelt werden.

Die Energie der Sexualität in andere Kanäle umzuleiten, kann so hochverfeinerte Wahrnehmungszustände hervorbringen, dass eine sexuelle Aktivität demgegenüber zu solchen Zeiten geradezu unerwünscht erscheint. Ich persönlich kann bestätigen, dass diese Erfahrung real ist, und habe selbst bemerkt, dass die Umlenkung sehr anziehend sein kann und nicht negativ. Dennoch – wie bei allem, was mit spirituellem Wachstum zu tun hat – gibt es eine Zeit, in der diese Art Experiment gemacht werden kann. Bis dahin ist es am besten, wenn man Mäßigung praktiziert und nicht ein Thema forciert, für das man noch nicht wirklich bereit ist.

Negativität

Die medizinische Wissenschaft hat festgestellt, dass es eine ganz klare Beziehung zwischen innerer Einstellung und Gesundheit gibt. Negativität zum Beispiel beeinträchtigt die Körperfunktionen, während positives Denken sie verbessern kann. Diese Beziehung gilt auch für das Spirituelle. Enthusiasmus stimuliert die Willenskraft, was wiederum eine erhöhte Lebensenergie hervorbringt, die man aufnehmen kann. Fröhliche Menschen sprudeln oft vor Energie nur so über, während das Umgekehrte für Menschen gilt, die eine unharmonische Haltung in sich tragen. Negativität vermindert die Verteilung der Vitalkraft im Körper und verursacht Erschöpfung, Unruhe und schwächende Launenhaftigkeit. Denkt daran, wie wir müde werden, wenn wir mit unerwünschten Aufgaben konfrontiert sind, und dennoch, wenn uns dann ein geliebter Mensch anruft, werden wir ganz lebendig, selbst wenn wir vorher erschöpft waren. Der Grund für diese Veränderung ist unsere Einstellung.

Unsere Bereitschaft öffnet die Tore für unsere Energie, mangelnde Bereitschaft oder gar Widerwille schließt sie.

Ich war einmal knurrend und murrend dabei, Abfall aus dem Haus zu bringen. Ich merkte aber, mit welcher Einstellung ich unterwegs war, und es gelang mir, sie zu verändern. Sofort fühlte ich mich wieder voll Energie, besonders, als ich mir klarmachte, dass ich einem Freund, wenn dieser mich darum bitten würde, sehr gern bei einer solchen Arbeit helfen würde. Warum also nicht auch jetzt? Warum es geht, ist: Sag einfach Ja zum Leben – zu all seinen Aspekten! Zu lächeln, wenn du dich eigentlich gar nicht so fühlst, kann dir vielleicht wie Heuchelei vorkommen, hat aber dennoch einen erstaunlich erhebenden Effekt auf die Stimmung. Diese Ansicht teilte auch Pjotr Winkelman, ein Psychologieprofessor von der Universität von Kalifornien in San Diego, der anmerkte: *„Der menschliche Geist bezieht sich in einem weitaus größeren Maße, als wir bisher angenommen haben, auf den Gesichtsausdruck – sogar auf solche, die man kaum wahrnimmt. Unser Geist ist im Laufe des Lebens sehr geschickt darin geworden, visuelle Anhaltspunkte aufzunehmen, ob es sich dabei nun um Lächeln oder Stirnrunzeln handelt. Lächeln kann einen Prozess in Ihrem Gehirn auslösen, der Sie in eine grundlegend positivere Empfänglichkeit für das bringt, was auf Sie zukommt."* (4)

Wenn du also dabei bist, in eine schlechte Stimmung zu rutschen, dann befiehl dir, da wieder herauszukommen. Das ist nicht immer leicht. Es kann manchmal ein Kampf sein, zu seiner Freude zurückzufinden. Aber du kannst die Kunst, glücklich zu sein, immer üben – ja, genau jetzt und ohne jeden Grund. Es ist eine Gewohnheit, die, wenn wir sie einmal gemeistert haben, eine anhaltend große Dividende abwirft.. Das Sprichwort: „Lächle und die Welt wird dir zulächeln, weine und du wirst allein weinen", stimmt meist. Deine innere Haltung macht einen großen Unterschied im Leben.

Grundlagen der Energietheorie

Die Lebenskraft aufzubauen und zu konzentrieren ist nicht leicht, deshalb lohnt es sich, auch die theoretischen Grundlagen kennen zu lernen. Anfänger jedoch sollten etwas beherzigen: Energieübungen können extrem kraftvoll sein, und wenn man sie nicht richtig ausführt, das Nervensystem ernsthaft verletzen. Einige

Schüler haben sich durch unüberlegte Handlungen verletzt, deshalb rate ich dringend, sich Anleitungen von einem qualifizierten Lehrer zu holen und nicht nur aus Büchern zu lernen. Texte vermitteln Informationen in einer allgemeinen Art und Weise, während ein Lehrer die spezifischen Schwächen und Verletzlichkeiten eines Schülers bemerken und dementsprechend maßgeschneiderte Lehrpläne entwerfen kann. In diesem Buch stelle ich jedoch nur sichere Energieübungen vor, die jeder ausführen kann. Die folgende Übersicht stellt die grundlegenden Übungsprinzipien dar, die ich dann im folgenden Kapitel näher darstellen werde.

Die moderne Naturwissenschaft erkennt an, dass Materie und Energie gegenseitig voneinander abhängen und sich einzig durch die Frequenz der Schwingungen voneinander unterscheiden. Die alte Yogalehre hatte schon erkannt, dass diese Schwingungen selbst von einer feinstofflicheren Substanz herrühren, die man göttliches Bewusstsein nannte. Wenn man diesem Wissen folgt, dann besteht jeder Mensch aus drei zunehmend dichten und voneinander durchdrungenen Körpern: dem des Denkens, dem der Energie und einem dritten, der am dichtesten ist, der Materie. Diese komplexe Einheit ist zudem umgeben von einer Schicht von Lebensenergie, die den Körpers durchdringt und beseelt, und zwar durch ein astrales Portal, das sich an der Medulla oblongata befindet. Diese Energie wird dann automatisch verteilt, aber Willenskraft zusammen mit richtiger Technik kann die Menge der Vitalkraft, die man aufgenommen hat, vergrößern.

Spannung wird gewöhnlich mit muskulärem oder psychologischem Stress assoziiert, aber in unserem Kontext bezieht sich dieser Begriff darauf, wie Energie sich zeigt, wenn sie den Körper überflutet. Denkt einmal an das Beugen eines Muskels. Wie bereits weiter oben beschrieben, zieht diese Abfolge von Handlungen die Lebenskraft in und durch die Nerven und löst dort Prozesse aus, die zu einer Zusammenziehung der Muskeln führen. Dasselbe kann von allen Sinnes-Bewegungs-Erfahrungen gesagt werden. Die durch die Nervenbahnen übertragene Vitalkraft bewirkt physiologische Reaktionen. Unsere Körpermaschinerie kann nicht ohne die Energie funktionieren, die durch das Nervensystem übertragen wird.

Entspannung stellt den gegenteiligen Zustand dar, wo sich die Energie aus dem Körper zurückzieht. In den Muskeln fühlt sich das an wie Schlappheit, in den Sinnesorganen zeigt sie sich als Fehlen ihrer Tätigkeit. In beiden Fällen ist die

Willenskraft – ob nun bewusst oder unbewusst eingesetzt – auschlaggebend dafür, ob die Lebenskraft nun einströmt oder zurückgezogen wird. Gelähmte beispielsweise mögen vielleicht ihren Arm heben wollen, können dies aber nicht tun, weil ihre Nerven beschädigt sind, sie haben vielleicht den Willen, aber nicht die Mittel dazu, die notwendige Energie abzurufen. Auf der anderen Seite sind gesunde Menschen vielleicht in der Lage, ihren Arm zu heben, weigern sich aber, dies zu tun. Hier ist die Energie prinzipiell verfügbar, der Wille jedoch nicht. Man sieht also, dass in beiden Fällen der Wille notwendig ist, um die Lebenskraft zum Fließen zu bringen, aber die Energie muss zugänglich sein, damit sie wirksam eingesetzt werden kann.

Die Sinnesnerven leiten die Energie automatisch, während ihre Bewegung in den motorischen Nerven meist willentlich erzeugt und – auch hier – durch den Willen angetrieben wird. Bestimmte Körperzonen werden mit Vitalkraft aufgeladen, wenn Muskelkontraktionen mit Absicht und in richtiger Weise praktiziert werden. Wenn man diesen Prozess umkehrt, kommt es zu einer Entspannung, wobei man Energie aus dem Körper zurückzieht. Wir wollen die Fähigkeit, beides zu tun, entwickeln – die Energie sowohl zu fluten als auch zurückzuziehen, und zwar beides willentlich.

Versucht doch einmal folgendes Experiment: Macht eine sanfte Faust aus eurer rechten Hand und drückt sie leicht zusammen, wobei ihr nach und nach die Intensität verstärkt, bis der rechte Unterarm anfängt zu vibrieren. Nehmt wahr, wie euer Wille die Energie mit zunehmender Kraft lenkt, bis die Faust und der Unterarm sich beide anspannen. Nun kehrt den Prozess um. Euer Wille bringt nun die Energie dazu, sich zurückzuziehen, und der Bereich wird schwer und schlaff.

Wenn man diese Methode nun auf irgendeinen Körperteil anwendet, wird sie ihn aufladen und dann entspannen, wobei eine Wirkung von vitalisierender Ruhe übrigbleibt. Wenn man dies weiter übt, lässt dieser Prozess die Bewusstheit und die Kontrolle über die Energie zunehmen, was ein wirklicher Vorteil bei einer spirituellen Ausbildung ist. Zu lernen, Energie im Körper zu entspannen und aus dem Körper zurückzuziehen, ist ein Wegbereiter, um die höheren Wahrnehmungszentren mit Energie zu füllen, und genau darum geht es bei der Praxis der Meditation.

Kapitel 9

———— • ————

Chakras, Lebenskraft und Atem – Energieübungen

In diesem Kapitel werden wir uns intensiver mit den Praktiken beschäftigen, die einen unmittelbaren Einfluss auf das Bewusstsein haben. Die Prinzipien, die wir vorher in einer eher allgemeinen Weise angesprochen haben, werden jetzt konkreter, und zwar durch spezifische Energieübungen, die das spirituelle Erwachen fördern, wenn man sie regelmäßig und in der richtigen Haltung ausführt. Eine hingebungsvolle Wiederholung dieser Übungen ist notwendig, denn sie erzeugen feinstoffliche geistige Bahnen, die auf wirksame Weise unser Bewusstsein ins Gleichgewicht bringen, klären und erheben.

Vorbereitende Energieübungen

Die ersten drei Übungen vermindern Erschöpfung und Stress und bereiten den Übenden auf die Meditation vor. Ganz gleich, ob man allein oder in einer Gruppe übt, ob im Sitzen, Liegen oder im Stehen – sie alle teilen ein gemeinsames Wirkprinzip: *„Je größer die Willensanstrengung, desto größer der Fluss der Lebensenergie in einen spezifischen Bereich des Körpers."* (1)

Laienhaft gesagt, verstärkt dieses Prinzip das, was im vorherigen Kapitel mit der Faustanspannungs-Übung erfahren werden konnte. Es gibt einen Zusammenhang zwischen der Menge des Willens, den ein Mensch einsetzt, und dem Maß an Energie, die dadurch entsteht. Genau wie ein Dimmer an einem Lichtschalter, der den elektrischen Strom regelt, sodass er zu oder weg von einer Glühbirne fließt und so das Maß ihres Lichtes regelt, so wirkt das Anspannen des Körpers – oder bestimmter Körperteile – zunehmend anziehend auf den Strom der Lebenskraft, bis die Körper-Glühbirne ganz hell leuchtet. Wenn man diese Übungen ausführt, dann sollte der Kern jeder Muskelgruppe nach und nach mit Energie durchflutet werden, die *aus der körperlichen Anspannung resultiert*, und dann sollte die Energie nach und nach vollständig zurückgezogen werden, sodass ein darauffolgender Zustand der Entspannung entsteht. Wenn man dies tut, wird die Atomstruktur aller so beeinflusster Zellen aufgeladen und ein Zustand stiller Ruhe erzeugt. Es ist wichtig, diese Übung sehr bewusst auszuführen, mit den korrekten inneren Bildern und einer echten Willenskraft.

Als allgemeine Regel gilt, dass man diese Energie-Aufladeübungen an der frischen Luft üben sollte – also öffnet, wann immer dies möglich ist, ein Fenster oder geht ganz nach draußen, um die verstärkende Kraft des Sonnenlichts zu nutzen. Visualisiert dabei, dass die Strahlung der Sonne in eure Medulla oblongata oder ins Spirituelle Auge fließt. Diese vibrierende Energie wird von der Haut aufgenommen und hilft dem Körper in gewissem Maße, Vitamin D herzustellen. Außerdem bringt sie energetische Nahrung in die Zellen. Ein gewisses Maß an Sonnenlicht ist hervorragend für die Gesundheit, auch wenn man die negativen Folgen des Ozonlochs berücksichtigen sollte. Diese Übungen jedoch im Sonnenlicht durchzuführen, sollte kein echtes Risiko darstellen, weil sie relativ schnell erledigt sind, aber sprecht mit eurem Arzt, wenn ihr hier Gesundheitsbedenken habt. In jedem Fall solltet ihr nicht durch die Übungen rasen, oder die nächste zu schnell nach der vorherigen machen. Eile hebt die positive Wirkung der Übungen wieder auf. Nehmt die Empfindungen, die jede Übung in euch auslöst, also bewusst wahr und sonnt euch nach jeder Sitzung in den Ergebnissen eurer Mühe. Wie schon gesagt, ist das sensitive Spüren dieser Energie eine Vorbereitung dafür, sie später auch lenken zu können, und je mehr wir sie leichter lenken können, desto mehr können wie die Energie auch allein durch Konzentration und Willenskraft bewegen.

Die gesamte Serie der Energie-Aufladeübungen kann bei der Self-Realization Fellowship oder bei anderen Organisationen bezogen werden, die sich auf Yoganandas Lehren beziehen. Ich lehre sie ausschließlich im persönlichen Kontakt (Näheres dazu und zu den Workshops, die ich anbiete, unter www.Awake-In-Life.com)

Vorbereitung

- Fahrt mit den Fingern durch die Haare am Hinterkopf, bis ihr einen weichen Punkt fühlt, der an der Schädelbasis liegt. Hier liegt die Medulla oblongata.
- Stellt euch einen kosmischen Energieschein vor, der euren ganzen Körper umgibt, wobei kleine Strahlen des Lebensstroms an der Medulla oblongata in euren Körper fließen.
- Mit geschlossenen oder halbgeöffneten Augen bringt eure Innenschau an das Zentrum des Spirituellen Auges, den Sitz des göttlichen Willens und der Konzentration, der sich zwischen und leicht über den Augenbrauen befindet.
- Indem ihr sanft auf das Dritte Auge schaut, visualisiert, wie sich die Medulla oblongata öffnet und empfänglich wird, um die Lebenskraft zu erhöhen, die den Körper durchdringt.

Teil 1: Ganzkörper-Übungen

- Atmet durch die Nase einen zweigeteilten Atem ein, wobei ein kurzer erster Einatemzug gefolgt wird von einem langen Atem (das klingt wie hih, hihhhh).
- Haltet den Atem an und überflutet den ganzen Körper mit wenig bis viel Energie, indem ihr ihn nach und nach anspannt, bis er vibriert. Haltet diese hochgespannte Anspannung einige Sekunden lang.
- Atmet mit einem doppelten Ausatmen durch den Mund aus, wobei ihr erst einmal kurz ausatmet und dann gleich noch einmal lang (das klingt wie huh, huhhhhh).
- Wenn ihr ausatmet, dann entspannt gleichzeitig den ganzen Körper.
- Wiederholt diese Sequenz drei- bis zwölfmal.
- Nehmt die Nachwirkung erhöhter Lebendigkeit wahr, die sich mit einem Gefühl von ruhiger Gelassenheit verbindet.

Teil 2: Übungen für einzelne Körperbereiche

Macht nun weiter, wie oben beschrieben, und geht dabei durch die folgenden Körperbereiche:

- Konzentriert euch auf das Dritte Auge und lasst dabei eure Aufmerksamkeit in den linken Fuß sinken.
- Konzentriert euch auf das Zentrum des linken Fußes.
- Spannt diesen Bereich an, erst nur ein wenig, dann immer mehr, bis der gesamte Fuß vor Energie vibriert.
- Visualisiert Licht, das aus dem Punkt im Zentrum des Fußes austritt und den gesamten Fuß in Lebensenergie badet.
- Nun entspannt den Fuß und nehmt wahr, wie sich die Energie aus dem Fuß zurückzieht. Stellt euch vor, die Energie zieht sich hinauf in die Wirbelsäule und fließt bis zum spirituellen Auge. Nehmt euch Zeit, diesen Fluss und die Empfindungen zu fühlen.
- Wiederholt das Ganze mit dem rechten Fuß.
- Langsam und mit vollem Bewusstsein wiederholt nun diesen ganzen Prozess mit den folgenden Körperbereichen in der richtigen Reihenfolge:
- linke Wade, dann rechte Wade
- linker Oberschenkel, dann rechter Oberschenkel
- linke Hüfte und Poseite, dann rechte Hüfte und rechte Poseite
- Bauchregion unterhalb des Nabels, dann Bauchregion oberhalb des Nabels
- linke Faust und Unterarm, dann rechte Faust und Unterarm
- linker Oberarm, dann der rechte
- linke Brustregion, dann die rechte
- linker unterer Rücken, dann der rechte
- linker mittlerer Rücken, dann der rechte
- linker oberer Rücken und Schultern, dann der rechte
- linke Seite des Nackens und der Kehle, dann die rechte
- vordere Seite der Kehle und des Nackens, dann die Rückseite des Nackens.
- Doppeltes Einatmen, dann den gesamten Körper anspannen, von unten bis oben.
- Die Spannung kurz halten, dann doppeltes Ausatmen und komplett entspannen.

Die Praxis der Meditation

- Konzentriert euch auf das Gefühl der angenehmen Vitalität im ganzen Körper.

Diese gesamte Sequenz einmal oder zweimal durchführen.

Teil 3: Wellenanspannung aufwärts

- Im Stehen die Füße schulterbreit setzen, das Gleichgewicht spüren.
- Die Arme auf Schulterhöhe seitlich ausstrecken, die Hände offen und die Handflächen nach vorn.
- Doppeltes Ausatmen durch den Mund (erst kurz, dann lang), die Knie dabei leicht beugen und die ausgestreckten Arme in einer Bogenform nach vorn vor den Körper bringen, so, als ob du klatschen wolltest. Kurz entspannen, nachspüren.
- Doppeltes Einatmen (erst kurz, dann lang) durch die Nase, strecke die Beine durch und ziehe die Arme/Fäuste auseinander in einem langsamen Bogen, bis sie ihre ursprüngliche, ausgestreckte Position auf Schulterhöhe erreicht haben. Gleichzeitig spanne den Körper wellenförmig aufwärts an, beginne mit den Füßen und gehe weiter nach oben, bis zum Kopf.
- Halte diese Position zwei bis drei Sekunden lang, während du die Spannung voll hältst.
- Öffne die Hände, doppeltes Ausatmen und wiederhole die anfänglichen Entspannungsschritte (dritter Schritt dieser Folge).
- Wiederhole diese Folge 3- bis 12-mal, sei dir dabei deines Körpers voll bewusst. Achte auch auf die Reaktionen deines Geistes.

Reiben und erneuern

Diese einfache, belebende Technik ist wunderbar geeignet, um den Blut- und Energiekreislauf zu stimulieren. Sie eignet sich besonders, wenn du sie vor dem Baden oder Duschen ausführst, aber du kannst sie auch jederzeit üben, um dich zu erfrischen, wenn du dich träge fühlst. Du kannst sie auch zum Ende nach einer Hatha-Yoga-Session üben.

Deine Hände enthalten kleinere Chakras, die als Tore dienen, durch die der Lebensstrom fließen kann. Dieser Strom ist auch die Basis für jede Form von Heilung, bei der die Hände aufgelegt werden.

- Reibe deine Hände kräftig, bis sie heiß werden. Das stimuliert die Heilkraft in den Handflächen.
- Nun reibe mit deiner rechten Handfläche kräftig deinen linken Arm hinauf und hinunter, fünf bis zehn Sekunden lang.
- Dann wechsle die Seite und nimm die linke Handfläche und reibe deinen rechten Arm in gleicher Weise.
- Nimm jetzt beide Handflächen und reibe deine linken und rechten Oberschenkel gleichzeitig, danach reibe auch deinen Unterbauch.
- Bilde Fäuste und reibe sanft, aber nachdrücklich deinen unteren Rücken auf beiden Seiten.
- Klopfe sanft deinen Schädel mit den Fingerknöcheln. Das ist gut für dein Gehirn und auch für dein Gedächtnis.
- Reibe dann wieder beide Hände gegeneinander und lege die warmen Hände über dein Gesicht und deine Augen, visualisiere (und spüre), dass du die Energie und die Wärme aufnimmst, die von deinen Händen ausgehen.
- Ende, indem du langsam die Hände nach unten nimmst und deine Augen langsam öffnest.

Übe diese Folge nackt oder auch bekleidet, wenn die Nacktheit nicht angebracht erscheint. Freue dich an dem angenehmen Gefühl der Stimulation und kombiniere diese Folge mit weiteren Energie-Übungen, um dir einen zusätzlichen Kick zu geben.

Dehnen

Dehnen ist für sich genommen schon eine so kraftvolle Übung, dass sie besondere Aufmerksamkeit erfordert. Genau wie Athleten die Bedeutung des Dehnens für ihre Leistung kennen, wissen auch Yogis um den Wert des Dehnens als feinstoffliches Warm-Up vor ihrer Meditation. Wie Eis schmelzen muss, damit es eine wässrige Form annehmen kann, mit der man dann seinen Durst löschen kann, muss die Energie von den körperlichen Einschränkungen befreit werden, um als spiritueller Kraftstoff zu dienen. Dehnen tut genau das, es „schmilzt" eingefrorene Energie, die im Körper feststeckt, weil die Muskeln angespannt sind.

Menschen können oft ihren Geist nicht entspannen, ehe nicht ihre körperlichen Themen angesprochen worden sind. Deshalb habe ich viel Zeit damit verbracht, um ein geeignetes Stretching-Programm in meine Meditations-Einführungskurse einzubauen. Es ist nämlich so hilfreich dafür! Besonders in den Frühstadien der Entwicklung einer spirituellen Praxis hilft Dehnen dabei, den Geist zu entspannen und so ein fruchtbares inneres Umfeld zu erzeugen, in dem die Samen der Meditation sich gut verwurzeln können.

Dehnen hat viele positive spirituelle Folgen:

- Energie ist die Verbindung zwischen Geist und Körper.
- Energie durchflutet die Muskulatur, um so Bewegung oder Spannung zu erzeugen.
- Energie, die im Körper feststeckt, erzeugt chronische Anspannung.
- Körperliche Spannung kann geistige Spannung erzeugen – das Gleiche gilt auch umgekehrt.
- Sanftes Dehnen löst festgehaltene Energie in den Muskeln.
- Energie, die frei zirkulieren kann, wirkt positiv auf das körperliche Wohlbefinden und die geistige Harmonie.
- Ein entspannter Körper und ein ruhiger Geist sind notwendig, um feinstoffliche spirituelle Wirklichkeiten wahrzunehmen.

Nahezu jeder kann von diesen sanften Stretching-Übung profitieren, gleich welcher Altersstufe oder in welchem Grad von Beweglichkeit man ist. Wenn du schwanger bist oder gerade eine Operation überstanden oder andere körperliche Probleme hast, kann es sinnvoll sein, vorher deinen Arzt zu befragen.

Der Schlüssel zum Dehnen besteht darin, deine Anstrengungen so maßzuschneidern, dass sie genau zu deiner körperlichen Fähigkeit und deinem Körpertypus passen. Das Ziel besteht nicht darin, dass du einen Schlangenkörper bekommst, sondern darin, dass deine eingeschlossene Energie wieder ins Fließen kommt. Regelmäßiges Üben und eine entspannte Haltung sind die Hauptzutaten für einen Erfolg dabei.

Dehnen ist am wirkungsvollsten, wenn du es nach einigen Energie-Übungen und unmittelbar vor deiner Meditation übst. Das hilft dir, die Lebenskraft zu maximieren, sie zu fördern, sie zu kreisen und zu nutzen. Dehnen vor der Meditation braucht nur fünf bis zehn Minuten zu dauern. Du kannst es auch kürzer oder länger machen, aber viele Menschen brauchen einen genauen Zeitplan, da ihre Zeit sehr genau eingeteilt ist. Positive Ergebnisse werden sich einstellen, wenn du regelmäßig in einer Zeitdauer übst, die für dich möglich ist. Und erinnere dich daran – auch nur einige wenige Dehn-Übungen sind immer noch besser als überhaupt keine.

Wie man sich am besten dehnt

Wie bei allem, gibt es auch hier richtige und falsche Arten, sich zu dehnen. Körper sind dafür gemacht, sich gegen Verletzungen zu schützen, deshalb muss richtiges Dehnen auf korrekte Weise durchgeführt werden, was bedeutet, in einer entspannten, kontinuierlichen Art und Weise. Übe ruhig und mit voller Achtsamkeit, während du dir vorstellst, dass deine Gelenke, deine Muskeln und dein Geist sich weich bewegen, als ob sie mit Öl getränkt wären. Denke daran, deinen Körper zu lösen und nicht zu überfordern. Ersteres lässt einen entspannten geistigen Rahmen entstehen, während Letzteres ein Gefühl von Spannung erzeugt. Deine Praxis sollte sich angenehm anfühlen, wie das sanfte morgendliche Strecken in deinem ganzen Körper, das viele ganz natürlich tun, wenn sie aufwachen.

Dehne dich niemals bis zu einem Schmerzpunkt, halte den Atem dabei nicht an oder federe nicht mit dem Körper. Federn ist ein antiquierter Ansatz, der scheinbar positive Wirkungen hat, aber in Wirklichkeit dazu führt, dass man die Muskelgewebe zusammenzieht, statt sie zu entspannen. Überwache deinen Körper, ob er sich nicht irgendwo zu viel zumutet, und wenn ja, dann beginne erneut, aber in einer entspannteren Form. Erinnere dich daran: Du strebst danach, inneren Frieden zu finden, nicht einen Turnwettkampf durch auslaugende Anstrengungen zu gewinnen.

Der richtige Ansatz umfasst folgende drei Schritte:

Die Praxis der Meditation

1. Geh bis an den Punkt, an dem du einen milden Widerstand spürst. Halte hier für zehn bis 30 Sekunden.
2. Während die Muskeln sich langsam loslassen, halte für weitere zehn bis 30 Sekunden.
3. Entspanne dich und spüre nach. Erfreue dich an den verschiedenen Empfindungen, die während der Praxis in dir aufkommen.

Dehnmodell

Phase 1	Phase 2	Vermeiden!
Nur ganz sanft üben	Geh tiefer	Drastisches Dehnen
(Halte 10-30 Sekunden)	(Halte 10-30 Sekunden)	(Nicht!!!)

Einige allgemeine Regeln für das Atmen während des Dehnens:

- Der Atem sollte langsam sein, balanciert, rhythmisch, kontrolliert.
- Ausatmen, wenn du dich nach vorn oder zur Seite beugst.
- Einatmen, wenn du wieder in die Mitte kommst oder dich aufrichtest.
- Niemals den Atem anhalten. Atme gleichmäßig und weich.
- Wenn deine Atmung angestrengt wird, bist du nicht entspannt. Dann lass dich entspannen und atme sanft weiter.

Zur Wiederholung: Bleibe geistig entspannt, das wird deinem Körper ermöglichen, sich leichter zu dehnen. Das Ziel besteht darin, Energie freizusetzen, um sie in der spirituellen Praxis zu nutzen. Ehre deinen Körperrhythmus, der sich von Tag zu Tag verändern kann. Tu nur das, was sich gut und richtig anfühlt.

Die Dehnübungs-Sequenz

Die folgende Sequenz sitzender Dehnübungen kann von jedem geübt werden, einschließlich derjenigen, die körperliche Einschränkungen haben und nicht mit einem Hatha-Yoga-Übungsbuch üben wollen. Die Folge ist leicht auszuführen, wirksam und ist Programmen nachempfunden, die ich für Wellness-Programme entwickelt habe. Diejenigen, die Interesse daran haben, mehr über das Dehnen zu erfahren, werden sicherlich sehr von dem klassischen Dehnübungsbuch *Stretching* von Bob Anderson profitieren.

Diese Übungsfolge, die man im Sitzen ausführen kann, beginnt mit dem Kopf und wandert dann nach unten, wobei sanfte Drehungen und verlängerte Bewegungen ausgeführt werden.

1. Nacken-Rotation

Sitze in einer angenehmen, aufgerichteten Haltung. Hebe deine Schultern, um einen Rückwärtsbogen im Nacken zu verhindern. Dann, mit leicht angehobenen Schultern, lass das Kinn nach unten fallen und beginne, sanft deinen Kopf zu kreisen. Tu dies in einer weichen, leichten Kreisbewegung. Wiederhole drei- bis sechsmal in einer Richtung, dann wechsle die Richtung und beginne erneut.

2. Nackenstreckung/Beugung/Drehung

Atme ein und hebe sanft dein Kinn, lass den Kopf so weit nach hinten fallen, wie dies angenehm ist. Wenn du Sorge um deinen Nacken hast, dann hebe die Schultern, um dich gegen eine Überstreckung nach hinten zu schützen. Atme aus und senke das Kinn zur Brust, dehne den rückwärtigen Nacken. Wiederhole zwei- bis dreimal.

Atme ein und komme zur Mitte zurück – zu dem, was ich die neutrale Haltung nenne. Atme aus und drehe den Kopf so weit wie möglich nach rechts, atme ein und kehre zum Zentrum zurück. Atme dann aus und drehe den Kopf so weit wie möglich nach links, halte und atme ein, wobei du zum Zentrum zurückkehrst. Wiederhole einige Male.

Nackendehnungen stimulieren das fünfte Chakra, welches ein Zentrum des göttlichen Friedens ist und das sich in der Kehl-Region befindet.

3. Schulterkreisen

Kreise die Schultern in großen Kreisen einige Male vorwärts, dann wechsele die Richtung und kreise sie rückwärts, ebenfalls in großen Kreisen. (Alternative: Lege die Hände auf die Schultern wie Flügel, das hilft, diese Region zu isolieren).

4. Schultern heben und anspannen

Atme ein und hebe die Schultern in Richtung Ohren hoch. Halte sie an dieser Stelle und spanne die Position kurz an. Dann atme aus und lass die Schultern fallen, dann entspanne. Wiederhole einige Male.

5. Schultern lösen und Brust öffnen

Verschränke die Hände hinter dem Rücken. Strecke die Arme durch, rolle die Schultern nach hinten und hebe sanft die Arme/verschränkten Hände so hoch wie möglich. Spüre in die Schultern und auch in die Brust, wo es eine intensive Dehnung gibt. Halte 10 bis 15 Sekunden, dann lass los. Wiederhole, wenn du möchtest. (Diese Dehnung hilft, das vierte Chakra im Herzen zu stimulieren).

6. Arme dehnen

Atme ein und hebe die Arme über den Kopf. Verschränke die Finger, dann drehe die Handflächen nach oben. Atme aus und lass die Arme noch länger werden, strecke sie durch und schiebe die Handflächen in Richtung Himmel. Atme ein und spüre die Seiten und die Rippen, wie sie sich aufwärts dehnen. Halte die Position (nicht den Atem!) 15 -30 Sekunden lang. Währenddessen atme sanft ein und aus und nimm wahr, wie jeder Atemzug die Dehnung verstärkt.

Während des Ausatmens senke die Arme nach vorn vor den Körper, wobei die Finger verschränkt bleiben sollten und die Handflächen weiter nach vorne drücken, um die Arme zu dehnen und den mittleren/oberen Rücken zu dehnen. Halte zehn bis 30 Sekunden, atme währenddessen weiter tief ein und aus, dann entspanne die Hände, lass die Arme fallen und spüre die Empfindungen nach dieser Übung.

7. Isolierte Armdehnung

Hebe den rechten Arm, beuge den Ellenbogen und strecke ihn hinter den Kopf, als wolltest du deinen Rücken kratzen. Bring die linke Hand zum rechten Ellenbogen, um die Dehnung zu vertiefen. Halte 15 bis 30 Sekunden, dann wechsle die Seiten.

Strecke deinen rechten Arm über die Brust. Greife ihn am Ellenbogen mit deiner linken Hand und ziehe den rechten Ellenbogen sanft in Richtung auf die linke Schulter. Halte 15 bis 30 Sekunden. Dann wiederhole die Dehnung auf der anderen Seite.

8. Seitendehnung

Hebe beide Arme über deinen Kopf. Hake die Daumen ineinander. Die Handflächen zeigen nach vorn, so, als ob du ins Wasser eintauchen wolltest. Strecke die Arme nach rechts, soweit es für dich angenehm ist, halte 15 – 30 Sekunden, dann kehre zum Zentrum zurück. Wiederhole auf der anderen Seite. (Diese Dehnungen erzeugen ein Gefühl von innerer Ruhe).

9. Vorwärtsbeuge

Nimm deine Füße etwa 50 cm auseinander. Lege die Hände auf die Oberschenkel oder auf die Knie – was immer sich für dich angenehmer anfühlt. Atme aus und beuge dich langsam aus den Hüften heraus vorwärts, lasse dabei deine Wirbelsäule lang und entspannt. Lasse den Kopf/Nacken/Oberkörper so weit, wie es geht, nach vorne hängen, ohne dass du dich deshalb anstrengst. Lass die Handflächen auf dem Boden liegen und halte 15-30 Sekunden. Komme mit den Händen auf die Knie oder die Oberschenkel zurück. Atme ein und richte deinen Kopf/Nacken/Oberkörper auf, wobei du deine Hände zur Unterstützung nehmen solltest. Komme in die Mitte zurück. (Vorwärtsbeugen helfen, die Wirbelsäule zu öffnen, damit die Energie freier fließen kann).

10. Rückwärtsbeuge

Rutsche zur Vorderkante deines Stuhls. Mache eine Schale aus deinen Hände und lege die gebogenen Innenseiten auf deinen unteren Rücken, drücke dann dagegen und hebe deine Wirbelsäule bis zum Nacken hoch. Hebe auch sanft dein Kinn, rolle die Schultern zurück und dann beuge dich nach hinten, so weit, wie es sich gut für dich anfühlt. Atme weiter tief ein und aus und halte die Dehnung 15 – 30 Sekunden lang. Komm dann in die Mitte zurück, indem du die Reihenfolge der Bewegungen umkehrst: erst die Dehnung in der Wirbelsäule loslassen, dann die Schultern entspannen, dann die Handflächen. Wiederhole einige Maile, wenn du möchtest.

Alternative: Rutsche zur Vorderkante deines Stuhles. Hebe die Arme über deinen Kopf, halte sie möglichst gerade, wobei die Handflächen aneinanderliegen, wie in der Gebetsposition. Dann strecke die Arme so weit wie möglich zurück, sodass sie einen Bogen bilden. Atme tief ein und aus und komm dann ins Zentrum zurück, indem du die Haltungen umkehrst (Rückwartsbeugen helfen dabei, die Energie nach unten in die Wirbelsäule zu schieben.)

11. Wirbelsäulendrehung

Atme ein und verlängere deine Wirbelsäule, als ob du den obersten Punkt deines Kopfes nach oben schieben würdest. Halte dabei beide Füße flach auf dem Boden. Lege die linke Handfläche auf den rechten Oberschenkel und drehe dich leicht, greife mit der rechten Hand hinter dich und halte den Stuhl fest – oder was immer sich gut anfühlt. Atme aus und drehe sanft den Nacken nach rechts, dann drehe den gesamten Oberkörper auch in diese Richtung. Schiebe mit der linken Handfläche ein wenig nach und ziehe sanft mit der rechten Hand. Halte 15 bis 30 Sekunden, wobei du lang und tief atmen solltest. Lass die Drehung los, atme ein und komm zur Mitte zurück. Wechsle die Position der Hände, atme aus und drehe dich zur linken Seite. Folge den Angaben oben, nur zur anderen Seite. Wiederhole die Dehnung zwei- bis dreimal zu beiden Seiten, wenn du möchtest. (Diese Dehnungen helfen, die Energie durch die Wirbelsäule zu pressen).

12. Hüftöffner

Sitze aufrecht und lege das rechte Fußgelenk auf das linke Knie. Halte das Fußgelenk mit der linken Hand fest und nimm die rechte Hand, um das rechte
Knie nach unten in Richtung Boden zu drücken. Halte 15 bis 30 Sekunden,
dann wechsle die Seiten. Wiederhole, sooft du möchtest (Hüftdehnungen
machen Meditationshaltungen einfacher.)

13. Beindehnung

Sitze am vorderen Rand deines Stuhls mit dem linken Fuß flach auf dem Boden
und dem rechten Bein nach vorn ausgestreckt. Schiebe die rechte Ferse leicht
nach vorn und ziehe die Zehen des rechten Fußes zurück, sodass sich der
rechte Fuß zurückbeugt. Atme ein, sitze immer noch gerade, dann atme aus
und beuge dich, so weit wie möglich, über das rechte Bein nach vorne, ohne
dich allzu sehr anzustrengen. Nimm deine Hände, um dich auf dem rechten
Bein abzustützen, und stecke den Oberkörper und Kopf über das Bein in Richtung auf den Fuß. Atme ein und komme wieder nach oben. Nimm die Hände
zur Hilfe, wenn nötig. Wechsle die Seite und wiederhole auf der anderen Seite.
Wiederhole die gesamte Übung, wenn gewünscht. (Beindehnungen helfen, ein
Gefühl der Unruhe zu beseitgen.)

14. Oberschenkeldehnung

Setze dich an die vordere Kante des Stuhls, auf der rechten Seite. Achte jedoch
darauf, dass du nicht herunterfällst! Greife die linke Seite des Stuhls mit der
linken Hand, um dich stabil zu halten, und dann hebe das linke Knie hoch, bis
du den linken Knöchel mit deiner rechten Hand greifen kannst. Halte den Knöchel fest, lass das Knie in Richtung Boden sinken und zieh den rechten Knö-
chel/Ferse in Richtung Po. Halte die Position 15 bis 30 Sekunden lang, erinnere
dich daran, tief zu atmen. Nun setze den rechten Fuß auf den Boden, rutsche
zur linken Seite des Stuhls und wiederhole die Dehnung auf der linken Seite.
Wiederhole diese ganze Folge, sooft du möchtest. (Oberschenkeldehnungen
bringen ein Gefühl der Ruhe und Gelassenheit.)

Diese Übung ist die letzte dieser grundlegenden Dehnungsreihe. Die reale Zeit für die ganze Folge sollte nicht länger als fünf bis zehn Minuten dauern, wenn du erst einmal damit vertraut geworden bist. Längere Sitzungen oder solche, die weitere Dehnungen beinhalten, können auch gemacht werden, wenn du das möchtest. Denke jedoch daran, dass diese Dehnungen Aufwärmübungen sind, um dann zu meditieren, und nicht Übungen, die du einfach so machen solltest.

Manche denken jetzt vielleicht, dass Dehnen oder Energie-Aufwärmübungen im Rahmen ihrer Religion nicht wichtig seien. Ich glaube jedoch, dass auch unterschiedliche Glaubensrichtungen Praktiken aus anderen Traditionen aufnehmen könnten und vielleicht sogar sollten, wenn sie dazu führen, dass sich der spirituelle Weg verbessert. Beispielsweise nehmen einige Benediktinermönche und -nonnen T'ai Chi in ihre spirituelle Tradition auf, weil sie fühlen, dass sie das Gott näherbringt. Auf ähnliche Weise setze ich die yogische Wissenschaft ein, um das spirituelle Wachstum zu fördern, obwohl ich kein Hindu bin. Die Essenz der Spiritualität sollte durch Doktrinen und Rituale nicht blockiert werden, sondern universelle Prinzipien übernehmen und anwenden, sodass sie einen nutzbringenden Einfluss auf deine unmittelbare Erfahrung des göttlichen Geistes haben, ganz gleich, was deine religiöse Ausrichtung ist.

Chakras

Jeder Mensch, gleich, welcher Richtung oder Rasse er angehört, teilt mit den anderen Menschen eine energetische Anatomie, die von feinstofflichen Prinzipen gelenkt wird. Wenn das innere Wachstum auf eine esoterische und wissenschaftliche Weise angegangen wird und nicht durch traditionelle äußere Rituale, dann ist es ganz sicher ein Gewinn, wenn man lernt, die Vitalkräfte und -ströme zu kontrollieren. Diese Fähigkeit zu lernen wird dadurch erleichtert, dass man sich mit den Prinzipien der Chakra-Lehre bekannt macht. Weiter oben haben wir schon einiges über das sechste Chakra gesagt, als wir darüber sprachen, wie man den Willen im Hinblick auf die Bewegung von Energie einsetzt, aber nun erweitern wir unsere Sichtweise und fügen wertvolle Informationen über die anderen Chakras hinzu.

Die westliche Schulmedizin sieht unsere Organprozesse als ein komplexes Zusammenspiel von Geweben, Chemikalien, Nerven, Knochen, Organen und synaptischer Aktivität in unserem Körper. Die yogische Wissenschaft dagegen meint, dass im physischen Körper noch ein weiterer, energetischer Astralkörper vorhanden ist, der die lebendige Substruktur für das Funktionieren der anderen Bereiche zur Verfügung stellt.

Chakras sind Teil dieser astralen Anatomie. Sie sind Zentren des Stroms der Lebensenergie, die die kosmische Lebenskraft empfangen, nachdem sie den Körper durch die Medulla oblongata betreten hat und zum Gehirn fließt. Diese Kraft wird dann durch die feinstofflichen Kanäle in die Chakras geleitet, die mit den cerebrospinalen Nervenplexi korrespondieren und die Energie in das körperliche Nervensystem einspeisen. Kurz gesagt, die Chakras sind Verteilungszentren für Vitalströme, die die Körper/Geist-Funktionen regieren. Aber sie sind noch weitaus mehr: Sie spielen auch eine sehr besondere Rolle auf unserer Bewusstseinsebene und bei unserem inneren Wachstum.

Chakras manifestieren archetypische Aspekte des kosmischen Schöpfungsprozesses. Diese Aspekte, die man Erde, Wasser, Feuer, Luft, Äther und Superäther nennt, sind keine physikalischen Elemente, sondern energetische Prinzipien. Jedes dieser Prinzipien besitzt bestimmte einzelne Charakteristika, Eigenschaften also, die die gesamte Schöpfung durchtränken, einschließlich uns selbst. Daher sind Chakras nicht nur eine Art Antrieb für das Funktionieren unseres Körpers, sondern beeinflussen auch unseren geistigen und spirituellen Zustand. Dieser Prozess wird deutlicher werden, während wir fortfahren.

Die sieben Chakras

Im menschlichen Körper befinden sich sieben Grundchakras. Über diese ist schon viel geschrieben worden, deshalb hier nur eine sehr grundlegende Übersicht:

1. Das *Muladhara-Chakra* wird das Erdzentrum genannt und befindet sich an der Basis der feinstofflichen Wirbelsäule, in der Nähe des Steißbeins. Es regiert die ursprünglichen körperlichen und emotionalen Funktionen der

Ausscheidung und des Überlebens und die geistigen Merkmale der Zuverlässigkeit und Hartnäckigkeit. Außerdem sorgt es für die Einhaltung der ersten fünf spirituellen Aspekte des Kodex der Erleuchtung: Gewaltlosigkeit, nicht lügen, nicht stehlen, nicht sinnlich und nicht gierig sein.

2. Das *Svadisthana-Chakra* oder Wasserzentrum, das in der Region der Genitalien zu finden ist, regiert die Reproduktion und die geistig-emotionale Flexibilität und versetzt den Menschen spirituell in die Lage, die zweiten fünf Eigenschaften des Kodex einzuhalten: Hingabe, Selbst-Erforschung, Gelassenheit, Reinheit und Genügsamkeit.

3. Das *Manupura-Chakra* oder Feuerzentrum befindet sich in der Nähe der Nabelregion und beeinflusst die körperlichen Verdauungsprozesse, die mentale Kreativität, die persönliche Macht und die spirituelle Selbstkontrolle.

4. Das *Anahata-Chakra* oder Luftzentrum befindet sich in der Brustmitte in der Nähe des Herzens und lenkt die Herz-Lungen-Aktivitäten sowie das emotionale Fühlen. Es ist eine Verknüpfung zwischen den unteren Chakras, die in erster Linie die körperlichen Funktionen und Bewusstseinsebenen aufrechterhalten, und den höheren Chakras, die unsere spirituelle Ausstattung und Kräfte ansprechen. Die hier anzutreffende Energie stimuliert die Liebe, die sich entweder nach oben zum Geistigen wendet und so verwandelt werden kann in vollkommene, bedingungslose, göttliche Liebe oder die sich in der normalen menschlichen Art und Weise nach außen wenden kann, wo sie von persönlichen Vorlieben, Abneigungen und Sehnsüchten getrübt wird. Das Herz ist das entscheidende Zentrum bei der spirituellen Evolution und der Fokus der Aufmerksamkeit in allen spirituellen Traditionen.

5. Das *Vishuddha-Chakra* oder Ätherzentrum befindet sich in der Kehle. Es beeinflusst die verbale Kommunikation und die Fähigkeit, die Wahrheit zu sprechen. Außerdem ist es der Sitz der spirituellen Ruhe.

6. Das *Ajna-Chakra*, das Superätherzentrum, auch als das Spirituelle Auge bekannt, befindet sich etwas über und zwischen den Augenbrauen. Es beeinflusst die Funktion des Frontallappens und die Macht der Konzentra-

tion und des Willens und es ist das Tor zum Christusbewusstsein und zur Einheit mit Gott durch die ganze Schöpfung hindurch. Wenn wir in der Meditation richtig sehen, dann ist es ein tiefblauer Kreis, der umgeben ist von einem Schein aus Gold, und im Zentrum befindet sich ein fünfzackiger weißer Stern.

7. Das *Sahasrara-Chakra*, das Kronenzentrum oben auf dem Kopf, repräsentiert den Bereich des reinen Geistes. Wenn unser Bewusstsein vollständig in diesem Zentrum eingetaucht ist, dann erfahren wir die Einheit mit dem göttlichen Geist in der Schöpfung und über sie hinaus. Seelen, die im kosmischen Bewusstsein festliegen, das mit diesem Zentrum verbunden ist, erreichen die dauerhafte Befreiung, die vollständige Freiheit von der Täuschung und von der zwanghaften Wiedergeburt.

Kenntnisse über die Chakras kommen meist aus dem Osten, aber die Universalität ihres Einflusses ist von vielen Heiligen aller Traditionen beschrieben worden. Die folgende Anekdote ist ein Beispiel für eine solche Erinnerung. Sie stammt von der heiligen Teresa von Avila aus ihrem Buch *Die innere Burg*:

„Während ich dies schreibe, kann ich übrigens nicht anders, als mich zu fragen, was in meinem eigenen Kopf eigentlich los ist. Diese Geräusche, von denen ich euch anfangs berichtet habe, werden inzwischen so laut, dass es beinahe unmöglich für mich ist, dem Befehl zu gehorchen und dies hier aufzuschreiben. Es klingt, als ob eine Vielzahl rauschender Flüsse in meinem Kopf fließen würden, wobei ihr Wasser stufenförmig nach unten rauscht, umgeben von vielen kleinen Vögeln und anderen pfeifenden Geräuschen (dem Geräusch des Chakras, das wird weiter hinten beschrieben). All dies spielt sich nicht in den Ohren ab, sondern im oberen Teil des Kopfes, wo sich, wie man berichtet, der höhere Teil der Seele befindet (im sechsten und im Kronenchakra). Ich habe schon lange Zeit in diesen Bereichen verbracht. Der göttliche Geist scheint sich mit aller Macht und Geschwindigkeit nach oben zu drängen (der Aufstieg der Kundalini)... All dieser Aufruhr behindert dennoch nicht die Kraft meiner Gebete oder stört das, was ich zu sagen versuche. Nein, meine Seele ruht ganz in ihrer Gelassenheit, ihrer Liebe, ihrer Sehnsucht und in ihrer Klarheit des Bewusstseins.“ (2)

Die Praxis der Meditation

Dies ist eine wunderbare Beschreibung der inneren Energiemanifestation, die im Zustand erhöhter spiritueller Erfahrung erlebt wurde.

Energiebahnen

Wir wissen schon, dass die Vitalkraft durch bestimmte Bahnen durch den Körper fließt, die man Nadis oder Meridiane nennt. Zwei Hauptbahnen, in der Sprache des Yoga *ida* und *pingala* genannt, begrenzen und durchdringen den Spinalnerv an bestimmten Verbindungsstellen, wo sich die zerebrospinalen Nervenplexi befinden. Diese „Kraftlinien" tragen den größten Teil des Stromes in sich, der zur Gesundheit der Körper-Geist-Funktion notwendig ist. Zwischen ihnen, in dem, was wir die zentrale astrale Wirbelsäule nennen, liegt eine dritte Bahn, die wir *shushumna* nennen. Dies ist die Bahn, durch die die schlafende spirituelle Kraft, die als Kundalini-Energie bekannt ist, erweckt werden kannn, um die Chakras ganz zu aktivieren und göttliche Erleuchtung zu erfahren. Sie wird auch „Schlangenkraft" genannt, weil sie an der Wirbelsäulenbasis gerollt liegt und in einer sich windenden Serpentine aufsteigt.

Die Kundalini hat nichts mit einer metaphysischen oder realen Beziehung zu Schlangen zu tun und ist ganz sicher nicht teuflisch. Die yogischen Wissenschaften haben den Aufstieg der Kraft in der Geschichte immer wieder als „Erwachen der Kundalini" bezeichnet. Die verschiedenen Ekstasen einer Teresa von Avila spiegeln genau diese Erfahrung wider, ebenso wie die biblische Bezugnahme darauf, nach der Moses die *„Schlange in der Wildnis aufhob."* (3) In diesem Fall bezieht sich das Wort „Schlange" auf die Kundalini-Energie und das Wort „Wildnis" bedeutet hier den Rückzug aus der Welt in die Meditation.

Ein visuelles Abbild dieses Energieaufstiegs (der ida, pingala, shushumna und kundalini) kann man im Caduceus erkennen, dem Hermesstab, der das moderne Symbol der Ärzte geworden ist.

In der griechischen Mythologie war Hermes ein Meister-Heiler, neben anderen Eigenschaften, die er auch besaß. Sein Stab wurde später zum Symbol für den Hermetizimus, einer weit verbreiteten, esoterischen Bewegung, die es schon seit Jahrhunderten gibt und deren Wurzeln im antiken Griechenland, Ägypten und in anderen Traditionen zu suchen sind. Kurz gesagt, beschreibt der Stab zwei aufsteigende Zwillingsschlangen, die die beiden Hauptlebensströme symbolisieren sollen, *ida* und *pingala*, während der zentrale Stab, um den sie sich winden, die tiefer gelegene Energiebahn, *shushumna*, ist. Die Flügel an der Spitze symbolisieren die spirituelle Freiheit, die durch diese beiden Ströme erlangt werden kann, die sich nach oben bewegen und sich am Kronenchakra vereinen.

Zusätzlich zu ihrer Aufgabe, die Lebenskraft durch den ganzen Körper zu verteilen, sind die Chakras Sprossen einer Art „Jakobsleiter" des höheren Bewusstseins. Im gewöhnlichen Bewusstseinszustand, wenn man also wach ist, kreist die Energie durch *ida* und *pingala* und das Bewusstsein bleibt so auf den materiellen Bereich fixiert. Bestimmte Praktiken jedoch können dazu eingesetzt werden, die Energie von den Sinnesreizen des Körpers weg und nach innen zu ziehen, und die beiden astralen Bahnen lenken sie dann direkt in den zentralen Kanal *shushumna* und die Chakras nach oben. Während dieses Aufstiegs, so sagt man, öffnen sich die Chakras vollständig, wodurch es möglich wird, dass es zu besonders intensiven, feinstofflichen Wahrnehmungen der Seele und anderer spiritueller Wirklichkeiten kommt. Wenn diese Kräfte einmal im Kronenchakra angekommen sind und dort verweilen, dann vereint sich das Seelenbewusstsein, das bisher mit dem Körper identifiziert war, mit dem göttlichen Geist. Wenn man sich über längere Zeit in diesen hohen Bewusstseinszuständen aufhält, dann werden alle spirituellen Unreinheiten aufgelöst, ebenso das vergangene Karma und die illusionäre Identifikation mit dem Körper, sodass es zu einer dauerhaften und vollständigen Wiedervereinigung mit dem göttlichen Geist kommt. Dieser Prozess ist die esoterische Basis für das Bibelwort: *„Demjenigen, der seinen Willen überwindet, werde ich erlauben, zusammen mit Mir auf Meinem Thron zu sitzen, ebenso, wie Ich dies getan und nun neben Meinem Vater auf Seinem Thron sitze."* (4)

Die yogischen Wissenschaften verstanden, dass spirituelles Wachstum schwer ist und gewöhnlich viel Zeit braucht, um die vollständige Entwicklung und die Freiheit von der Körper-Geist-Seele zu erreichen. Indem sie den Abstieg der Energie und des Bewusstseins in den Körper genau beschrieben und ihre Bewegungen, ihre Erscheinungsformen und ihren Einfluss genau ausmachten, entwickelten sie ganz spezielle Techniken, die diese Kräfte zum Aufstieg bringen konnten, sodass sie eins mit ihrer Quelle wurden. Meditation und Energiekontrolle sind grundlegende, wichtige Elemente für diese Art der Spiritualität. Sie sind wissenschaftlich, nicht konfessionsgebunden und universell einsetzbar, um die Wiedervereinigung mit dem Absoluten zu erreichen.

Lebenskraft und Atem

Viele esoterische Traditionen verbinden den Atem mit dem Leben. Während der Atem nicht identisch mit dem Leben ist, ist er jedoch sehr nah verbunden mit der Bewegung und der Kontrolle der Lebenskraft. Praktiken wie Kundalini-Yoga oder die Kriya-Yoga-Methode von Paramhansa Yogananda sind nur zwei von vielen Systemen, die sich dieser besonderen Atembeziehung bedienen, um die Lebenskraft nach oben in die zentrale astrale Wirbelsäule, *shushumna*, zu heben und um so erleuchtete spirituelle Zustände hervorzurufen, wie wir sie weiter oben beschrieben haben. Diese Techniken sind zu fortgeschritten, als dass wir sie hier beschreiben könnten. Stattdessen werde ich einige leichtere, geeignete Übungen vorstellen, die die Vitalkräfte balancieren und als erster Schritt dienen können, um sie zu meistern. Haltet euch an diese Anweisungen, damit ihr wirklich gute Ergebnisse erzielt. Wenn dann ein fortgeschrittenes Training angezeigt erscheint, dann sucht nach einem qualifizierten Lehrer.

Atemübungen

Ein Hauptaspekt bei Atemübungen besteht darin, dass der geistige Zustand unmittelbar auf die Tiefe, den Rhythmus und das Anhalten des Atems reagiert. Den Arm zu lenken, ringt die Bewegung der Energie durch die Gehirnhälften ins Gleichgewicht und verursacht so einen tonisierenden Effekt, was die Funktionen von Nerven- und Immunsystem verbessert. Weitere damit verbundene positive Wirkungen sind eine zunehmende Widerstandskraft gegen Krankheiten und Stress sowie eine verbesserte Stimmung, mehr Ruhe, Konzentration und Kreativität. Selbst eine kurze Zeit täglich geübt, sind solche Atemübungen äußerst nützlich.

Übung 1: Den Atem zentrieren

Diese Übung ist eine Grundlage für unser Stress-Management und kann überall, zu jeder Zeit – zu Hause, beim Autofahren, aber mit offenen Augen, oder bei der Arbeit ausgeführt werden. Sie hilft uns dabei, klar und präsent zu sein und uns gleichzeitig immer dann, wenn wir es wollen, nach innen zur Meditation wenden zu können. Tatsächlich setzen viele spirituelle Traditionen den zentrierten Atem zusammen mit Gebeten oder Visualisationen ein, um die innere Erfahrung zu vertiefen.

- Setze dich also in eine bequeme Haltung mit entspanntem Körper und aufrechter Wirbelsäule. Du kannst dich auch hinlegen, wenn die Umstände dies möglich machen, aber meist ist es leichter, wach zu bleiben, wenn man aufrecht sitzt.
- Schließe deine Augen und konzentriere dich geistig auf deinen Atem.
- Verschränke deine Hände und lege sie sanft auf deinen Magen.
- Atme tief und langsam durch die Nase ein. Lass dabei deinen Bauch nach außen kommen. Stell dir vor, du ziehst ein beruhigendes Elixier direkt in deinen Körper und in dein Gehirn.
- Atme langsam und vollständig durch die Nase aus. Erlaube deinem Bauch, sich zu entspannen. Mit jedem Ausatmen lass alle Sorgen und jede körperliche Anspannung los. Spüre die zunehmende körperliche Schwere. Geh nach innen und lass die Wahrnehmung deines Körpers los. Erfreue dich daran, dass du in der körperlichen Schale bist und sie von innen wahrnehmen kannst.
- Wiederhole die Einatmung und die Ausatmung sanft und beständig.
- Wenn dein Geist abschweift, bringe ihn zurück zum Atem.
- Versuche, die Übung nicht zu intensiv zu machen oder dich dabei zu beurteilen. Es geht hier nicht um einen Wettkampf.
- Praktiziere diese Übung 5 bis 10 Minuten lang.
- Wenn die Zeit abgelaufen ist, atme tief ein und kehre sanft in die Außenwelt zurück.

Wenn du diese Übung öfters ausführst, dann werden ihre positiven Wirkungen dich dazu bringen, dass du sie noch öfter üben willst.

Übung 2: Die vollständige yogische Tiefenatmung

Die gesamte Atmung während dieser Übung wird durch die Nase gemacht. Man lernt diese Übung meist im Liegen, aber man kann sie auch im Sitzen oder sogar im Stehen ausführen. Da sie eine Grundlage für viele weitere Atemübungen ist, sollte man sie regelmäßig üben, bis man sie beherrscht.

Phase 1: Bauchtamung

- Liege auf dem Rücken, schließe deine Augen und konzentriere dich auf deinen Atem.
- Lege deine Handflächen auf den Bauch und entspanne deine Finger. Atme tief ein und versuche, den Unterbauch aufzublähen. Atme vollständig aus und entspanne deinen Bauch. Entspanne.
- Wiederhole dies dreimal.

Phase 2: Rippenatmung

- Lasse deine Hände aufwärts bis zu den Außenseiten der Rippenbögen gleiten.
- Blähe deinen Unterbauch wie in Phase 1 auf, aber dann atme weiter ein, bis dein Atem deine Rippenbögen auf der Seite ausgedehnt hat.
- Atme dann in der umgekehrten Reihenfolge aus: Entspanne den Rippenbogen zuerst, während du deinen Bauch noch aufgebläht hältst, dann entspanne auch den Bauch. Diese kontrollierte Abfolge kann man nicht sofort ausführen, sie muss viele Male geübt werden, ehe man sie beherrscht. Es kann helfen, den Magen ganz leicht nach außen zu wölben, wenn man die Rippen loslässt, und dann den Bauch zusammenzuziehen, um die Luft herauszupressen. Entspanne dich einen Augenblick lang, ehe du die Übung wiederholst.
- Wiederhole die Übung dreimal.

Phase 3: Brustatmung

- Halte eine Hand auf der äußeren Seite des Rippenbogens und lege die andere auf die Brust oder das Brustbein.

- Atme ein und fülle nacheinander mit deiner Atmung den Bauch, die Rippen und dann die obere Brust.
- Atme aus und kehre diese Reihenfolge um – entspanne zunächst deine Brust, dann deine Rippenbögen, dann deinen Bauch. Entspanne dich vollständig.
- Wiederhole die Übung dreimal.

Es braucht etwas Zeit, um diese Sequenz zu lernen, aber mit einiger Übung kann man sie gut meistern.

Phase 4: Vollständige Tiefenatmung

- Liege auf dem Rücken, die Arme neben deinem Körper, die Handflächen nach oben. Oder lege eine Hand auf deinen Bauch und die andere auf deine Brust.
- Übe die gesamte vollständige Atmungssequenz (Bauch, Rippenbögen, Brustkorb) in einem einzigen, gleichmäßigen Atemzug, ohne Druck auszuüben.
- Übe dann das Ausatmen in der entgegengesetzten Reihenfolge. Dann entspanne dich.
- Wiederhole die Übung dreimal, dann liege einfach entspannt da und kümmere dich nicht um deinen Atem.
- Schenke dich dir selbst, gib dich hin. Schwebe in heiterer Klarheit, bis du wieder zu deinen Alltagsaktivitäten zurückkehren möchtest. Dann atme sanft einige Male tief ein und aus, rolle dich auf die Seite und komme anmutig nach oben.

Die Praxis der Meditation

Übung 3: Der Lichtatem

Diese Technik integriert eine stehende Form der vollen yogischen Atmung in eine Übung, bei der du deine Handflächen und deine Chakras auflädst. Sie wird der „Lichtatem" genannt, weil du dabei die Energie lenkst, während du sie als eine Kraft heilenden Lichts visualisierst.

Bevor du sie übst, mache diese vorbereitende Übung: Reibe deine Handflächen gegeneinander, bis sie heiß sind. Dann halte sie 20 cm auseinander und bringe sie dann langsam zueinander. Spüre die Empfindungen in deinen Handflächen. Wenn du nichts fühlst, dann wiederhole den Prozess mit geschlossenen Augen, um die feinere Wahrnehmung zu verbessern. Spüre, ob du etwas von den folgenden Wahrnehmungen bei dir entdecken kannst: a) das Gefühl eines unsichtbaren Kissens zwischen deinen Handflächen, so, als ob sie gegen einen unfühlbaren Widerstand drücken würden, oder b) eine rasche Beschleunigung, wenn die Handflächen sich aufeinander zubewegen, so, als ob eine starke Kraft sie gegenseitig anziehen würde.

Was geschieht hier? Wenn man Magnete zusammenführt, dann ziehen sie sich entweder an oder sie stoßen sich ab, je nachdem, welche Polarität auf den anderen zeigt. Magnetismus ist ein Nebenprodukt von Energie und, da unsere Körper bio-energetisch sind, intensiviert kräftiges Reiben die Energiefelder und die damit zusammenhängenden elektromagnetischen Reaktionen. Seine Hände energetisch aufzuladen, erleichtert es, unsere Lebenskraft und die magnetische Ladung in den Händen zu spüren. Der Lichtatem nutzt die Energie, die durch diese weniger wichtigen Chakras strömt, um unser Magnetfeld zu reinigen, indem wir die Handflächen in heilender Absicht über unsere Aura streichen.

Die Ausstrahlungen der Lebenskraft können das Energiefeld balancieren und reinigen, sie können es auch stärken und aufladen, wenn wir visualisieren, dass Energie in unsere Aura fließt. Wenn man das in der richtigen Weise tut, dann erfährt man ein Gefühl vitalisierter Reinheit.

Probiere jetzt die folgende Übung. Die Atmung sollte immer durch die Nase erfolgen, und zwar auf sanfte, stetige Weise.

Teil 1: Die Einatmung

- Stehe entspannt, die Hände hängen locker auf beiden Seiten des Körpers.
- Atme aus und beuge dich so weit, wie du kannst, nach vorne, wobei du die Knie entspannen und nicht durchdrücken solltest.
- Reibe deine Handflächen kräftig gegeneinander, wie in der Einleitung zu dieser Übung.
- Drehe nun deine Handflächen herum, so dass sie zur Körpervorderseite zeigen.
- Atme langsam und tief ein und richte dich auf, wobei die Handflächen weiter zu dir zeigen sollten.
- Stelle dir vor, dass Energie von deinen Handflächen über dich strömt und deinen Körper in Licht badet.
- Stelle dir vor, dass du beim Einatmen positive Eigenschaften wie Freude, Frieden oder Vitalität in dich aufnimmst.
- Mache mit dieser Einatmung und Vorstellung weiter, bis deine Handflächen auf der Höhe deines Kopfes sind.
- Hebe nun die Hände über deinen Kopf, drehe die Handflächen zum Himmel in einer aufnehmenden Geste. Du solltest jetzt am vollsten Punkt der Einatmung angekommen sein.
- Halte hier dann kurz den Atem an.
- Stelle dir vor, wie heilendes Licht vom Himmel in deine Handflächen und von dort in deinen Körper fließt.

Teil 2: Die Ausatmung

- Atme nun langsam aus, ziehe die Hände nach unten vor dein Gesicht, wobei deine Handflächen nun nach innen zeigen.
- Stelle dir vor, wie aus deinen Handflächen Licht scheint und dich in eine reinigende, vitalisierende Umarmung hüllt.
- Lass die Licht aussendenden Hände weiter nach unten kommen – über deine Brust und über deinen ganzen Oberkörper.
- Beuge dich dann nach vorn, die Knie sind weiter entspannt, keine Anstrengung, während du nun Licht über deinen Unterkörper fließen lässt – deine Oberschenkel, deine Beine und deine Füße.

- Lasse alle Negativität – Erschöpfung, Krankheit und Sorgen – davon weggewaschen werden.
- Wenn du dich ganz nach vorn gebeugt hast, schüttele deine Finger, als wolltest du etwas Klebriges von ihnen abschütteln, was sich während der Reinigungsübung in ihnen angesammelt hat.
- Nun beginne von Neuem. Atme ein, richte dich langsam auf und stelle dir erneut vor, dass deine Handflächen Licht und positive Eigenschaften in den Körper-Geist ausgießen. Halte an, wenn die Hände in einer rezeptiven Haltung über dem Kopf angekommen sind.
- Diese Abfolge ist eine vollständige Sequenz. Du kannst mindestens sechs bis maximal 12 volle Sequenzen üben.
- Zum Abschluss halte deine Hände über dem Kopf, atme aus und stelle dir vor, dass du deinen Körper mit einem Lichtschein umgibst, indem du die Handflächen mit nach oben gerichteten Handflächen langsam am Körper nach unten führst, bis sie neben deinem Körper zur Ruhe kommen. Spüre dann die friedlichen Nachwirkungen. Behalte diesen Frieden so lange wie möglich in dir.

Die Lichtatem-Übung ist hervorragend dafür geeignet, negative Energien, die man während des Tages aufgenommen hat – beispielsweise von ärgerlichen Menschen oder negativen Umgebungen – wieder aus dem Körper zu entfernen. Sie ist auch nützlich, sich selbst von schlechten Stimmungen – Erschöpfung und feinstofflichem Leid zu befreien.

Übung 4: Der balancierte Atem

Atemübungen beeinflussen das Gehirn. Bestimmte Atemformen stimulieren die linke Gehirnhälfte und fördern so das analytische, logische und lineare Denkvermögen. Andere beeinflussen die rechte Gehirnhälfte mit ihren intuitiven, künstlerischen Fähigkeiten. Die nächsten beiden Übungen bringen beide Gehirnhälften ins Gleichgewicht.

Teil 1: Der einfache balancierte Atem

- Atme durch die Nase ein und zähle dabei bis zehn.
- Halte den Atem an und zähle dabei bis zehn.
- Atme durch die Nase aus und zähle dabei bis zehn.
- Dies ergibt eine Runde. Übe sechs Runden.

Eine Variation dieser Übung verstärkt die Lungenkapazität und die Sauerstoffversorgung; Zähle bei jeder Runde länger. Beispielsweise kannst du in der ersten Runde anfangen, indem du bis acht zählst, in der zweiten Runde bis zehn usw., bis du bei der letzten Runde etwa bei 20 angekommen bist. Das Muster, bei dem du erst einatmest, dann den Atem anhältst, dann ausatmest und wieder den Atem anhältst, sollte bei jeder Runde beibehalten werden.

Teil 2: Der alternierende Nasenatem

- Verschließe dein rechtes Nasenloch mit dem rechten Daumen.
- Atme durch das linke Nasenloch ein und zähle dabei bis acht.
- Halte das rechte Nasenloch geschlossen und schließe jetzt auch mit dem Ringfinger der rechten Hand das linke Nasenloch. Wenn es dir schwerfällt, dies mit dem Ringfinger zu tun, nimm irgendeinen anderen Finger der rechten Hand.
- Während beide Nasenlöcher geschlossen sind, halte den Atem an und zähle bis acht.
- Nun löse den Daumen von deinem rechten Nasenloch und atme durch das rechte Nasenloch aus. Zähle dabei bis acht.
- Atme sofort danach durch das rechte Nasenloch wieder ein und zähle dabei bis acht.

Die Praxis der Meditation

- Schließe beide Nasenlöcher und halte den Atem an, während du bis acht zählst.
- Löse den Ringfinger und atme durch das linke Nasenloch aus, zähle dabei bis acht.
- Dies ist eine Runde. Beginne von vorn, versuche aber dabei, den Atem länger hinauszuschieben, zähle jetzt jedes Mal bis zehn, dann bis 12, dann bis 14, 16, 18 usw. Beginne mit drei Runden und arbeite dich bis zu sechs Runden hoch.

Und noch einmal: Wenn es dir nicht gelingt, deine Finger so zu koordinieren, wie hier beschrieben, dann tu das, was dem am nächsten kommt und am besten für dich funktioniert.

Nun besitzt du hier eine Reihe von Atemübungen, aus denen du eine für dich auswählen kannst. Die Frage, die jetzt entsteht, ist folgende: Welche Übung sollst du auswählen, wann und warum? Mein Vorschlag ist, mit jeder Übung etwa eine Woche lang oder auch zwei zu experimentieren, und zwar in der Reihenfolge, in der ich sie hier genannt habe. Geh langsam voran, mache dich erst wirklich mit jeder Übung vertraut und lasse zu, dass dein Nervensystem sich auf ihre Wirkung einstellt. Dann wähle für dich eine bestimmte Übungsfolge oder Kombination, die auch unter verschiedenen Umständen praktikabel ist. Beispielsweise setze ich den Zentrierungsatem ein, wann immer es sinnvoll erscheint, mein Stress-Management in Ordnung zu bringen. Der vollständige Mittelbauch-Atem und der Lichtatem sind großartig, wenn man sie mit einer Hatha-Yoga-Übungsreihe kombiniert oder wenn man sich in ungesunden Umgebungen aufhält. Ich persönlich setze den balancierten Atem oder den alternierenden Atem ein, bevor ich meditiere. Aber dies ist meine Abfolge, nicht etwas, dem jeder folgen müsste.

Die Vorstellung dabei ist, die Übungen wirklich zu nutzen, um Energie ins Gleichgewicht zu bringen und dadurch die Konzentration zu verbessern, die innere Klarheit zu erhöhen, die Meditation zu erleichtern usw. Wie bei jedem System entsteht auch hier Meisterschaft durch Übung. Seid nicht ungeduldig. Dies sind sehr feinstoffliche Übungen, die ihre Ergebnisse langsam zeigen, aber sie werden sich ganz sicher zeigen, wenn man geduldig bleibt und sie immer weiter übt.

Zusammenfassung

Lasst uns nun kurz die Schlüsselprinzipien der Energie und dem mit ihr verbundenen Magnetismus zusammenfassen. Menschen sind Seelen, Funken des unendlichen göttlichen Geistes, die in drei verschiedenen Körpern eingeschlossen sind: dem Kausalkörper, dem Astralkörper und dem physischen Körper. Diese Körper arbeiten, weil Energie und Bewusstsein sie formen, sie füllen und sie beseelen. Jeder Mensch empfängt ein bestimmtes Maß an Vitalkräften, die durch richtige Ernährung, Bewegung, Einstellung, Aufnahme von Sonnenlicht und der Aufnahme kosmischer Energie erhöht werden kann.

Dem Naturgesetz zufolge gilt, dass überall da, wo Energie ist, auch Magnetismus vorhanden ist. Je größer der Energiefluss, desto stärker ist das Magnetfeld. Elektrizität stellt magnetische Wirkungen her und Magnetismus seinerseits stellt elektrische Wirkungen her. Die Beziehung zwischen den beiden wird Elektromagnetismus genannt und ist eine der vier grundlegenden Kräfte des Universums. Die Elemente, die wir hier diskutieren, sind keine halbwissenschaftlichen Theorien, die von den allgemeinen physikalischen Gesetzen abgetrennt sind, sondern die feinstofflicheren oder metaphysischen Aspekte, die eine spirituelle Bedeutung für die Anwendung auf unseren Lebensstil in sich tragen. Während Energie relativ eindimensional ist, ist Magnetismus dies nicht.

Wie wir die energetischen Kräfte anwenden, erzeugt magnetische Eigenschaften, die die Art von Mensch beeinflussen, die wir werden. Wie Licht, das durch ein farbiges Glas fließt, dessen Farbe annimmt, so ist es auch bei uns so, dass unser Bewusstsein und unser Magnetismus Eigenschaften von Aktivitäten übernimmt, wenn wir Energie in bestimmter Weise aufbrauchen. Wenn beispielsweise Menschen ihre Energie in ihre sexuellen Abenteuer investieren, dann werden sie auch einen korrespondierenden sexuellen Magnetismus hervorbringen. Solche fleischlichen Anziehungskräfte sind sicher in einem weltlichen Umfeld sehr populär, besitzen aber nur niedrigere moralische Schwingungskräfte. Wenn wir einen spirituellen Magnetismus erzeugen wollen – eine Art, die sich durch höhere Schwingungen auszeichnet – dann müssen wir uns auf Aktivitäten konzentrieren, die ein göttliches Bewusstsein zum Ziel haben. Um dies zu erreichen, ist es hilfreich, mehr über die feinstofflichen magnetischen Prinzipien zu lernen und, wie man sie anwendet.

Magnetischer Schwingungsaustausch

Magnetismus fließt von einer stärkeren Quelle zu einer schwächeren. Er fließt zwischen den Händen von Menschen, zwischen ihren Füßen, ihren Köpfen, ihren Augen und ihren Gedanken, selbst wenn man andere nur anschaut oder ihnen zuhört.

Da nun unbewusst so viel Energie ausgetauscht wird, ist es unglaublich wichtig, sich seine Gesellschaft gut auszusuchen, ebenso seine Umgebung. Einfach dadurch, dass du dich auf einen anderen Menschen konzentrierst, wird dein Geist in seine oder ihre Schwingungsfrequenz hineingezogen – wie ein Fernseher oder ein Radioapparat – und nimmt daraufhin sowohl die positiven als auch die negativen Aspekte dieses Menschen auf. So empfindsam ist das Wesen des Geistes und der Energie in uns.

Deshalb ist es überaus klug, wenn du vermeidest, dich mit herunterziehenden Menschen zusammenzutun, über sie nachzudenken oder über sie zu sprechen. Konzentriere dich stattdessen auf die erhebenden Handlungen, Gedanken und Einsichten spiritueller Wesen, zapfe ihren Einfluss an, und dein eigenes Wachstum wird sich verbessern. Da wir jeden Tag mit einer Menge Menschen umgehen müssen, solltest du dich auf ihre positiven Charaktereigenschaften konzentrieren statt auf ihre weniger positiven. Wenn du das tust, dann wirst du energetisch die rühmenswerten Eigenschaften sowohl in ihnen wie auch in dir stimulieren.

Hier sind einige ausgezeichnete Ratschläge, um einen positiven Magnetismus zu entwickeln:
- Halte dich körperlich fit.
- Iss reine Nahrungsmittel, darunter viel Obst.
- Halte dich wirklich ganz aufrecht.
- Bewege dich mit bewusster Lebenskraft.
- Vermeide träges Verhalten oder Launenhaftigkeit.
- Strebe danach, sowohl positiv wie auch enthusiastisch zu sein.
- Konzentriere dich zu 100 Prozent auf eine Sache, wenn du sie ausführst, halte dich jedoch offen, auch deine Aufmerksamkeit auf etwas anderes zu lenken, wenn das notwendig sein sollte.

- Höre mehr zu, als dass du redest.
- Kombiniere echte Gefühle mit Intelligenz.

Diese Übungen werden die Menge und die Qualität deiner Energie verbessern, denn sie öffnen die Tür zu einer kosmischen Lebensenergie und ziehen ihre grenzenlose Fülle zu dir. Wenn du solchen Behauptungen gegenüber skeptisch eingestellt bist, dann probiere das folgende Experiment aus: Sitze krumm da, wende deine Aufmerksamkeit nur nach innen, träge, mürrisch, iss nur Fast Food. Denk daran, dass dies als Experiment gemeint ist, nicht als bleibende Veränderung! Nimm wahr, wie du dich nach und nach immer weniger anziehend fühlst und wie auch andere dir weniger freundlich begegnen. Dann ändere dein Verhalten. Werde konzentriert, aufmerksam, ehrlich und dynamisch. Selbst wenn du dich anfangs gar nicht danach fühlst, nimm einfach dieses Bewusstsein an, bis dein Vortäuschen Wirklichkeit wird. Während deine geistige Ausrichtung und deine Energie sich auf die positive Seite verlagern, nimm dein zunehmendes körperliches und geistiges Wohlbehagen wahr. Spüre auch, wie andere sich mehr zu dir hingezogen fühlen. Eine positive Haltung ist in sich fruchtbringend und nützt jedem, da wir alle miteinander verbunden sind.

Über spirituellen Magnetismus

Energie muss in heilige Bahnen gelenkt werden, wenn wir einen spirituellen Magnetismus entwickeln wollen. Auf geistiger Ebene bedeutet dies, freundlich zu sein, liebevoll,, mitfühlend, freundlich, harmonisch, wahrhaftig, demütig, hingebungsvoll und weise. Auf körperlicher Ebene bedeutet dies, zu fasten, zu beten, andachtsvoll zu sein, zu meditieren und andere damit zusammenhängende Disziplinen auszuführen.

Spirituelle Wirklichkeiten sind kein Teil einer weit entfernt von uns liegenden himmlischen Herrschaft, sondern sie existieren hier, wo wir uns befinden. Wenn wir sie durch rechtes Denken, rechtes Sprechen und rechtes Handeln zum Ausdruck bringen, dann übernehmen wir diese Eigenschaften und wandeln uns. Zusätzlich zu einem erhebenden Lebensstil sollten wir einen weiteren Faktor bedenken, der unser inneres Erwachen begünstigt, und das ist, im

Einklang mit den Gefäßen des Göttlichen zu sein – mit Heiligen, Rettern oder Heiligen Schriften. Dieser Einklang ist ein wichtiger, und gleichzeitig feiner Aspekt der spirituellen Praxis: *„Aber allen, die ihn empfingen, denen gab er die Macht, zu Söhnen Gottes zu werden, selbst denjenigen, die an seinen Namen glaubten."* (5) Obwohl dieser Ausspruch früher in einzelne Bestandteile zerlegt wurde, bezieht er sich auf den spirituellen Einklang entsprechend der Gesetze energetischer Wesensverwandtschaft und des magnetischen Austausches, der durch konzentriertes Denken an erleuchtete Seelen erzeugt wird.

Auch Sri Yukteswar erläuterte: *„Mit seinem Guru zusammen zu sein, heißt nicht nur, in seiner körperlichen Gegenwart zu sein (da dies manchmal unmöglich ist), sondern bedeutet hauptsächlich, ihn im eigenen Herzen zu tragen und prinzipiell eins mit ihm zu sein und uns mit ihm in Einklang zu bringen."* (6) Sich auf solche erhabenen Seelen zu konzentrieren, bringt den Geist in Einklang mit ihren Eigenschaften, ihrer Energie und ihrem Bewusstsein und erhebt so das eigene Schwingungsfeld zu höheren, geheiligten Ebenen. Wenn man einen solchen Einklang anstrebt, dann sollte man sich die Augen des gewählten Heiligen vorstellen und auf eine empfängliche Weise in diese Augen schauen. Versuche zu spüren, wie das göttliche Bewusstsein von ihm zu dir hinfließt. Denke daran, wahre Empfänglichkeit ist keine passive Sache. *„Aber ihr sollt Ausführende des Wortes sein, nicht nur Hörende."* (7) Wachsamkeit und Bemühen sind notwendig, um den Geist erhoben zu halten. Verhalte dich in Übereinstimmung mit den göttlichen Lehren und mache dich durch Meditation und eine Praxis der Wahrnehmung des Göttlichen aufnahmebereit, dann werden die göttlichen Ergebnisse sich ganz sicher einstellen.

Zuletzt möchte ich gerne eine andere Form des Einklangs erwähnen, die ich empfängliches Lesen nenne. Zusammen mit der Entwicklung feinstofflicher Sensitivität kann man wahrnehmen, wie das Bewusstsein eines Autors sein oder ihr Schreiben durchdringt. Das ist der Grund dafür, dass man schon beim Lesen des Werkes eines echten Meisters ganz praktische Eingebungen und eine Seelennahrung erfahren kann. Nachdem ich ausgiebig die Schriften meines eigenen spirituellen Meisters und die anderer Traditionen studiert habe, kann ich bestätigen, dass dieser feinstoffliche Nutzen etwas ist, das über rein verbalen Inhalt und die technischen Einzelheiten hinausgeht.

Selbst bevor ich meinen Weg gefunden hatte, erkannte ich schon die Wahrheit dieser Aussagen. Als ich einmal vor vielen Jahren in einem esoterischen Buchladen war und wahllos durch die Bücher schaute, klappte ich zufällig ein Buch über tibetische Magie auf und war überrascht, was für eine starke bedrückende Energie von dem Text ausging. Tatsächlich bekam ich beinahe Kopfschmerzen davon. Dann bemerkte ich ein Buch von einem anderen tibetischen Mönch, den ich damals noch nicht kannte, nämlich dem Dalai Lama. Gespannt, ob ich auch bei diesem Text eine ähnliche körperliche Erfahrung machen würde, öffnete ich es und war zu meiner Freude überrascht, dass es in mir etwas vollkommen anderes auslöste – nämlich Wellen klarer Heiterkeit, die mich plötzlich durchfluteten. Ich will damit nur sagen, dass Energie und Magnetismus und ihr Einfluss auf die innere Entwicklung etwas sehr Reales sind. Diese Wirklichkeit anzunehmen und damit zu arbeiten, kann einen enormen Wert für spirituell Suchende darstellen und sollte in ihre Bemühungen einbezogen werden, sich weiterzuentwickeln.

Kapitel 10

•

Internalisierung:
Das Bewusstsein erweitern

Energie und Bewusstsein, wenn sie den Körper durchdringen, die Achtsamkeit durch die Sinne nach außen in die materielle Welt lenken: So lernen wir die Welt kennen, aber nicht Gott. Dieses Dilemma verursacht eine nachvollziehbare, aber nichtsdestotrotz unrichtige Identifizierung mit dem Sitz des Bewusstseins, der Seele, mit ihrem Behälter, dem Körper. Um diese Täuschung aufzuheben, muss die nach außen fließende Energie umgekehrt und das Bewusstsein erhoben werden. Demzufolge müssen wir lernen, diese Kräfte nach innen zu ziehen, also zu internalisieren und sie auf die Zentren höherer Wahrnehmung zu konzentrieren, damit sie den göttlichen Geist enthüllen. Wenn man das auf die rechte Weise vollzieht, dann lösen sich feinstoffliche Knoten energetischer Anhaftung und es wird möglich, ein zunehmendes Bewusstsein unserer wesenhaft göttlichen Natur und eine Freiheit von jeder Identifikation mit dem Sterblichen zu erlangen.

Internalisierung hilft uns, diese Ziele zu verwirklichen, indem sie die innere Natur der spirituellen Erkenntnis betont: *„Das Königreich Gottes kommt nicht durch Beobachtung: Weder werden wir sagen: Schau hierhin, schau dorthin! Denn, nimm wahr: Das Königreich Gottes ist in dir!"* (1)

Um diesen Prozess besser zu verstehen, denke in metaphorischen Begriffen. Stell dir vor, ein „strahlendes Licht", ein „Blitzlicht des Bewusstseins" auszusenden, so dass du überall, wo dieses Licht hinfällt, alles erkennen kannst. Wenn du deine Sinne aktivierst, kannst du die Welt erkennen, wenn du dies nach innen, in deinen Körper richtest, dann wird eine feinstoffliche Infrastruktur erkennbar. Die Mechanismen dieser Dynamik wurzeln in der Beziehung zwischen Energie und Bewusstsein. Wo immer das Bewusstsein hingeht, dorthin folgt die Energie, und das gilt auch umgekehrt. Demzufolge, wenn das Bewusstsein von den Sinnen abgezogen wird, wie im Schlaf, dann werden aktivierende Energiebahnen unterbrochen und die Sinneswahrnehmungen können das Gehirn nicht mehr erreichen. Während solcher Pausen verschwinden das Bewusstsein und die Energie jedoch nicht einfach, sondern sie ziehen sich zurück, ihre Funktion wird nach innen gezogen. Wie gesagt, geschieht dies ganz automatisch im Schlaf. Die Energie zieht sich zurück und das Bewusstsein des Äußeren schläft ein. Aber zu schlummern ist etwas Passives, das uns mehr zustößt, als dass wir es lenken, und der Abstieg des Bewusstseins ins Unterbewusste ist, spirituell betrachtet, nicht förderlich. Um unser spirituelles Erwachen zu fördern, das wir anstreben, müssen wir bewusst unsere Sinne abschalten und unser Bewusstsein auf eine Ebene des Überbewusstseins anheben, wo die Seelenzustände bewusst wahrgenommen werden können. Darin besteht der einzige Sinn der Internalisierung und irgendwann der Meditation.

Die Konzentration muss in spirituellen Dingen makellos sein, damit die Erkenntnisse eindeutig sind. Genauso wie Seen ihre spiegelbildähnliche Fähigkeit der Widerspiegelung verlieren, wenn sie vom Wind aufgepeitscht werden, so verfälschen Sinneseindrücke die geistige Klarheit und gefährden das Urteilsvermögen. Das Bewusstsein nach innen zu richten, optimiert die Konzentration und die Wahrnehmungsfähigkeit, weil sie die Ablenkungen durch die Sinne auslöscht und ermöglicht, dass höhere spirituelle Wahrheiten auf intuitive Weise in ihrer ursprünglichen Bedeutung wahrgenommen werden können. Materielle Menschen mögen solche Themen irrelevant finden, weil die sinnesbasierten Handlungsweisen nicht feinstofflich sind. Für spirituell Suchende jedoch ist die Internalisierung besonders wichtig, weil höhere Ebenen der Wirklichkeit nun einmal ein feinstofflicheres Niveau besitzen. Ein richtig nach innen gelenktes Bewusstsein empfängt nachweisliche Beweise davon, was ansonsten reine esoterische Theorie wäre, und gewinnt spirituelle Einsichten, die auf andere Weise nicht gewonnen werden können.

Eine Geschichte aus dem Leben und der Ausbildung von Swami Vivekananda zeigt den lebensverändernden Einfluss echter Internalisierung. Wie bereits berichtet, begann Vivekananda seine spirituelle Reise als hingebungsvoller, aber dennoch skeptischer Mann. Zu der Zeit schien Indien eine Fülle heiliger Männer zu besitzen. Dennoch war es nicht leicht, einen vollständig erleuchteten Meister zu finden, denn, wie auch die Bhagavad Gita sagt: *„Aus Tausenden heraus strebt ein einziger nach spiritueller Verwirklichung, und aus vielen gesegneten wahren Suchenden, die ernsthaft danach streben, Mich zu erreichen, nimmt Mich vielleicht einer wahr, wie Ich wirklich bin.“* (2) Nachdem er Sri Ramakrishna begegnet war und gehört hatte, dass dieser die volle Gottesverwirklichung erreicht hatte, wollte Vivekananda immer noch einen Beweis für diese Behauptung sehen. Und wenn man auch verstehen kann, dass ein Aspirant einen gewissen Wahrheitsnachweis möchte, müssen Meister eigentlich ihren Schülern nicht beweisen, welchen Status sie erreicht haben – es sei denn, sie werden von etwas in ihrem Inneren dazu gedrängt. Und das war hier offenbar der Fall. Eines Tages ging Sri Ramakrishna unter seinen Anhängern umher und tippte Vivekananda leicht an. Dieser fiel sofort in eine ekstatische Trance und nahm die Außenwelt gar nicht mehr wahr. Indem er sich an die danebensitzenden Schüler wandte, erklärte Ramakrishna, dass Vivekananda diesen erhabenen Zustand bekommen hatte, weil er ihn von nun an nicht wieder erleben würde, bis er sich an seine Identität als Weiser erinnerte, der vom Absoluten geschickt worden war, und es an der Zeit war, nun seinen Körper zu verlassen. Sri Ramakrishna bemerkte auch, dass Vivekanada eine bedeutsame Mission zu erfüllen habe, bevor er den physischen Bereich verlassen würde, und dass er selbst den Schlüssel zu Vivekanandas Befreiung in Händen halte. Unnötig zu sagen, dass Vivekananda nach seiner Rückkehr in das gewöhnliche Bewusstsein nun von Sri Ramakrishnas hohem Status überzeugter war als vorher.

Innere Erfahrungen wie diese haben einen verständlicherweise tiefgreifenden Effekt. Sie öffnen Wahrnehmungsfenster zu gewöhnlich unerreichbaren spirituellen Wirklichkeiten. Adepten mögen willentlich transzendente Zustände erreichen, aber die meisten von uns brauchen die Hilfe eines Meisters, um dorthin zu gelangen. Meister dienen als Kanäle für die göttliche Gnade, die durch dafür bereite Seelen fließt und sie erhebt. Damit niemand sich wundert – wenn eine erhebende Erfahrung richtig für dich ist, dann wird sie geschehen. Wenn du dazu noch nicht bereit bist, dann wird sie nicht geschehen. Tu deshalb dein Bestes und lass zu, dass die Ergebnisse sich in passender Zeit entfalten, ohne dass du festlegen willst, welche Ergebnisse sie für dich bringen sollen. Der göttliche Geist weiß schon, was für dich richtig ist, und zwar bei jedem Schritt, den du in deinem Prozess tust.

Internalisierung ist eine Fähigkeit, die sich nach und nach entwickelt und die Praxis braucht, wenn man sie meistern will. Die Anfangsstadien sind gekennzeichnet durch eine tiefe Entspannung, bei der sich der Körper schwer, schlaff und vollständig locker anfühlt. Dieses Gefühl wird oft von einer Art Halbschlaf begleitet, der sich gewöhnlich in den Momenten zwischen Wachsein und Einschlafen einstellt. Wenn wir kurz vor dem Einschlafen sind, dann haben wir oft ein Gefühl, in unserem Körper eingesponnen zu sein – wir bewohnen ihn, sind aber nicht mehr mit ihm identifiziert. Dieser Zustand ist so behaglich, dass es unangenehm ist, ihn wieder zu verlassen, ganz gleich, aus welchem Grund. Bewegung bringt Energie in die Gliedmaßen und weckt das Bewusstsein aus seiner heiteren Ruhe. Und dann ist die Stimmung ganz einfach verdorben!

Während solche halbbewussten Zustände einfach angenehm sind, können Erfahrungen mit dem Suprabewusstsein wesentlich bedeutsamere Eindrücke hinterlassen. Wenn die Energie sich immer weiter nach innen zieht und auf die richtige Weise konzentriert wird, dann wird das Körperbewusstsein ersetzt durch ein Bewusstsein der Ströme in deiner Wirbelsäule. Die damit verbundenen Empfindungen reichen von einer riesengroßen Ausdehnung bis zu einer tiefgründigen Schwere, körperlicher Auflösung, ansteigenden Energiesäulen, innerem Licht, Klängen, feinstofflichen astralen Düften, extremer Ruhe, Liebe und einem herzöffnenden Überflutetwerden mit Freude. Solche Wahrnehmungen sollten nicht gesucht werden, weil man in ihnen verweilen möchte, noch sind sie für sich genommen eigentlich bedeutsam. Nein, sie zeigen uns nur an, dass wir Seelen sind, die in vielfachen Körpern eingebunden sind, nicht nur fleischliche, sterbliche Wesen. Lasst uns nun untersuchen, wie man diese Internalisierung erreichen kann.

Internalisierungsübungen

Die Augen zu schließen, gibt dem Geist die Idee, dass man bald schlafen wird, aber Schlaf verursacht eine passive Entkoppelung der Sinne, eine Art unbewusster Internalisierung. Für unseren Zweck wollen wir uns nur bewusst

Die Praxis der Meditation

entspannen, und zwar in immer tieferen Ebenen, gleichzeitig aber wollen wir vollkommen bewusst und achtsam bleiben. Das fordert, dass wir unsere geschlossenen Augen auf das spirituelle Augenbrauenzentrum gerichtet halten, was wiederum den Geist auf das Suprabewusstsein ausrichtet.

Die nächsten beiden Übungsfolgen helfen dabei, Energie und Bewusstsein auf geschickte Weise zurückzuziehen.

Übung 1: Energierückzug

- Sitze aufrecht in einem Stuhl mit gerader Rückenlehne oder auf einem Kissen auf dem Boden.
- Schließe die Augen und schau nach oben zum Dritten Auge.
- Atme durch die Nase ein und zähle dabei bis acht, halte den Atem an und zähle dabei bis acht, dann atme aus und zähle dabei bis acht. Tu dies sechsmal.
- Als Nächstes atme mit einem doppelten Atemzug ein durch die Nase. Lass die Atemzüge kurz und tief sein.
- Halte den Atem an und spanne nach und nach den Körper an, bis er vibriert.
- Spüre, wie die Energie den Körper durchflutet (was sich als Spannung bemerkbar macht)
- Atme nun aus mit einen doppelten Ausatemzug, kurz und tief. Atme dabei durch den Mund.
- Lass den ganzen Atem los und lass auch alle Muskeln los.
- Achte sorgsam darauf, wie sich die Energie aus dem Körper zurückzieht (was sich als Entspannung bemerkbar macht).
- Wiederhole diese Doppelatmung dreimal.
- Stelle dir Ströme von Energie vor, die aus den Gliedmaßen zurück zur Wirbelsäule strömt. Spüre sie.
- Wiederhole die Doppelatmung erneut dreimal.
- Konzentriere dich erneut auf die Energie, die sich aus der Körperoberfläche in die Wirbelsäule zurückzieht. Spüre sie.
- Lass das Körperbewusstsein los und konzentriere dich darauf, in der Wirbelsäule zentriert zu sein.

Übung 2: Das Bewusstsein zurückziehen

- Sitze mit aufrechter Wirbelsäule, schließe die Augen und richte die Augen auf das Dritte Auge.
- Stelle dir vor, du schläfst jetzt ein.
- Spüre die Empfindung, loszulassen, aber bleibe bewusst und konzentriert am Dritten Auge.
- Lass jeden Atemzug dich tiefer in den Kern deines Körpers tragen.
- Achte nicht mehr auf irgendwelche Sinnessignale, während jeder Aufmerksamkeitsstrom dich weiter nach innen führt.
- Tauche immer tiefer nach innen, weg von der äußeren Welt.
- Schwebe in einem inneren Ballon aus Frieden.
- Schmilz und löse dich in einen heiteren Zustand „reinen Seins" auf.
- Indem du ganz tief in dir bist, kannst du die Außenwelt ganz einfach hinter dir lassen.

Entwickele so deinen Rückzugssinn, der sich in die Wirbelsäule zurückzieht und dort zentriert. Behalte das Gefühl, selbst wenn du dann in die Welt und ihre Aktivitäten zurückkehrst. Setze dich auf, bewege dich und atme mit einer nach innen gerichteten Haltung, und du wirst dich körperlich und emotional mehr im Gleichgewicht fühlen, während du dies tust.

Von einer yogischen Perspektive aus betrachtet, ist der Rückzug der Sinne ein ebenso lebenswichtiges Werkzeug, wie das Atmen dies für das äußere Leben ist. Es ist nicht relativ zu den Dingen, es ist die Art, wie Dinge nun mal funktionieren. Ebenso, wie man nicht schwimmen gehen kann, ohne dabei ins Wasser zu gehen, kann man die göttlichen Bereiche nicht erreichen, ohne dass man nach innen geht. Die materielle Welt ist nun einmal immer nur eine äußerliche, und der Bereich des Göttlichen ist immer ein innerer. Dennoch erlebt nicht jeder, der nach spirituellem Wachstum strebt, diese inneren Erfahrungen. Manche haben auch Angst davor und denken, dass die feinstoffliche Landschaft voll von täuschenden Mächten ist. Andere ziehen es vor, gute Werke zu tun, oder andere, sichtbare Rituale zu vollziehen. Obwohl auch solche Handlungen sicher positiv zu sehen sind, bringen sie den Menschen nicht zur Selbstverwirklichung.

Die Praxis der Meditation

Diese Beobachtung bringt uns zur Internalisierung zurück. Die innere Entwicklung ernst zu nehmen, bedeutet die Notwendigkeit, sich wissenschaftlichen, wiederherstellbaren Methoden zuzuwenden, die ein solches echtes Wachstum begünstigen. Ich betone diesen Punkt hier noch einmal, weil bedeutsame spirituelle Themen damit angesprochen werden. Wenn Menschen sich an solchen Weggabelungen befinden, dann kommen oft gegenteilige Einflüsse, Gewohnheiten oder Gedanken nach oben, die ihre Stärke prüfen. Solche Muster haben wir schon früher angesprochen, dennoch sind sie bei diesem Thema Teil der damit verbundenen Wirklichkeit und der Notwendigkeit, achtsam zu sein. Ansonsten kann der unachtsame oder mit sich im Konflikt stehende Mensch das Gefühl haben, dass seine inneren Bemühungen von den rüttelnden Stürmen der Täuschungen zerstört werden. Im Folgenden ein Beispiel dafür, was ich damit sagen will.

Bevor eine frühere Schülerin von mir aus dem Bundesstaat wegzog, war sie regelmäßig zu mir zur Meditation, zum Chanten und zu Hatha-Yoga-Kursen gekommen, denen sie mit anhaltendem Enthusiasmus folgte. Sie erlebte dabei einen heilsamen, balsamischen Effekt auf ihr ansonsten ziemlich chaotisches Leben. Um sie dabei zu unterstützen, ihren unmittelbar bevorstehenden Übergang leichter zu gestalten, besorgte ich einige Bücher, um ihr spirituelle Nahrung mitzugeben. Einige Wochen später traf ich zufällig ihren Ehemann, der kurz in die Stadt gekommen war, um geschäftliche Dinge zu erledigen. Als ich ihn nach seiner Frau fragte, hörte ich, dass sie mit den spirituellen Übungen, die sie vorher so angenehm fand, nun Schwierigkeiten habe. Wie ich es verstehe, fragte sie sich ständig: „Warum sollte ich mich jetzt noch bemühen? Wenn wir sowieso wiedergeboren werden, warum soll ich nicht einfach auf eine Existenz warten, in der ich mehr Lust dazu habe?" Und trotz all meiner Versuche, sie in Ferngesprächen noch zu beraten, verlor die disziplinierte innere Entwicklung den Kampf gegen die Früchte des Augenblicks.

Das Dilemma meiner ehemaligen Schülerin ist eins, das viele ernsthaft Suchende erleben. *„Die Ernte ist wahrlich vielfältig, aber Arbeiter dafür gibt es wenige."* (3) Und wirklich inspirierte ein ähnlicher innerer Konflikt den Überlieferungen zufolge sogar den heiligen Augustinus von Hippo zu seinem sehr irdischen Gebet, als er den Herrn bat: „Herr, schenke mir Keuschheit und Mäßigkeit, aber noch nicht jetzt." (4)

Der Kampf zwischen dem Körper und der Seele ist ein klassischer und er ist unvermeidlich. Er ist das Ergebnis der Tatsache, dass wir teils Fleisch und teils Seele sind. Die Sehnsüchte der Seele treffen auf körperliches Verlangen, so lange, bis der Konflikt durch Weisheit gelöst wird. Die meisten Menschen geben sich ewig lange äußeren Launen hin, ehe das Ego seine Verrücktheit erkennt. Selbst wenn man es besser weiß, sind viele Menschen so gebunden an sinnliche Freuden, dass es wiederholter Heftigkeiten durch Unglücksfälle, Frustrationen und Desillusionierungen bedarf, bevor es zu einer echten Bereitschaft zur Veränderung kommt, die wirklich greifen kann. Vergangene Gewohnheiten und Begehrlichkeiten ringen selbst dann noch weiter im Inneren um Vorherrschaft. Die Internalisierung spielt hier eine Schlüsselrolle, um eine echte Veränderung zu bewirken und uns wirklich in spirituelle Zustände einzuführen, die befriedigender sind als reine Sinnesfreuden. Als Verbindungsmittel zum höheren Bewusstsein schenkt sie uns eine Basis für einen Vergleich, der die Wahrnehmungen von Freude aus äußeren Quellen mit den inneren abgleichen und neu konfigurieren kann. Indem das geschieht, wird der Entschluss gestärkt, die süchtigmachende Sinnestäuschung hinter sich zu lassen. Ohne diese Basis wären die ursprünglichen Versuchungen übermächtig.

Bei der Diskussion „Sinne oder Geist" gibt es unendlich viele gegenläufige Botschaften. Für einige ist die Meinung, dass es überhaupt einen Konflikt zwischen den beiden gibt, schon unrichtig und eine Unterdrückung des Bildes vom ganzheitlichen Menschen. Meiner Erfahrung nach müssen wir dagegen lernen, alles zu spiritualisieren und Paradoxa anzunehmen. Ob es einem nun gefällt oder nicht, es gibt gewisse Aspekte der universellen Schöpfung, die einen in die Irre führen können und um die man wissen sollte, weil sie eben so sind, wie die Dinge nun mal sind. Solange man schläft, kommt einem jeder Traum wie eine Wirklichkeit vor, so lange, bis man aufwacht. Ein ähnliches Spiel des göttlichen Bewusstseins durchzieht den Traum der Schöpfung und des falschen Gefühls der Trennung vom göttlichen Geist. Nur durch unmittelbare Einsicht erwachen wir und erkennen die göttliche Einzigartigkeit.

Wir müssen also lernen, uns selbst zu erkennen in dem, was wir sind: sowohl Materie als auch Geist. Wir müssen die Regeln der Schöpfung einhalten, aber gleichzeitig erkennen, dass wir im Grunde genommen mehr als das sind. Unser Einsatz für den materiellen Bereich verändert sich, wenn wir an Wissen zunehmen und lernen, dass die scheinbar objektive Welt keine letztliche Wirklichkeit ist, sondern das kreative Display des göttlichen Geistes. Dann fangen wir an, darüber hinauszusehen und die bleibende spirituelle Quelle zu erkennen, die es erschaffen hat.

Die gute Nachricht ist, dass der Würgegriff der Sinnesfallstricke durch die Erhöhung der göttlichen Kommunion gelockert werden kann. Geringere Sehnsüchte werden nach und nach neutralisiert, wenn das Herz vor Liebe zu Gott in Flammen steht und wir erkennen, dass unser Hunger nach Erfüllung wirklich in unserem Inneren gestillt werden kann. Und auch, wenn solche Zustände eine Weile brauchen, um sich einzustellen und sich zu stabilisieren, zahlt sich geduldige Zähigkeit aus. Selbst kleine Vorwärtsschritte sind bedeutsam, da jeder Schritt das Vertrauen in den nächsten vergrößert. Unternimm kontinuierliche Anstrengungen, bis deine guten Gewohnheiten die schlechten ersetzen und die inneren Zustände dauerhaft werden. Seid nicht entmutigt, wenn ihr unwillentlich entmutigt werdet oder vom Wege abkommt. Steht auf und versucht es erneut. Bleibt auf dem Weg. Lasst euch von Yoganandas Ratschlag trösten, dass Heilige lediglich Sünder sind, die nie aufgegeben haben. Und wie sein Guru, Sri Yukteswar, es auf ähnliche Weise ausdrückte: *„Vergiss die Vergangenheit... Die verschwundenen Leben aller Menschen sind dunkel und voll Schande. Das menschliche Verhalten ist immer unzuverlässig, ehe es im Göttlichen verankert ist. In der Zukunft wird sich alles verbessern, wenn du JETZT deine spirituellen Anstrengungen unternimmst."* (5)

Kapitel 11

—— • ——

Wie man die Kunst der Konzentrationsfähigkeit entwickelt

Kunstfertigkeiten sind gewöhnlich Seiten in einem Menschen, die man nach und nach in sich entwickelt, anders als natürliche Talente. Dennoch kann man auch Talente verbessern und außergewöhnlich machen, wenn man eine geeignete Ausbildung bekommt und sie so verfeinert. Unser nächster Schritt, bei dem es um die Entwicklung der Konzentrationsfähigkeit geht, ist darin keine Ausnahme. Manche glauben, sie sei das Nebenprodukt einer soliden Arbeitsethik oder die Widerspiegelung eines angeborenen Charakterzuges, andere glauben, sie ergebe sich automatisch, einfach dadurch, dass man sich auf irgendetwas konzentriert, was gerade zur Hand ist. Beide Vorstellungen haben ihre Vorzüge, dennoch untersucht keine von ihnen die darunterliegende Natur der Konzentration selbst und demzufolge, wie sie verlässlich verbessert werden kann. Diejenigen, die keine Konzentration aufbringen können, können sie jedoch erlangen, und diejenigen, die diese Fähigkeit bereits besitzen, können sie noch verbessern.

Aber was genau ist eigentlich Konzentrationsfähigkeit? Sie ist die Kraft, die geistige Aufmerksamkeit von Objekten, die einen ablenken könnten, abzuziehen und sie stattdessen ohne Unterlass auf gewählte Dinge oder Themen zu richten. Sie wird entwickelt und verbessert, indem man lernt, ablenkende Objekte oder Themen ganz auszuschalten und dann die ursprüngliche Wahrnehmung in voller Absicht auf ein einziges Objekt oder Thema auszurichten. Was können nun diese ablenkenden Dinge sein? Sie bestehen aus Sinneseindrücken und den damit verbundenen Gedanken und Erinnerungen, die sie erzeugen. Und wie kann der Geist sich von solchen ablenkenden Dingen befreien?

Durch Energiekontrolle und Rückzug der Sinne. Die Bedeutsamkeit dieser beiden Punkte kann durch das Folgende veranschaulicht werden:

Stell dir vor, du hast am folgenden Tag einen wichtigen Arbeitsauftrag zu erfüllen. Du gehst in dein Büro und schließt die Tür, setzt dich hin und beginnst, einen Handlungsplan zu entwerfen. Das Telefon klingelt, aber du ignorierst es. Nichts kann dich jetzt stören. Alles geht nach Plan, aber der Raum fühlt sich stickig an, deshalb öffnest du ein Fenster. Nun hörst du, wie die Nachbarkinder im Hof Basketball spielen, sie machen Lärm, aber sie haben auch ganz offensichtlich Spaß dabei. Du denkst einen Moment lang an einige deiner eigenen Spiele in den Hinterhöfen, besonders an eins, bei dem du gegen diesen unglaublichen Frechling spielen musstest. Und, ist das Leben nicht lustig? Wer hätte je gedacht, dass ausgerechnet ihr beide irgendwann heiraten würdet? Und was für eine unglaubliche Hochzeitsreise habt ihr auf den Kaiman-Inseln verbracht! Jaja, so ist das Leben…

Dieses ganze Szenario hat sich einzig und allein aufgrund von zwei Sinneseindrücken in dir entfaltet, das deines Fühlens und das deines Hörens. Alle darauf folgenden Gedanken waren unkontrollierbare Reaktionssequenzen. Stell dir einmal vor, wie wir auch auf Dinge reagieren, die wir sehen, auf Dinge, die wir riechen, oder auf Geschmack! Kurz gesagt, all diese Sinne muss man meistern, damit man den Geist in Schach halten kann. Denn sonst sind wir immer wieder der ganzen Symphonie der Eindrücke und den damit verbundenen Erinnerungen unterworfen, die sie in uns erwecken können. Um zu verstehen, wie man eine solche Kontrolle erzeugen kann, lasst uns das Hauptprinzip wiederholen, das wir in dem Abschnitt über die Internalisierung benannt haben: Sinneswahrnehmungen können zeitweise unterbrochen werden, wenn die Energie vom Körper zurückgezogen und in tiefere Entspannung nach innen gebracht wird. Dies ist ein unumgängliches Dogma, wenn man die Sinne beherrschen will, und von daher auch für die Entwicklung von Konzentration.

Mache nun, genau jetzt, einen Augenblick Pause und mach dir bewusst, was wir bisher gelernt haben. Alles ist Energie und vom göttlichen Geist gemacht. Die Prinzipen, die diese Kosmologie beherrschen, zu verstehen und anzuwenden, unterstützt uns dabei, auf optimale Weise spirituelle Verwirklichung zu erlangen. So einfach das auch klingen mag, ist es dennoch sehr tiefgründig. Das

Mysterium der Schöpfung und wie man lernen kann, die Einheit mit seinem Schöpfer zu erlangen, ist nichts, über das man auf nutzlose Weise spekulieren sollte. Es geht hier vielmehr um eine innere Wissenschaft und eine unmittelbare Gotteserfahrung.

Lasst uns deshalb in unserem Prozess weitergehen und die Aspekte der Internalisierung und Konzentration erforschen, die mehr für fortgeschrittene Schüler wichtig sind.

Das Herz kontrollieren: Den Sinnesmechanismus beherrschen

Die alten Yogis beobachteten, dass die Lebenskraft vom Gehirn aus absteigt und erst durch das Herz und dann in die sensomotorischen Nerven fließt. Diese wiederum geben dies an die Außenwelt ab und treten mit ihr in Interaktion. Systematische Entspannung kehrt das Fließen der Energieströme aus den Muskeln und in einem besonderen Maße auch aus dem sensomotorischen System um. Um aber die Sinne vollkommen abzuschalten und einen höheren Rückzug zu erreichen, braucht es mehr als das. Der Rückzug der Energie muss ausgeweitet werden auf das Herz, durch das die Energie vor allem fließt. Der Weg, dies zu erreichen, ist ganz einfach und dennoch extrem wirkungsvoll: Man braucht einfach nur den Atem zu beobachten. Die Herz-Lungen-Funktionen sind sehr nahe miteinander verbunden und von daher haben die Atemmuster einen reziproken Effekt auf die Herzaktivität. Eine passive, jedoch bewusste Beobachtung des Atems hat die Wirkung, das Herz zu beruhigen, besonders, wenn man dies noch mit weiteren bestimmten Techniken verbindet. Wenn dann die Herzschlagrate abnimmt, dreht sich die Richtung der Energie, die ins Herz fließt, um, zieht sich wieder zurück in die feinstoffliche Wirbelsäule und fließt nach oben ins Gehirn. An diesem Punkt trennen sich die sensomotorischen Nerven und setzen in uns die Fähigkeit frei, uns voll und ganz, ohne irgendwelche Störungen zu konzentrieren, die von den äußeren Sinneseindrücken ausgehen.

Atmen ist für die körperlichen Prozesse notwendig. Die Aufnahme von Sauerstoff dient dazu, das abfalltransportierende venöse Blut in das vitalisierte arterielle Blut umzuwandeln, um Energie für den Körper bereitzustellen. Die Abfallmaterie ist Ergebnis von Stoffwechselfunktionen, die die Zellen unumstößlich altern lassen. Wenn die Stoffwechselaktivität hoch ist, dann erhöht sich auch die Produktion venösen Blutes wie auch der Bedarf des Körpers nach Sauerstoff, um das System zu reinigen. Umgekehrt, wenn die Giftstoffe des Stoffwechsels vermindert werden, dann wird weniger venöses Blut produziert, der Sauerstoffbedarf vermindert sich und wir atmen weniger. Wenn gar kein solcher Abfall mehr produziert wird, dann kann die Atmung ganz aufhören, wenigstens zeitweise. Damit das jedoch geschehen kann, muss die zelluläre Alterung aussetzen – ein Kunststück, das nur mit einer sehr reinen Nahrung, einer verminderten Körperbewegung und einem Beruhigen des Herzens erreicht werden kann. Wir werden euch eine Technik beibringen, mit der man sein Herz beruhigen kann, aber bevor wir das tun können, müssen wir auf einige wichtige Punkte dabei hinweisen.

Falsche Ernährung verschmutzt das System, erfordert übermäßige Energie, um sie zu verdauen, und hält den Geist an den Körper gebunden. Eine gute Ernährung und zeitweiliges Fasten scheiden Unreinheiten aus dem System aus und befreien die Energie für höhere Aktivitäten.

Klang hat Macht. Bestimmte Klanghöhen können dazu führen, dass Glas zerspringt, und dennoch hat die Klangtechnologie auch feine Anwendungen geschaffen, die eine spirituelle Entwicklung unterstützen können. Bestimmte Töne beruhigen das Herz und die Lungen, wenn man sie zusammen mit der Atembeobachtung und in absoluter körperlicher Stille anwendet. Diese Klangphänomene bilden die Basis für eine vollständige Nach-innen-Wendung und Konzentration.

Bewegung ist etwas Natürliches und geradezu ein Kennzeichen des Lebens, dennoch ist sie auch einer der wichtigsten Faktoren für die Erzeugung von Abfallprodukten des Stoffwechsels. Stille, die durch tiefe, systematische Entspannung erreicht wird, kann den Alterungsprozess der Zellen signifikant vermindern und das Bedürfnis nach Blutreinigung vermindern. Wenn die Stoffwechselabfälle weniger werden, dann kann die damit verbundene Herz-Lungen-Aktivität sich ebenfalls vermindern. Die Bewegungen von Herz und Lunge können sogar ganz zum Stillstand kommen, wenn man sich in einem Zustand fortgeschrittener Ruhe befindet. Dies verursacht nicht nur keinen körperlichen Tod, sondern dieser Zustand der extremen Entspannung kann eine bewusste Nichtatmung erzeugen, in dem die Atmung durch den ganzen Körper neu verteilt wird, sodass er auf feinstoffliche Weise vitalisiert und erhalten wird. Die große Erholung, die eine vollständige Ausschaltung jeder Bewegung, sowohl innerlich als auch äußerlich, dem Körper schenken kann, trägt zu seiner Vitalität bei, wenn er aktiv sein will, kann ein langes Leben schenken und bereichert die Fähigkeit für feinstoffliche innere Wahrnehmungen, während man meditiert.

Einige spirituelle Adepten können auf Essen, Atmen oder andere übliche Vitalfunktionen für lange Zeit verzichten – manche sogar auf Dauer – weil sie es gemeistert haben, nur von den Vitalkräften selbst zu leben. Jesus bezog sich auf diese Möglichkeit, als er erklärte: *„Der Mensch lebt nicht vom Brot allein, sondern von jedem Wort, das den Mund Gottes verlässt."* (1) Der „Mund Gottes" ist die Medulla oblongata, durch die die kosmische Energie den Körper betritt, und das „Wort" ist die vibrierende schwingende Lebenskraft. Beispiele aus unterschiedlichen Religionen, wie das von Giri Bala, einer indischen Frau und Heiligen, die 56 Jahre lang weder aß noch trank, oder der heiligen Theresa Neumann, einer katholischen Stigmatisierten, die jahrelang nur von der täglichen Kommunion einer Oblate lebte, die jedoch geweiht sein musste, damit sie sie überhaupt schlucken konnte, zeigen diesen Zusammenhang. Ein weiterer Heiliger ist Sadhu Haridas, der einverstanden war, sich vier Monate lang begraben zu lassen, der ausgegraben und für tot erklärt wurde und sich dann selbst wiederbelebte. Nähere Einzelheiten zu diesen Geschichten kann man in Yoganandas *„Autobiografie eines Yogi"* lesen. Der Hauptgrund, das hier zu erwähnen, besteht darin, das ungewöhnliche Spektrum der Wirklichkeit aufzuzeigen, das dem spirituellen Bereich innewohnt, und den weiten Bereich der Glaubensrichtungen, den solche Phänomene umfassen. Paranormales Leben kann relativ normal scheinen, wenn göttliches Bewusstsein daran mitwirkt.

Klang und Schwingung

Der Einsatz von Klangschwingungen für spirituelle Zwecke ist weit verbreitet, wird jedoch im Westen außerhalb von Hexen- oder indigenen Zirkeln nur selten angewandt. In den östlichen vedischen Kulturen jedoch heißen solche Kon-

Die Praxis der Meditation

zepte und Praktiken Mantras und sind Teil einer alten, esoterischen Wissenschaft. Regiert von den Gesetzen der Physik und der Metaphysik, liegt die Basis des Mantras in der Natur der Schöpfung selbst. Wie wir bereits besprochen haben, ist alles aus zunehmend dichteren Schwingungsfeldern gebildet und jede Schwingung wiederum stellt korrespondierende Klang- und Lichtfelder her. Wie man spezifische Chemikalien miteinander verbindet, um bestimmte spezifische Wirkungen herzustellen, so sind bestimmte Tonformeln, wenn sie laut gesungen oder geistig wiederholt werden, in der Lage, sehr genaue Ergebnisse hervorzubringen. Mantras sind ganz besondere Worte oder Klangfolgen, derer man sich bedienen kann, um Materie oder das Bewusstsein zu beeinflussen, und zwar auf sehr präzise Art und Weise. Für unsere Zwecke hier wird die Wissenschaft des Mantra eingesetzt, um den Atem und das Herz zu beruhigen, den Zellverfall zu reduzieren, den Geist auszurichten und Konzentration zu ermöglichen.

Das Konzentrationsmantra, das Yogananda uns gelehrt hat, „Hong So", wird manchmal in anderen yogischen Systemen auch „So Ham" oder Ham Sa" ausgesprochen. Die Worte kann man ungefähr mit „Ich bin Er" oder „Ich bin Geist" übersetzen und sie sind interessanterweise mit dem kleinen Paramhansa verbunden, dessen Name mit „Höchster Schwan" übersetzt wird.

Lit., param, höchster, ham sa, Schwan. Der weiße Schwan wird mythologisch als das Gefährt oder Reittier von Brahma, dem Schöpfer, gesehen. Der heilige Laut *hamsa*, dem man nachsagt, dass er die Macht besitze, die Milch aus einer Mixtur von Milch und Wasser herauszuziehen, ist also ein Symbol spiritueller Urteilsfähigkeit.

Ahan-sa oder han-sa" (ausgesprochen hong so) bedeutet wörtlich „Ich bin Er." Diese potenten Sanskrit-Silben besitzen eine Schwingungsverbindung mit dem einfließenden und dem ausfließenden Atem. Auf diese Weise betont der Mensch mit jedem einzelnen Atemzug die Wahrheit seines Seins: Ich bin Er! (2)

Wie man das Mantra übt

Man sollte dieses Mantra immer in Verbindung mit dem Atem rezitieren. Bei der hier angegebenen Methode wiederholt man geistig den ersten Klang Hong beim Einatmen und wiederholt geistig den zweiten Klang So, während man ausatmet. Die Augen bleiben während der gesamten Praxis geschlossen und auf das Dritte Auge gerichtet, also während des Einatmens, während des Ausatmens und während der übrigen Übungszeit.

Einige Punkte vorweg:
- Atem und Geist reagieren aufeinander. Wie der Atem fließt, so fließt auch der Geist.
- Der Geist wird gleichmäßig und ruhig, wenn man sich auf den Atem konzentriert und ihn beruhigt.
- Das Hong-So-Mantra erhöht diesen Prozess dadurch, dass es in dem Praktizierenden einen reinen, konzentrierten Zustand erzeugt.

Im Folgenden eine Schritt-für-Schritt-Anleitung, um genau zu lernen, wie man es ausführt.

Die Hong-So-Konzentrationstechnik

- Sitze aufrecht und lege deine Hände mit nach oben gerichteten Handflächen in deinen Schoß, und zwar dort, wo Oberschenkel und Oberkörper aufeinanderstoßen. Wenn sich das seltsam anfühlt, dann lege die Hände in irgendeine Haltung, die für dich angenehm ist. Es ist wichtig, dass du entspannt bleiben kannst und die Wirbelsäule aufrecht hältst.
- Schließe deine Augen und hebe sanft deinen Blick zum Dritten Auge zwischen den Augenbrauen. Wenn es leichter ist, dann halte die Augen dabei etwas geöffnet, aber richte die Konzentration auf das Dritte Auge. Strenge dich dabei aber nicht an.
- Sprich ein stilles Gebet an den göttlichen Geist und bitte um Hilfe und Führung bei dem, was du nun vorhast.
- Dann übe die folgende Atem-Energie-Kontroll-Technik, um deinen Geist zu beruhigen:

- ➢ Atme durch die Nase ein und zähle dabei bis zwölf. Stell dir vor, du ziehst bei jedem Atemzug Frieden an, Ruhe oder Freude.
- ➢ Halte den Atem und zähle dabei bis zwölf. Bade den Geist und die Nerven in Stille.
- ➢ Atme durch die Nase aus und zähle dabei bis zwölf. Lasse alle Negativität und Unruhe los. Gehe noch tiefer, nach innen.
- ➢ Wiederhole diese Folge sechs- bis zwölfmal.
- Nun spanne und entspanne den Körper in folgender Weise an und lasse ihn wieder los:
  - ➢ Doppeltes Einatmen: Nimm einen kurzen Atemzug, gefolgt von einem langen Atemzug, durch die Nase. Halte den Atem an und spanne den ganzen Körper an, bis er vibriert.
  - ➢ Doppeltes Ausatmen: Lass ein wenig Atemluft los, dann ein langes Ausatmen, durch den Mund. Gleichzeitig entspanne deinen Körper vollständig. Diese Technik hilft übrigens dem ganzen System, ein Zuviel an Kohlenstoff loszuwerden, was ein Nebenprodukt des Stoffwechsel-Abfalls ist.
- Entspanne dich körperlich, geistig und emotional. Spüre, wie du schwer und ruhig wirst.
- Wiederhole diese Sequenz drei- bis sechsmal.
- Nun atme voll durch deine Nase ein und atme voll durch den Mund aus.
- Denke nicht mehr an das Zählen und daran, den Atem zu kontrollieren.
- Alles weitere Atmen sollte nur noch durch die Nase erfolgen.
- Beim nächsten Einatmen (durch die Nase) wiederhole im Geiste den Klang HONG (klingt wie ein Reim auf „song"). Beim Ausatmen (durch die Nase) wiederhole im Geiste den Klang SO (klingt wie ein scharfes „so!"). Wiederhole dieses Atemmuster und die Mantras, wobei du die Mantras nur still, im Geiste, sprichst. Bewege auch deine Zunge oder deine Lippen nicht.
- Beobachte deinen Atemrhythmus mit innerer Achtsamkeit. Bleibe ein neutraler Zeuge, der sich nicht darum kümmert, ob der Atem nun gerade ein- oder ausströmt oder still bleibt. Kontrolliere ihn in keiner Weise. Bleibe dabei, das Mantra in der beschriebenen Weise zu wiederholen.
- Konzentriere dich auf die Pausen, die auf ganz natürliche Weise entstehen, wenn der Atem sich verlangsamt. Freue dich an diesen ruhigen Räumen. Schmilz in sie hinein. Geh weiter und sprich das Mantra in der beschriebenen Weise weiter, wenn die Atmung wieder einsetzt. Praktiziere die passive Beobachtung. Halte nie mit Kraft den Atem an.

- Wenn dein Geist abschweift, dann bringe ihn sanft zurück, um das HONG oder das SO zu wiederholen. Wenn die Innenschau abschweift, dann bringe sie sanft zum Dritten Auge zurück. Denke daran, die Wirbelsäule aufrecht zu halten, den Körper entspannt und die Augen nach oben zum Dritten Auge gerichtet.

Ich empfehle am Anfang, die Hong-So-Übung 15 – 30 Minuten lang zu praktizieren, und zwar zweimal am Tag. Du kannst sie auch kürzer üben, wenn dir das übertrieben erscheint, aber 15 Minuten pro Sitzung sollte ein gutes Ziel sein, wenn du anfängst zu üben. Wenn es dir gefällt, kannst du gerne länger üben. Bedeutsame Erfolge ergeben sich nicht durch sporadisches Üben; Regelmäßigkeit, Tiefe und Freude sind notwendig, um dieses Ziel zu erreichen. Tiefer zu gehen ist wichtiger, als lange zu üben, dennoch solltest du Länge und Tiefe möglichst miteinander kombinieren, um optimale Ergebnisse zu erzielen.

Die Zeit nach deiner Praxis ist eine wertvolle Zeit, um die friedlichen Folgewirkungen dessen, was du gerade getan hast, aufzunehmen. Sei still und fühle. Ruhige, nach innen gerichtete Offenheit und Empfänglichkeit entwickelt deine Intuition, und das Bewahren deines inneren Zustandes hilft dir, dein Leben mit Spiritualität zu füllen. Wenn du zu schnell deine Alltagsaktivitäten wieder aufnimmst, ohne diese Nachwirkungen zu genießen, ist das so ähnlich, als ob du einen gerade gefüllten Eimer wieder ausgießt. Diese Zeit ist auch ideal für ein Gebet. Wenn du dich danach fühlst, dann bete zu Gott in der Sprache deines Herzens – nichts Künstliches oder Vorgefertigtes. Bete zutiefst, bis eine profunde Ruhe dich überkommt oder bis eine zunehmende Freude dein Herz erfüllt. Dann gehe wieder in die Stille und lass sich empfangen, was der göttliche Geist dir auch immer in das innere Heiligtum deiner Seele senden mag.

Mehr über das Beten

Zu wissen, wie man betet, ist wichtig, deshalb lasst uns das Thema ein wenig weiter ausführen. Zu beten ist eine normale Praxis, dennoch auch eine, die schnell missverstanden werden kann. Diejenigen, die die Wirkung des Betens infrage stellen, verstehen einfach nicht, dass es ebenfalls von feinen Gesetzmäßigkeiten gelenkt wird. Das Zentrum des Dritten Auges ist der Sitz des höheren Bewusstseins und der Konzentration und ein Ort, um deine Gedanken zu übertragen. Wie jede Technologie, die aussendet und empfängt, muss der Geist richtig ausgerichtet sein, damit er gut arbeiten kann. Ein unkonzentrierter Geist kann nicht wirksam beten und kann auch keine feinstofflichen Antworten erhalten. Die Aufmerksamkeit sollte auf einen Punkt gerichtet und ruhig sein, um die Gebete mit großer Kraft zu übertragen und um das göttliche Feedback auch exakt intuitiv aufzunehmen. Der göttliche Geist nimmt zwar alle Gebete an, antwortet aber eher auf solche, die man mit den richtigen Methoden brauchbar gemacht hat. Der Schlüssel zum Erfolg ist, wie schon mehrfach gesagt, dass man die innere Haltung in der richtigen Weise auf das Gebet ausrichtet, damit es auch wirken kann.

Ein weiterer Rat ist der, dranzubleiben. Höre nicht auf, wenn du einige Male zu beten versucht und keine Antwort bekommen hast. Bleibe beständig, bis du eine tiefgründige Ruhe oder Freude spürst, die Indikatoren dafür sind, dass deine Mühen angekommen sind. Und habe Vertrauen: *„Deshalb sage ich euch, welche Dinge auch immer ihr ersehnt, wenn ihr betet, glaubt daran, dass ihr sie erhalten werdet, und ihr werdet sie bekommen."* (3). Gott antwortet, wenn auch oft auf rätselhafte Weise, nicht immer in der erwarteten Zeit und auch nicht immer in der erwarteten Weise. Die Antworten werden sich zu gegebener Zeit schon einstellen, deshalb bleibe offen für sie. Selbst wenn sie nicht gleich kommen, bleibe offen für die Lebensumstände, durch die die Antworten sich manifestieren. *„Bete zu deinem Vater, der im Geheimen wirkt, und dein Vater, der ins Geheime schaut, wird dich offen (auf der materiellen Ebene) belohnen."* (4) Merke dir diese Dinge und schätze sie hoch. Dankbarkeit öffnet die Türen, durch die die Fülle zu dir fließen kann.

Gebete sollten ganz einfach und herzerfüllt sein. Die Sprache ist dabei weniger wichtig als das Gefühl, das sie erfüllt. Der heilige Franziskus wiederholte immer wieder: „Mein Gott und mein alles!", bis sich Jesus ihm zeigte. Yogananda riet, Gebete so zu formulieren: „Komm zu mir!" oder „Sei du mein!" oder „Zeige dich mir!", um die Nähe der Seele mit dem göttlichen Geist zu verstärken, die etwas ganz anderes ist als das distanzierte Bewusstseins eines Bettlers. Gebete wirken, egal, wie man sie angeht, aber sie brauchen Geduld, Beständigkeit und Glauben, um zu wirken. Für diejenigen, die mehr darüber wissen wollen, gibt es verschiedene Arten von Gebeten, die mit Heilung zu tun haben, in dem Buch

„Healing Words: The Power of Prayer and the Practise of Medicine" von Larry Dossey (dt.: *Heilende Worte. Die Kraft der Gebete als Schlüssel zur Heilung,* 2013) Es ist ein grundlegendes Buch, das westliche Wissenschaft, medizinische Forschung und spirituelle Praxis zusammenführt.

Um zum eben Gesagten zurückzukehren – der Nutzen einer guten Konzentrationstechnik kann nicht genug betont werden. Obwohl in vielen Bereichen nützlich, besteht sein wichtigster Einfluss darin, dass er das Ego verändert. Wissenschaftliche Konzentrationsmethoden wie die oben beschriebene verursachen einen Zustand des Nicht-Atems, der das Ego dazu zwingt, seine Existenz als reines Bewusstsein zu erkennen, das ganz unabhängig vom Atem und vom Körper ist. Losgelöst von der ursprünglichen Verbindung mit dem Physischen beginnt das Ego endlich, seine wahre, ewige Natur und Wirklichkeit als Seele zu erkennen, als einen Aspekt des ewigen Bewusstseins. Wenn der Würgegriff der sterblichen Begrenzung sich endlich löst, dann wird das Ego darin gestärkt, seine illusionäre Trennung vom Göttlichen zu überwinden.

Hier noch einmal eine Übersicht des Einflusses der Mantra-Konzentrationstechnik:

- Hong So beruhigt den Geist und lässt den Atem ruhiger werden.
- Es lässt sich etwa mit der Bedeutung übersetzen: „Ich bin Er" oder „Ich bin göttlicher Geist."
- Die korrekte Anwendung verlangsamt den Stoffwechsel und bringt die Energie dazu, sich aus dem Körper und dem Herzen zurückzuziehen und stattdessen ins Gehirn zu fließen, wodurch die sensomotorischen Nerven von ihren Aktivitäten im Äußeren abgetrennt werden.
- Wenn die Sinneseindrücke aufhören, dann passiert das auch mit den damit verbundenen Ablenkungen (Gedanken und Erinnerungen).
- Die Aufmerksamkeit, jetzt freigesetzt, kann nun konzentriert werden.
- Zeitweilige Atemaussetzer lassen das Ego seine wahre Seelenessenz erkennen.
- Das Bewusstsein erkennt, dass nur es selbst überdauert.

Diese Dinge haben unbezweifelbar einen Einfluss auf das spirituelle Erwachen, können einen aber auch dazu bringen, sich zu fragen, ob eine besondere Mantratechnik überhaupt notwendig ist. Verschiedene Lehrer nutzen ähnliche Mantras, von denen ich einige schon benannt habe. Ich lehre die Hong-So-Methode, weil ich damit sehr vertraut bin und weil sie Teil eines Gesamtsystems ist, das von einem echten spirituellen Meister vermittelt worden ist. Yogananda setzte diese Technik ein, weil sie so eindeutig ist und weil sie keine Probleme macht oder umständliche Prozesse erfordert. Das Mantra, die Art der Praxis und die Ergebnisse sind sehr präzise, wiederholbar und immer wieder erprobt. Es ist ein klarer Weg, um geistige Zustände zu erzeugen, die man mit einer größeren, spirituellen Weltsicht verbindet. Und sie ist inklusiv: Die metaphysischen Prinzipien, die sie einbezieht, gelten nicht nur für eine spezifische Religion allein, sondern sind in jeder Art religiöser Tradition anwendbar.

Nicht alle Konzentrationstechniken sind ähnlich wirksam. Konzentration, wie sie bisher hier dargestellt worden ist, ist ein Fachgebiet einer übersinnlichen Wissenschaft, nicht eine zufällige Erscheinung. Alles, was wir bisher dargelegt haben, wäre bedeutungslos, wenn es weniger als das wäre. Echte Konzentration hervorzubringen, ist der Grund, aus dem das Hong-So-Mantra entwickelt wurde. Es ist eine komplizierte und dennoch einfach auszuführende Art und Weise, die sicher und zuverlässig wirkt. Andere Methoden könnten sicher vergleichbare Ergebnisse liefern, aber eine wissenschaftliche Technik, die richtig praktiziert und mit voller Aufmerksamkeit durchgeführt wird, bringt sicherlich optimale Ergebnisse.

Der Grund, aus dem ich das sagen kann, ist zugegebenermaßen meine eigene Erfahrung und basiert auf meiner Neigung. Als ich ein Teenager war, begann ich zu meditieren, hatte aber nicht die leiseste Erfahrung, was ich da eigentlich tat. Meine Ausbildung in der Kampfkunst beinhaltete auch einige Konzentrationstechniken, aber sie waren eher vage und nicht präzise. Da es mir aber Spaß machte, experimentierte ich und fand heraus, dass ein zutiefst stiller Zustand erreichbar war, wenn ich mit geschlossenen Augen dasaß und still das Wort „Frieden" bei jedem Einatmen und „Ruhe" bei jedem Ausatmen wiederholte. (Diese Praxis ist sehr ähnlich der, die ich hier gerade beschrieben habe). Ich bemerkte auch, dass der Prozess sich intensivierte, wenn ich ihn öfter durchführte. Daraus zog ich die Schlussfolgerung, dass, wenn schon eine Selbsthilfepraxis so nützlich war, eine richtige Ausbildung in einer echten spirituellen Technik noch hochwertiger sein müsse.

Meine Annahme stellte sich als weitgehend richtig heraus. Nachdem ich in eine formale Meditationsrichtung eingeweiht worden war, fand ich heraus, dass sie wesentlich mehr Material bot als eine Praxis ohne Begleitung. Dann jedoch stieß ich auf eine Schwierigkeit. Wie schon berichtet, führte Herbert Benson in den 1960er Jahren eine Meditationsstudie durch, die zu seinem Buch „*The Relaxation Response*" führt. Er wies nach, dass bewusstes, passiv-aufmerksames Einatmen und Ausatmen, verbunden mit bestimmten Konzentrationsworten, einen körperlichen Zustand hervorriefen, den er die „Entspannungsreaktion" nannte (was ich ja zuvor auch schon zufällig entdeckt hatte) und die das Gegenteil der durch Stress hervorgerufenen Flucht-oder-Kampfreaktion war.

Während ich mich über diese Ergebnisse sehr freute, fühlte ich dennoch, dass seine Arbeit das bedrohte, was ich über Mantras gelernt hatte, behauptete er doch, dass zufällige Wortformeln genauso wirksam seien. Und hier setzte mein Problem ein: Wenn das Mantra also gar nicht wichtig war, dann könnte die wissenschaftliche Basis für Yoga plus all die Bemühungen, die ich aufgewandt hatte, es zu lernen, nur allzu leicht eine Täuschung gewesen sein. Glücklicherweise gab es eine Art Rechtfertigung. In seinem Folgeband „*Beyond the Relaxation Response*" entdeckte Benson, dass Wortfolgen mit spirituellem Inhalt einen tieferen Einfluss auf die Übenden hatten als neutrale. Darüberhinaus stellte die Einbeziehung eines geweihten Rahmens ein größeres Gefühl des Heiligen in ihrem täglichen Leben her als weltliche Übungen. Ob dieses Ergebnis nun ein Placebo-Effekt war oder nicht, machte grundsätzlich keinen Unterschied. Die Ergebnisse zeigten jedenfalls verbesserte Möglichkeiten, die ausreichend waren, um mein Vertrauen in die Prozesse, die ich bisher gelernt hatte, wieder zu stärken.

Trotz meiner Angst, zu viel Zeit in den Schützengräben des Yoga verbracht zu haben, ist es niemals falsch, Dinge infrage zu stellen. Blinder Glauben an irgendetwas, sei es nun eine Technik oder ein Meister, ist nie dasselbe wie Vertrauen, das durch Erfahrung erworben wurde. Wenn wir die Wahrheit suchen, müssen wir bereit sein, unsere Annahmen immer wieder infrage zu stellen, ganz gleich, wie kostbar sie auch für uns sind, und wir müssen andererseits an Wahrheiten festhalten, die sich uns entdeckt haben.

Bensons Forschungen zum Thema Wissenschaft und Metaphysik brachte ihn schließlich in den Himalaya, wo er eine esoterische Fähigkeit lernte, die Ta Mo genannt wurde, inneres Feuer. Wie beim Mantra entwickelte sich diese Technik zur Energiekontrolle aus östlichen meditativen Schulungen heraus. Sie beinhaltete die Erzeugung innerer Hitze, um den eiskalten Bergtemperaturen zu widerstehen. Eine amüsante Nebenwirkung war, dass die Mönche, die ihn in Ta Mo unterwiesen, das hatten, was man den „Wettstreit der nassen Bettlaken" nennen konnte. In einem mönchischen Sinn für Humor zogen sie sich bis auf die Unterwäsche aus und setzten sich in die gefrierende Kälte. Schichten nasser Laken wurden dann auf sie gehäuft, und wer auch immer die größte Anzahl dieser Laken durch seine innere Hitze als Erster auf sich trocknete, hatte den Wettstreit gewonnen.

Natürlich existieren Methoden zur Energiekontrolle in vielen Formen und aus den unterschiedlichsten Gründen heraus. Nichtsdestotrotz ist die Mantratechnik, die ich in diesem Kapitel vorgestellt habe, eine sinnvolle Fähigkeit, die ihren Zweck erfüllt: nämlich Konzentration zu erzeugen.

Manche Menschen fühlen sich mit Mantras aus den verschiedensten Gründen heraus nicht wohl. Wenn du einer von ihnen bist, dann setze einfach entsprechende Konzentrationsbegriffe ein, wie ich das am Anfang auch tat. Deine anfängliche Praxis wird sich dann vielleicht mehr wie eine neutrale Entspannungstherapie anfühlen, aber es ist gut, damit anzufangen. Versuche dann, heilige Worte oder Sätze einzusetzen, mit denen du dich sicher fühlst, und du wirst wahrscheinlich bessere und sinnvollere Ergebnisse erzielen.

Erinnere dich daran, dass das Ziel der Meditation und der hier vorgestellten Praktiken darin besteht, dein inneres Königreich zu suchen und zu verwirklichen. Heilige Worte, die man in einer mantra-ähnlichen Weise einsetzt, können deine Konzentration auf das Göttliche vertiefen. Beispielsweise kennt die Orthodoxe Ostkirche eine Meditationsübung, bei der man innerlich bei jedem Einatmen „Jesus Christus" und bei jedem Ausatmen „erbarme dich meiner" spricht. Letztlich musst du damit arbeiten, was für dich das Angemessene ist, denn wenn deine Praxis sich nicht in dein Inneres richtet, dann wirst du sie nicht durchhalten und sie wird auch nicht nützlich sein.

Im Folgenden stelle ich eine Liste mit Mantras und Alternativen dazu vor, derer man sich leicht bedienen kann. Wenn dir eins nicht gefällt, mache dir ein eigenes. Alle diese Übungen sollten zusammen mit dem Atemrhythmus geübt werden, wie wir ihn bisher beschrieben haben. Mit dem Einatmen wiederhole innerlich den Klang oder die Worte in der linken Spalte, mit dem Ausatmen wiederhole die Klänge in der rechten Spalte.

Mantras zur Konzentration

HONG	SO
HAM	SA
SO	HAM

Neutrale Worte zur Konzentration

FRIEDE	RUHE
LIEBE	FREUDE
LOS	LASSEN

Christliche Tradition

GEGRÜSSET SEIST DU	MARIA
JESUS	CHRISTUS
JESUS CHRISTUS	ERBARME DICH UNSER/MEINER

Jüdische Tradition

SCHA	LOM (Friede)
HA	SCHEM (der Name)
SH'MA	YISRAEL (Höre, oh Israel!)

Muslimische Tradition

ALLAH	SEI GEPRIESEN
ALLAH	IST BARMHERZIG

Hindu-Tradition

OM	SHANTI
HARE	KRISHNA/RAMA
JAI	SHIVA

Die Praxis der Meditation

Kapitel 12

—— • ——

Meditation:
Eintauchen in den göttlichen Geist

Alles, was wir bisher in diesem Buch dargestellt haben, hat uns zu diesem Punkt geführt: Meditation. Und was genau ist nun Meditation? Meditation ist nicht, wie manche glauben, ein passiver Prozess, bei dem der Geist leer gemacht wird, auch keine konzentrierte Aktivität oder ein philosophisches Nachdenken. Nein, Meditation ist eine sehr eindeutige Kunst und Wissenschaft, bei der man lernt, die Seele mit dem Unendlichen Geist, Gott, wieder zu vereinen. Deshalb ist sie auch der Kern jedes spirituellen Lebens und das Tor zur Selbstverwirklichung.

Der Unterschied zwischen Meditation und Konzentration besteht im Kontext und im Maß. Menschen können sich auf alles konzentrieren, aber Meditation, jedenfalls so, wie wir sie verstehen, ist eine Art Konzentration, die ausschließlich dazu eingesetzt wird, Gott zu erkennen. Wenn Menschen anfangs Meditation praktizieren, dann versucht ihr Geist vor allem ein bestimmtes Ziel zu erreichen. Unter solchen Umständen bleiben Spuren des Egos vorhanden, ein Gefühl von „Ich", dass die Seele ganz leicht vom Objekt der Kontemplation getrennt hält, nämlich vom göttlichen Geist. Wahre Meditation geschieht, wenn das Ego-Bewusstsein sich vollständig auflöst und so die Seele befreit, sich vollständig mit dem Absoluten zu vereinen.

Erinnert euch, dass die Energie und das Bewusstsein in einer inkarnierten Seele durch die Medulla oblongata in den Körper eintreten. Von dort aus fließen sie zum Gehirn und werden in die Chakras gelenkt, die Zentren des Lichts und des Lebens in der feinstofflichen Wirbelsäule. Diese Kräfte strömen durch den ganzen Körper, erhalten das Leben und aktivieren die Sinne. Bewusstsein, das durch die Sinne fließt, lässt uns die Welt entdecken, aber nicht Gott. Als Folge davon vergisst die Seele ihre wahre Natur, wenn sie über lange Zeit in einer physischen Form gewesen ist, und identifiziert sich mit dem Körper als Ego. Wissenschaftliche Meditation bringt diese hypnotische Trance zum Erwachen. Indem man den äußeren, materiell-orientierten Fluss der Lebenskraft und das Bewusstsein umkehrt, können die Sinne von ihren äußeren Wahrnehmungen abgezogen und die Achtsamkeit ausschließlich auf die Zentren der spirituellen Wahrnehmung im Gehirn konzentriert werden.

Das Ego-Bewusstsein wird so in intuitive Einsicht verwandelt, wenn man sich weiter konzentriert und dabei die richtige Technik anwendet. Die Seele erinnert sich dann an ihre unsterbliche Natur und erwacht zum Einssein mit dem göttlichen Geist. Dieser Prozess setzt ein zunehmendes Gefühl von Frieden und Seligkeit frei, bis sich im höchsten meditativen Bewusstsein schließlich alle Trennung vom Göttlichen auflöst. Das Bewusstsein löst sich auf im Göttlichen, in der ganzen Schöpfung und darüber hinaus. An diesem Punkt nun ist das Ziel jeder spirituellen Suche – ob man sie nun Nirvikalpa Samadhi, Erlösung, Erleuchtung, Befreiung, die Rückkehr zur Quelle oder kosmisches Bewusstsein nennt – erreicht. Die verlorene Sohnes-Seele kehrt zurück zum Himmlischen Vater und *„wird Ihn nie wieder verlassen.“* (1)

Dieses höchste Meditationsstadium zu erreichen, kann vielleicht unmöglich erscheinen, aber es spiegelt in Wirklichkeit unsere wahrste Natur wider: den göttlichen Geist. Sie ist unser Geburtsrecht und der Grund dafür, dass wir nicht danach suchen müssen, etwas Besonderes zu werden, sondern das zu erfassen, was wir bereits sind: göttlich. In der buddhistischen Tradition wird das, was als heilig und latent in uns allen vorhanden ist, als unsere Buddha-Natur bezeichnet. Ihre strahlende Gegenwärtigkeit wird nur durch einen Schleier der Unwissenheit bedeckt. Meditation ist im Kern die Kunst und Wissenschaft, unsere angeborene Vollkommenheit wieder aufzudecken.

Hier erhebt sich die Frage, ob Konzentration selbst für sich genommen bereits zur Meditation führt oder ob man dazu weitere Techniken braucht. Beides ist wahr, denn der Unterschied zwischen Meditation und Konzentration ist, wie gesagt, einer des jeweiligen Kontextes und des Maßes. Stellt euch dazu mal ein Vergrößerungsglas vor, in dem das Licht zu einem Strahl von brennender Intensität gebündelt wird. Das Zusammenkommen der geistigen Kraft zu einem einzigen Punkt ist Konzentration. Unerschütterliche Konzentration wird schließlich zur Meditation, wenn einmal das Licht der Bewusstheit das Ego auflöst und das Bewusstsein eins mit dem Objekt der Konzentration wird. In unserer Arbeit setzen wir dazu als Erstes eine Konzentrationstechnik ein, um den Geist auszurichten, und dann lenken wir den ausgerichteten Geist auf den göttlichen Geist, wobei wir dazu eine zweite Meditationstechnik einsetzen. Die Meditationsmethoden, die wir hier dargestellt haben, bedienen sich des Einklangs des Bewusstseins mit einem Aspekt des Göttlichen.

Nachdem wir diese Übersicht dargestellt haben, lasst uns kurz die Grundprinzipien noch einmal darstellen, bevor wir zur wirklichen Anweisung für die Technik selbst kommen.

Die Meditation ist bisher von uns als Methode dargestellt worden, um einen exakten Schwingungseinklang mit einem Menschen, einer Sache oder einer Eigenschaft herzustellen, der in dir dann einen identischen Schwingungsklang hervorbringt. Wenn du beispielsweise zwei Stimmgabeln von ähnlicher Gestimmtheit nimmst, eine anschlägst und sie dann zur anderen hinführst, dann wird die zweite sofort anfangen, in derselben Schwingungsfrequenz zu schwingen. Da sie harmonisch im Einklang sind, spiegeln die beiden sich gegenseitig präzise wider und senden verdoppelte Klänge aus. Auch Liebende können manchmal einen Zustand erreichen, in dem sie den Geist des anderen „lesen" können, da ihre Überein-Stimmung so verfeinert ist, dass sie praktisch ein Geist sind und dieselben Gedanken teilen. In spiritueller Hinsicht ist dieses Prinzip des Einklangs lebenswichtig. Wer immer auch einem Meister oder einer göttlichen Lehre folgt, versucht, den Meister nachzuahmen oder der Lehre genau zu folgen. Verbunden mit der persönlichen spirituellen Anstrengung bringt der Einklang in solchen geheiligten Beziehungen eine geistige Übertragungsschwingung zu den Schülern hervor, was hilft, ihre bisher ungeklärte Bewusstheit zu höheren Stadien emporzuheben.

Die Meditation auf den göttlichen Geist wendet diese Prinzipien auf einen besonderen Aspekt Gottes an. Der genaue Aspekt des göttlichen Geistes, den man wählt und mit dem man sich in Einklang setzen will, hängt von der persönlichen Vorliebe und der besonderen Technik ab, die man einsetzt. Die acht klassischen Eigenschaften des Geistes sind Licht, Liebe, Weisheit, Frieden, Macht, Freude, Ruhe und Klang. Die Meditationstechnik, die Yogananda lehrte und die ich hier vermittle, ist Teil einer traditionellen Praxis, die man Nada-Yoga nennt. Sie konzentriert sich auf das Einssein mit dem göttlichen Geist durch seinen Aspekt des Urklangs. Die Technik ist sicher und angenehm und ermöglicht eine immense spirituelle Verwirklichung. Sie ist eine tiefgründige Methode, die viele Schichten positiver Folgen in sich birgt.

Der göttliche Klang ist nicht zu verwechseln mit den traditionellen Noten einer Notenskala. Er ist vielmehr ein kosmischer Widerhall, den man unter den Bezeichnungen OM, AUM, Ham, Amen oder Amin kennt. In der christlichen Tradition wird er als „das Wort" bezeichnet. Die Bedeutung „des Wortes" ist seine Verbindung zur Schöpfung. Wie weiter oben beschrieben, ging der ursprüngliche Impuls zur Schöpfung vom göttlichen Geist aus. Die anfänglichen Manifestationen der Schöpfung wurden als Gedanke hinausprojiziert, dessen Natur Schwingung ist. Das bedeutet, dass der ursprüngliche kreative Ausdruck „das Wort" war, die kosmische Schwingung mit ihren inhärenten Eigenschaften des Lichts und des Klangs. Der heilige Schams-von-Täbriz kommentierte über den geheiligten Klang: *„Das Universum wurde manifestiert aus dem Göttlichen Klang heraus, aus Ihm entstand als erstes Sein das Licht."* (2) Sein Schüler, der berühmte Mystiker-Dichter Rumi, äußerte sich auf ähnliche Weise: *„Suche den Klang, der niemals endet, suche die Sonne, die nie untergeht."*(3) Beide beziehen sich auf den ursprünglichen Aspekt der Schöpfung und des Ein-Klangs mit dem Schöpfer durch diese Aspekte.

Da er aus dem göttlichen Geist hervorgegangen ist, ist der kosmische Klang ewig und allgegenwärtig. Allgegenwärtig und dennoch unsichtbar wird er der Heilige Geist genannt und ist gefüllt mit der göttlichen Intelligenz, die von den Christen unter der Bezeichnung Christusbewusstsein und von den Hindus als Tat/Kutastha Chaitanya bekannt ist. Achtet darauf, dass es in beiden Religionen ein Modell der Heiligen Dreifaltigkeit gibt. Die Christen nennen es Vater, Sohn und Heiliger Geist, während dieselben Elemente in der vedischen Lehre als Sat, Tat und Om bezeichnet werden. Einfach gesagt, manifestiert sich Gott als der Eine und alle drei als Schöpfer, als kosmische Energie und als göttliche Intelligenz.

Die universelle Natur dieser Dreifaltigkeit kommt in der folgenden Sammlung taoistischer Aussprüche zum Ausdruck:

„Bevor die Erde im Raum gesponnen wurde,
unter den Füßen des Himmels,
gab es den mächt'gen Geist, den Einen,
voll Ruhe, wundersam und ganz.

Unwandelbar, doch voll Bewegung, aus seinem Mutterschoß
alle Dinge wurden geboren.

Dies sind die mystische Braut und der Bräutigam,
der Erschaffer von Himmel und der Erde.

Da gibt es etwas, dessen verschleierte Schöpfung war,
bevor die Erde und der Himmel anfingen zu sein.
So still, so fern und so allein.
Es bleibt so, immerdar, noch scheitert es, berührt doch alle:
Empfange es als die Mutter dieser Welt.
Ich kenne seinen Namen nicht
Ein Name für es ist „Weg".

Der Weg brachte einen hervor,
und der eine, zwei,
und die zwei brachten drei hervor,
und die drei alles andere. (4)

Die christlichen und die vedischen Traditionen, aus denen ich hier im Folgenden etwas zusammenfasse, kennen beide ähnliche Aspekte dieser Dreifaltigkeit. Die Begriffe sind vielleicht unterschiedlich, aber die dahinter stehenden Vorstellungen sind dieselben.

Die heilige Dreifaltigkeit

Sat /Vater	Tat /Sohn	Om / Heiliger Geist
Der Transzendente Wahrheit/Seligkeit/ Bewusstheit (Gott in der Schöpfung und über sie hinaus)	Christus /Krishna Kuthastha Chaitanya (Führende, göttliche Intelligenz)	Amen /Das Wort (Die kreative Schwingungskraft)

Gott ist allgegenwärtig und die Seele, die ein Teil Gottes ist, ist potenziell ebenso allgegenwärtig. Der Körper, der die Seele beherbergt, ist auf Organe, Gewebe, Chemikalien, Zellen, Moleküle, Atome, Elektronen, Protonen usw. reduzierbar. Wenn man ihn noch weiter reduziert, dann erkennt man Vitalkräfte, Empfindungen, den Willen und verschiedene Abstufungen des Bewusstseins. Während die menschliche Form als etwas ganz Eigenes erscheint, ist sie dennoch aus der grundlegenden kosmischen Essenz zusammengesetzt, dem göttlichen Gedanken. Wie ein Eisberg ganz fest ist, aber mit dem Meer verschmilzt, wenn er sich auflöst, so tut dies auch der Körper – der aus kosmischem Bewusstsein entstanden und geformt worden ist. Er nimmt die kosmische Form wieder an, wenn das Bewusstsein, das ihn durchströmt, wieder eins mit seiner Quelle wird. Diese Wahrheit wird durch richtige Meditation innerlich erfahrbar. *„Wie ein Samenkorn, das in den richtigen Boden gepflanzt wird, einen Baum wachsen lässt, so wird sich das Bewusstsein der Allgegenwärtigkeit manifestieren, wenn die richtige Meditation in die Seele eingedrungen ist."* (5)

Kosmischer Klang

Überall in der Luft sind Klangströme unterwegs. Sie bleiben jedoch unentdeckt, wenn nicht entsprechende Apparaturen erfunden werden, die sie hörbar machen, wie beispielsweise ein Radio. Der menschliche Körper ist dafür ausgestattet, das OM zu hören, da unsere Chakras bestimmte Klänge aussenden, wenn Bewusstsein und Energie sie durchströmt. Genauer gesagt kann das OM, oder Variationen davon, wahrgenommen werden, wenn man eine besondere

Meditationstechnik einsetzt, die die Achtsamkeit weg von den Sinnen hin zu den melodiösen Frequenzen der Chakras lenkt.

OM ist verbunden mit dem Dritten Auge, dem sechsten Chakra, und zeigt sich, wenn die Aufmerksamkeit auf die rechte Weise dort konzentriert wird. Dennoch, wenn man den Klang des OM nur gelegentlich hört, dann reicht das nicht aus. Wie die Natur wahrer Meditation darin besteht, sich in das Objekt der Konzentration aufzulösen, so müssen wir in die Schwingung des OM hineinschmelzen und uns mit ihm ausdehnen, über die Grenzen des endlichen Körpers hinaus, in die Allgegenwart. Wenn wir wahrhaft auf das OM meditieren, dann können wir zum Geist-als-Wort in der gesamten Schöpfung werden.

Wenn wir also von der Beziehung zwischen der Schöpfung und der heiligen Intelligenz ausgehen, die das OM beherrscht, dann öffnen uns fortgeschrittene Zustände der Einheit mit dem Wort so, dass wir in der Lage sind, das Sohn/Tat/Christusbewusstsein zu empfangen, das es durchdringt. Wenn dies erst einmal geschehen ist, dann werden wir in die Lage versetzt, eins mit dem absoluten transzendentalen Geist jenseits der Schöpfung zu werden. Das ist die esoterische Bedeutung des Aufstiegs zum Vater durch den Sohn.

Im Gegensatz zur populären Theologie hat dieser Aufstieg nichts mit der Person Jesu oder irgendeines anderen Erretters zu tun. Er bedeutet vielmehr, dass wir alle zu unserer Quelle zurückkehren müssen, Schritt für Schritt, die für jeden identisch verläuft und kulminiert. Während es wahr ist, dass die Mittel oder Wege, diese Einheit mit dem göttlichen Geist zu erreichen, sich unterscheiden, bleibt keiner verschont von den kosmischen Wirklichkeiten, die diesem Prozess zugrunde liegen. Dies ist der Grund dafür, dass ein wissenschaftliches Verständnis und dieser Ansatz für die Befreiung der Seele solch ein Segen ist: Es schenkt wahre Einsicht und auch die Mittel, um die Verwirklichung zu erlangen, ganz egal, aus welcher religiösen Richtung man kommt.

Die Klänge der Stille

Zwei Dinge, die ich jetzt hier vorstelle, könnten dem Leser helfen, die universelle Natur dieser inneren Klangtechnik zu entdecken: drei christliche und jüdische Verse, die sich auf die Chakras beziehen, plus eine Karte mit zusätzlicher Information. Die Verse sollen nicht dazu dienen, östliche Konzepte über westliche Paradigmen zu legen, sondern zeigen, dass es überall metaphysisch übereinstimmende Symbole gibt. Jedem Bild ist eine Erläuterung hinzugefügt, die dazu dienen soll, den Prozess der Interpretation zu erleichtern. Viele biblische Verse, besonders in der Offenbarung, ergänzen die esoterischen vedischen Lehren.

„Und (der Engel) sprach zu mir: Was siehst du? Und ich sagte: Ich habe geschaut und einen Kerzenhalter ganz aus Gold gesehen (den Shushumna- oder astralen Zentralkanal), mit einer Schüssel (dem Kronenchakra) auf seiner Spitze und den sieben Lampen (den sieben Chakras) darauf." (6)

„Du warst auf dem heiligen Berg Gottes (auf der Höhe des inneren Verwirklichungsprozesses), du bist in der Mitte von Steinen aus Feuer hinaufgegangen und wieder herabgestiegen (du bist den astralen Spinalkanal und die Chakras aufgestiegen und wieder abgestiegen)." (7)

Ich war im Geist des Tages des Herrn (emporgehoben in die spirituelle Ekstase) und hörte hinter mir eine gewaltige Stimme wie die einer Trompete (die Schwingung des OM). ...Und dann dreht ich mich um, um die Stimme zu sehen, die zu mir sprach. Und als ich mich umgedreht hatte, sah ich sieben goldene Kerzenleuchter (Chakras)." (8)

Man kann online heutzutage viel Information über die Chakras erhalten. Deshalb ist die folgende Liste ausschließlich eine Kurzform, in der wir ihre Eigenschaften, Orte, vedische Bezeichnungen und, vielleicht am wichtigsten, die ihnen zugeordneten Klänge aufführen, wie sie von Yogananda und anderen östlichen Lehrern benannt worden sind. Wie weiter oben gesagt, wird das OM mit dem sechsten Chakra in Verbindung gebracht, dem Sitz der göttlichen Wahrnehmung.

Chakra-Karte

Reihen-folge	Vedische Bezeichnung	Ort	Eigenschaft	Klang
1. Chakra	Muladhara	Steißbein	Erde	Hummel
2. Chakra	Svadisthana	Genitalien	Wasser	Flöte
3. Chakra	Manipura	Nabel	Feuer	Harfe
4. Chakra	Anahata	Herz	Luft	Gong/Glocken
5. Chakra	Vishuddha	Halswirbel	Äther	Rauschendes Wasser
6. Chakra	Ajna	Drittes Auge	Super-Äther	OM
7. Chakra	Sahasrara	Scheitelpunkt	Geist	

Meditationstechnik für den inneren Klang

Um auf den inneren Klang zu meditieren – und insbesondere auf den Schwingungsklang des OM – muss man zunächst lernen, wie man ihn überhaupt hört. Und nun werden wir das tun.

- Sitze aufrecht mit gerader Wirbelsäule und einem entspannten Körper.
- Sprich innerlich ein Gebet zu Gott / dem Höchsten Bewusstsein.
- Praktiziere eine Konzentrationstechnik wie die Hong-So-Meditation, bis der Atem ruhig fließt und der Geist sich nach innen gerichtet hat. Zu Beginn dürfte das ungefähr zehn Minuten dauern.
- Stütze deine Ellenbogen auf etwas auf – zum Beispiel ein spezielles Kissen für die Ellenbogen oder einen Tisch mit einem festen Kissen darauf. Du solltest in der Lage sein, deine Daumen zu den Ohren zu heben, ohne dass du dich dafür nach vorne lehnen oder deine Wirbelsäule beugen musst.
- Presse deine Daumen bequem, aber fest über deinen Tragus, um deine Ohren zu schließen. (Der Tragus ist die kleine vorstehende Knorpelerhebung, die an jeder Ohröffnung zu finden ist.)

- Platziere deine kleinen Finger leicht über beide geschlossenen Augenlider in der Nähe der äußeren Ecke und auf die Augenhöhlen, um die Augenlider sanft unten zu halten und die Augäpfel still. Der rechte kleine Finger hält das rechte Auge still, der linke kleine Finger das linke Auge.
- Lass die übrigen Finger auf der Stirn liegen, sodass sie nach innen zum Dritten Auge zeigen. Stell dir vor, dass sie wie magnetisch zu diesem Zentrum gezogen werden.
- Schaue sanft mit geschlossenen Augen zu diesem Zentrum und chante geistig Om, Om, Om, sodass du es in diesem Zentrum spürst. Mache keinen hörbaren Klang und bewege auch deine Zunge nicht.
- Lausche ruhig, aber aufmerksam in dein rechtes Ohr. Astrale Klänge – besonders die der Chakras – sind dort am lautesten zu hören.
- Konzentriere dich auf jeden Klang, den du hörst – ganz gleich, welcher dies ist, ob er nun physisch sei (beispielsweise dein Herzschlag) oder feinstofflich.
- Konzentriere dich auf den lautesten Klang.
- Schaue immer weiter auf das Dritte Auge und chante OM wie automatisch weiter.
- Gleichzeitig bleibe achtsam und lausche weiter, ob du das OM auch hören kannst. Nach einiger Zeit kannst du auch versuchen, ob du das Dritte Auge sehen kannst, aber das hat keinen Vorrang.
- Wenn du sofort das OM klingen hörst (es klingt ein enormes Rauschen, so wie ein Ozean), dann kümmere dich nicht mehr um andere Klänge, sondern konzentriere dich ausschließlich auf dieses OM. Versuche, eins mit ihm zu werden und den Klang auszudehnen.

Wichtige Hilfen

- Benutze eine Armstütze. Diese unterstützt deine Arme und die Position deiner Hände und lässt keine muskuläre Überbeanspruchung entstehen.
- Lehne dich nicht auf deine Hände und spanne deinen Körper nicht an. Bleibe aufrecht und entspannt.
- Nutze weiche Ohrstöpsel, um die äußeren Klänge wegzublocken, wenn deine Ohren zu empfindlich sind, um fest darauf zu drücken.
- Bleibe fokussiert, ganz gleich, welcher innere Klang sich am lautesten manifestiert.

- Die Klänge, auf die du achten solltest, sind von feiner, astraler Natur.
- Um die besten Ergebnisse zu erzielen, praktiziere diese Übung regelmäßig und, manchmal, auch eine längere Zeit.

Tipps für den Praktizierenden

Versuche immer, die Schwingung des OM zu hören, auch wenn sich dieser nicht sofort einstellen wird. Das ist okay. Achte auf alles, was du an inneren Klängen hören kannst, und dann auf den, den du am klarsten hörst. Es könnte dein Atemgeräusch sein, dein Herzschlag, bestimmte ganz hohe Töne des Astralkörpers oder Klänge der anderen Chakras. Wie in der Karte der Chakras angegeben, können letztere sich als Hummelbrummen, als Flötentöne, als Harfenklänge, als Gong oder Glocken oder als rauschendes Wasser neben dem OM bemerkbar machen. Jeder einzelne von ihnen ist okay und bringt dich einen Schritt weiter auf deinem Weg. Lass jeden Klang dich weiterbringen, zu einer neuen Ebene, aber versuche es nicht krampfhaft zu erzeugen oder etwas abzutun. Folge einfach dem Weg des Klangs selbst in dir.

Irgendwann wirst du das OM hören. Glaube aber nicht, nun seist du am Ende angekommen, nachdem du es gehört hast. Ebenso, wie es mehr braucht, als Mozart einmal gehört zu haben, um seine Musik zu spielen, braucht es auch mehr als ein sporadisches Hören des OM, um eins mit dem Göttlichen Geist zu werden. Du musst wirklich eins mit dem Klang werden, dich auf diesen Klang ganz einlassen, du musst mit ihm wachsen. OM enthüllt sich erst nach und nach, durch die Schwingungen des Körpers und dann durch die Erweiterung des Bewusstseins. Die Qualität deiner Erfahrung wird sich auf natürliche Weise entfalten, je nach deinen Möglichkeiten und deiner Empfänglichkeit. Der Schlüssel zu deinem Erfolg liegt in deiner regelmäßigen, aufmerksamen Praxis. Denke daran, die Tiefe deiner Konzentration plus die Länge deines Eintauchens bringt die besten Ergebnisse. Da spirituelles Wachstum weder ein Rennen noch ein Wettkampf ist, bringt das Anstreben von Zielen nur Spannung hervor. Praktiziere einfach die Technik und freue dich an dem, was geschieht. Deine Entwicklung wird sich zu gegebener Zeit einstellen und die Folge deines entspannten, nachhaltigen und hingebungsvollen Bemühens sein.

Du bist damit im Besitz einer wissenschaftlichen, spirituell sehr wirksamen Meditationstechnik. Nun liegt es an dir, dass du sie auch einsetzt. Die Information, die dieses Buch dir schenkt, stellt dir Prinzipien und Verfahren vor, die auf kosmischen Gesetzen basieren, um dein spirituelles Wachstum zu beschleunigen, aber, um es noch einmal zu sagen – es liegt an dir, diese Mühe auf dich zu nehmen. Nichts Äußerliches – Schriften, Rituale oder Religion – kann die unmittelbare Wahrnehmung des göttlichen Geistes ersetzen. Diese zu erwerben, erfordert kontinuierliche, geduldige Disziplin zusammen mit der richtigen Technik und inneren Einstellung. Erleuchtung ist erreichbar, wenn man den Methoden folgt, die wir hier vorgestellt haben.

Der persönliche Einfluss der Meditation

Auch wenn ich natürlicham liebsten wie eine Scheibe Toast aus dem Toaster hochspringen und rufen würde: „Nun bin ich vollkommen!", besteht die einfache Wahrheit darin, dass ich einen beständigen, erkennbaren Fortschritt mache. Wenn ich gefragt werde, ob ich noch Wut spüre, Begierde oder andere weniger ansprechende Emotionen, obwohl ich doch schon so lange meditiere, ist meine Antwort klar. Sie lautet: „Natürlich!" Dennoch erhole ich mich von ihnen schneller, als es früher der Fall war. Und, ja, ich habe immer noch schlechte Angewohnheiten, die ich korrigieren will, ich bin kein Heiliger. Aber ich halte an dem Konzept fest, dass ich einmal einer werde, wenn ich nicht aufgebe, deshalb mache ich mit dem Handwerkszeug weiter, das ich bekommen habe.

Worin würde auch der Sinn bestehen, ein solches Buch wie das vorliegende zu schreiben oder mit den Übungen fortzufahren, wenn ich nicht daran glauben würde, dass Erleuchtung ein erreichbares Ziel wäre?

Da Sexualität ein so wichtiger Teil des Lebens ist und die Menschen sie auch spirituell einsetzen wollen, sollte man ein paar Worte über Sex verlieren. Ich akzeptiere vollkommen die Sinne, aber ich sehe auch, dass die feinen Unterschiede zwischen Sex und purer Lust ein komplexes Spiel zwischen den Wünschen des Fleisches und denen der Seele sind, die das ursprüngliche Verlangen der Seele nach dem Göttlichen überdecken können. Ich bin an einem Punkt, dass ich innere Freude, Reinheit und selbstlose Liebe höher bewerte.

Ohne Glück ist alles nur leer und Glück ist wirklich ein Ergebnis des inneren Selbst, nicht eins von Sinneserfahrungen. Das ist eine schwierige Lektion, die ich immer wieder überprüfe, aber wir alle haben unser Kreuz zu tragen, und ich bin dabei keine Ausnahme. Auf der geistigen Ebene bin ich von Natur aus eher intellektuell, fühle mich aber von meiner Intellektualität nicht länger eingeschränkt. Ich handle meist, indem ich Vernunft und Intuition miteinander kombiniere.

Was die globale Situation angeht – die Dramen des Lebens sind nicht weniger wichtig geworden, aber sie sind weniger angstauslösend, und ich sehe die Welt als ein komplexes Versuchslabor, in dem es viele Lektionen zu lernen gibt und viele Gelegenheiten, sich zu verbessern. Ich habe Vertrauen in den göttlichen Prozess, auch wenn dieses Vertrauen manchmal durch die Unwissenheit der Menschen infrage gestellt wird. Wenn alles gesagt und getan ist, dann kann ich mich dafür entscheiden, was ich gelernt habe und wie meine innere Erfahrung mich geformt hat. Ein spirituelles Leben zu führen, ist eine noble Unternehmung, und eine Beziehung zum göttlichen Geist zu kultivieren – die Quelle alles Guten und aller Glückseligkeit – ist schöner, als alles andere sein könnte. Der Prozess braucht Zeit und ist eine Langzeitbeziehung, aber was sonst im Leben stellt einem ein so wertvolles Ziel in Aussicht? Glückseligkeit ist der wahre Schatz eines jeden. Ich bin ein glücklicherer Mensch durch meine Praxis geworden. Du kannst das auch werden. Das allein schon ist die Anstrengung wert.

Göttliche Einheit

Ein gutes Ende ist ebenso wichtig wie ein guter Anfang. Wenn ich das Kapitel und den Hauptteil dieses Buches nun beende, möchte ich noch einmal hervorheben, dass es wirklich eine Vollendung der spirituellen Reise gibt. Sie besteht in der höchsten Form der Verwirklichung, im letztendlichen Nach-Hause-Kommen, das man dadurch gewinnt, dass man seine Seele mit dem göttlichen Geist in der Schöpfung und darüber hinaus verbindet. Ich habe diesen Zustand noch nicht erreicht, deshalb kann ich ihn nur beschreiben, indem ich Worte von jemandem ausleihe, der dies erreicht hat, von Paramhansa Yogananda. In seinem Gedicht „Samadhi" zeigt uns Yogananda so literarisch wie möglich die epische Majestät des Gottesbewusstseins. Hier ein paar Auszüge aus diesem

Gedicht, die dabei helfen sollen, die Majestät der höchsten spirituellen Verwirklichung zu erahnen:

Verschwunden die Schleier des Lichts und des Schattens,
erhoben jeder Dunst des Leids,
Gegenwart, Vergangenheit, Zukunft, die gibt es nicht mehr,
nur allzeit-präsent überall-fließendes Ich, Ich, überall.

Gedanken an alle Menschen, vergangen, jetzt, noch nicht da,
jeder Grashalm, ich selbst, die Menschheit,
jedes Teilchen des universellen Staubs,
Wut, Gier, Gutes, Schlechtes, Erlösung, Lust,
schluckte ich, verwandelte alles.

Du bist ich, ich bin du,
wissend Wissender, gewusst als Eins!
Ruhend, ungebrochene Ekstase, ewiges Leben, immerwährender Frieden.
Freudvoll jenseits jeder Vorstellung oder Erwartung, Seligkeit des samadhi!

Samadhi erweitert nur meinen bewussten Bereich
über die Grenzen meines sterblichen Bewusstseins hinaus
in die weitesten Grenzen der Unendlichkeit hinein,
wo ich, das kosmische Meer,
das kleine Ego schweben sehe in mir.

Aus Freude kam ich, für Freude lebe ich,
in der heiligen Freude schmelze ich dahin.

Ich, in allem, betrete das große Ich.
Ein kleiner Ballon des Lachens bin ich
und werde zum Ozean der Freude selbst. (9)

Sicher können Worte einer solchen Erfahrung nicht gerecht werden, die nur wirklich real erfahren werden kann, und das überschreitet die Begrenzungen unseres sterblichen Intellekts. So sei es ausreichend zu sagen, dass das allzeit-neue Bewusstsein, die Existenz und die Seligkeit des göttlichen Geistes die

Die Praxis der Meditation

ewige Erfüllung schenken, die wir alle suchen, und es tut dies auf eine Weise, die man beschreiben kann. Dieser Triumph des Geistes ist unser Geburtsrecht. Andere haben den Weg bereitet, nun folge ihnen und nimm dein Schicksal in deine eigenen Hände.

Kapitel 13

— • —

Es verbindlich machen: praktische Anleitung

D as Leben ist eine Schule mit lebenswichtigen Lektionen, durch die wir irgendwann unser essenzielles Selbst erkennen lernen. Das ist der Sinn unseres Lebens, alles andere ist zweitrangig. Wenn wir uns dem mit der rechten Haltung nähern, dann erwartet uns ein wunderbares Abenteuer. Die Reise wird immer freudvoller und befriedigender, je mehr wir die Methoden zum Erreichen unserer Seeleneinsichten in uns verkörpern. Ein festgefügtes spirituelles Leben wird auf einer Einstellung aufgebaut, es dem göttlichen Geist zu widmen und in Harmonie mit den göttlichen Gesetzen zu leben. Vielleicht gibt es Unebenheiten auf unserer Straße, aber durch all dies hilft uns ein immer vorhandener Zufluchtsort der Ruhe und der Eingebungen, um uns bei den Herausforderungen des täglichen Lebens zu stabilisieren, zu führen und uns zu inspirieren. Und während das Weitergehen ausschlaggebend ist, sollten wir unser Ziel, die Einheit mit Gott, niemals aus den Augen verlieren. Letztlich geht es vor allem darum.

Dieses Buch ist geschrieben worden, um dir unschätzbare Fähigkeiten zu vermitteln, dieses Ziel zu erreichen. Praktiziere sie, so gut du es kannst, und während du lernst, im Meer des göttlichen Geistes zu schwimmen, hilf anderen dabei, das Schwimmen zu lernen. Wir sind alle miteinander verbunden. Wir kommen aus der Freude, wir sollten in Freude leben, und in die unendliche Freude werden wir eines Tages wieder hineinschmelzen.

Anleitung

Nachdem er das Buch in einer früheren Version gelesen hatte, sagte ein Freund: „Sag mir, wie meine Schritte aussehen könnten. Zeig mir eine Landkarte." Als

Antwort auf diese Frage habe ich hier dann sieben Schritte zusammengestellt, die den Inhalt des Buches in einen „Wie man vorgeht"-Führer zusammenfassen. Für jeden Schritt gibt es eine genaue Anweisung, dennoch bitte ich die Leser, sie für sich persönlich zu variieren, um sie für ihre ganz eigenen, einzigartigen Voraussetzungen passend zu machen.

Schritt 1: Die rechte Einstellung

Die rechte Einstellung kann überall geübt werden und zu jeder Zeit. Dennoch ist der Schlüssel auch hier Gewissenhaftigkeit. Es ist nicht genug, wenn man Meditation und Gebet übt: das kann jeder. Was dies zu einer spirituellen Praxis macht, die in dir lebendig ist, ist deine Fähigkeit, deine innere Arbeit mit einer richtigen Einstellung und Handlung zu verbinden, Augenblick für Augenblick, Tag für Tag. Diese konstante Aufmerksamkeit ist auch die Basis der Achtsamkeitsmeditations-Übungen, die aus der buddhistischen Tradition kommen.

Es gibt einen Ausspruch, dass Momente wichtiger sind als Jahre, denn wenn wir glücklich, liebevoll und mitfühlend in jedem Moment sein können, dann werden die Jahre von selbst kommen. Wie wir jetzt leben, ist das Barometer, das anzeigt, was aus uns wird. Konzentriert euch also darauf, die rechte Einstellung und das rechte Verhalten beizubehalten, und achtet immer darauf. Das ist der Schlüssel zu einer erfolgreichen Anwendung der zehn Aspekte der Selbstkontrolle im Denken und Handeln. Wenn ihr wollt, dann versucht, euch eine Zeitlang nur auf einen Aspekt zu konzentrieren, und dann nehmt euch den nächsten vor. Seid kreativ in euren Versuchen, es immer besser zu machen. Das Wichtige, wenn man sich wirklich verändern will, ist das beständige Bemühen.

Schritt 2: Schaffe einen geheiligten Ort

Joseph Campbell bezog sich auf Orte für spirituelle Übungen, als er von geheiligten Orten sprach. Dieser Begriff passt auch gut für unseren Zweck. Wie wir inzwischen wissen, ist alles Energie. Alle Handlungen erzeugen Schwingungen, die Bereiche entsprechender Handlungen mit korrespondierenden „Schwingungssignaturen" durchtränken. Küchen beispielsweise entwickeln Kochschwingungen, Büchereien solche für ein Studium und so weiter. Ich schlage euch vor, euch dieses Prinzip zunutze zu machen, wenn ihr euren eigenen geheiligten Ort erschafft, denn er kann eure spirituelle Praxis wirklich beeinflussen. Hier einige Wege, wie ihr das am besten tun könnt:

Wähle einen Raum oder eine Ecke in einem Raum, die ausschließlich deiner Meditation dient. Wähle einen Raum oder den Teil eines Raumes und nutze ihn ausschließlich für deine spirituelle Praxis. Wenn du diesen Raum betrittst, lerne, deinen Geist unmittelbar von allen anderen Themen zu lösen. Konzentriere dich nur noch auf das Göttliche. Ein Schwingungsfeld wird sich nach und nach aufbauen, das ideal für spirituelle Unternehmungen ist, und es wird im Laufe der Zeit immer intensiver werden. Ich finde meinen Meditationsplatz besonders nährend, wenn ich von einer Reise zurückkomme oder einen anstrengenden Tag hatte – die erhebende Atmosphäre bringt mein Bewusstsein schnell wieder in eine höhere Ebene. Um die Integrität dieses Ortes zu schützen, erziehe die Mitglieder deines Haushaltes darin, dass sie dort keine anderen Aktivitäten vollziehen, die dich stören könnten, wenn du „in einer Sitzung" darin bist. Meine Frau weiß, dass ich über nichts anderes als über spirituelle Themen sprechen werde, wenn ich in meinem Meditationsraum bin, deshalb verlasse ich ihn, wenn es einmal nötig sein sollte, dass andere Gespräche geführt werden. Und auch, wenn dich niemand anklagt, dass du deshalb mit deinem Raum und deiner Zeit selbstsüchtig umgehst – wisse, dass deine Mühen auch anderen zugute kommen. Ebenso, wie es Zeit braucht, ein großes, nährendes Mahl zu bereiten, kann ein solches Essen, wenn es einmal auf dem Tisch steht, vielen zugutekommen.

Richte dich nach Osten oder Norden aus. Nach Osten ist optimal. Auf den ersten Blick scheint es verrückt zu sein, dass die Ausrichtung in eine bestimmte Himmelsrichtung deine spirituelle Praxis beeinflussen könnte. Man könnte auch sagen, es sei seltsam, dass Planeten oder Sterne uns beeinflussen. Aber sie tun es. Es ist eine Tatsache, dass das Sonnenlicht die Entwicklung von Serotonin und auch von Vitamin D fördert. Der Mond beeinflusst die Gezeiten des Meeres und kann, so erzählen uns manche Geschichten, auch die Persönlichkeit eines Menschen beeinflussen. Fragt doch einmal einen Polizisten oder Arzt, ob sie Veränderungen in der Kriminalitätsrate oder im Patientenverhalten bemerken, wenn es draußen Vollmond ist. Ein Grund dafür ist natürlich die Schwerkraft.

Körperflüssigkeiten, die von der Schwerkraft des Mondes beeinflusst werden, beeinflussen die Körperchemie unseres Körpers und dadurch wiederum auch unsere Stimmung. Ähnliche Dynamiken wirken im Hinblick auf die Ausrichtung und deine Meditation.

Viele traditionelle Kulturen schreiben zudem den Himmelsrichtungen bestimmte Eigenschaften zu. Unter den Ureinwohnern Nordamerikas, den Cherokee, den Hopi und den Navajao, gibt es einen Ausspruch, dass alles Gute aus dem Osten kommt. Und ein wichtiges Prinzip im Yogasystem besagt, dass die feinstofflichen Kräfte vom Osten aus fließen, um die Erleuchtung zu begünstigen, während beispielsweise die aus dem Norden die Befreiung erleichtern. Ob man das nun einen inneren Radar oder konditioniertes Denken nennt, ich habe die Erfahrung gemacht, dass es einen Unterschied macht, ob ich mich in Richtung Osten oder in Richtung auf eine anderen Himmelsrichtung setze, während ich meditiere. Es fühlt sich einfach richtiger an. Natürlich ist es wichtiger, überhaupt zu meditieren, ganz gleich in welche Himmelsrichtung, als die Praxis nicht zu vollziehen, weil man keinen Kompass dabei hat.

Bau dir einen Altar. Altäre werden als Orte der Anbetung bezeichnet, da sie unmittelbar die Assoziation mit Spiritualität hervorbringen. Für uns können sie sowohl praktisch als auch symbolisch sein. Kräuter wie beispielsweise Salbei zu verbrennen, reinigt die Umgebung, während Räucherwerk ein Gefühl des Heiligen und der ätherischen Süße in einem hervorruft. Kerzen vermitteln das Gefühl des göttlichen Lichts und die Bilder von Heiligen können dir gute Gedanken vermitteln. Wenn du Fotos von spirituellen Meistern besitzt, dann stelle sie auf deinen Altar und schaue ihnen immer wieder in die Augen. Wie schon erwähnt, ist diese Praxis dazu angetan, das Bewusstsein emporzuheben, weil man sich feinstofflich mit dem Meister verbindet und ein magnetischer Austausch stattfindet. Ich habe die meisten dieser Dinge auf meinem Altar, während ein Freund es vorzieht, Muscheln und erdgebundene Dinge daraufzustellen. Was man auf einen Altar stellen sollte, ist eine Sache des Geschmacks, da das Ziel darin besteht, den Geist auf das Geheiligte auszurichten, und nicht darin, ihn mit Objekten oder ihrer Verehrung abzulenken.

Sitze auf einem Wolltuch oder einem Seidentuch. Ob du nun auf einem Stuhl sitzt oder auf einem Meditationskissen – lege unter dich eine Wolldecke, ein

Seidentuch oder beides. Wenn du einen Stuhl benutzt, dann lege die Decke so auf den Stuhl, dass sie die Rückenlehne bedeckt, unter deinem Po entlangläuft und bis auf den Boden unter deine Füßen reicht. Wenn du auf dem Boden sitzt, dann lege die Decke/n auf den Boden und erst dann ein Meditationskissen darauf.

Auch für diese Praxis gibt es gute Gründe, sie haben etwas mit Magnetismus zu tun. Die Magnetstrahlen der Erde ziehen die Energie nach unten, während wir ja danach streben, die Energie nach oben zu ziehen. Wolle und Seide isolieren gegen diese auf sehr subtile Weise negativen Wirkungen des Erdmagnetismus.

Schritt 3: Schaffe eine gute Umgebung

Die Umgebung entsteht durch geistige, emotionale und physikalische Einflüsse und sollte sorgsam hergestellt werden. Yogananda hat immer betont, dass die Umgebung eine stärkere Kraft ist als der Wille, weil sie einen beständigen feinstofflichen Einfluss ausübt. Spirituelle Schüler sollten darum die inneren und die äußeren Einflussfaktoren prüfen, um zu sehen, ob sie die höheren Ziele verstärken und negative Elemente entfernen, wenn dies notwendig sein sollte. Mit dem Begriff „äußere Umgebung" meine ich Freunde, das Zuhause, die Nachbarschaft, die Art der Unterhaltung, Bücher und Schriften und sogar Kleidung. Alle tragen dazu bei, ein Schwingungsfeld zu erzeugen, das die innere Entwicklung begünstigen oder behindern kann. Wenn du beispielsweise konsequent graubraune, erdfarbene Kleidung trägst, dich mit Kriminellen umgibst, grobe, unanständige Musik hörst oder Pornos guckst, dann haben all diese Aktivitäten einen negativen Einfluss auf dich. Wenn du andererseits gute Freunde hast, harmonische Musik hörst, erhebende Bücher liest und gesunde Gewohnheiten pflegst, dann hilft das deiner ganzheitlichen Entwicklung.

Dieselben Prinzipien gelten auch für die innere Umgebung, der Umgebung des Denkens und der Einstellung. Sie sind, spirituell betrachtet, sehr wichtig. Die Lebensumstände sind wichtig, aber dein Denken, deine Gefühle und darauf bezogene Reaktionen begünstigen deine Reifung. Achte in unterschiedlichen Situationen auf dich. Bemerke deine Reaktion auf Menschen und Situationen. Sind deine Gedanken vor allem auf Gott ausgerichtet, auf Dienen und Mitgefühl, oder auf Begierde, Wut und Besitz? Wenn du diesen Prozess genau beobachtest, dann wirst du beeindruckt sein, der Geist und das Herz jedoch sind schwerer in Besitz zu nehmen. Man könnte sagen, dass das mächtigste Wunder, das Jesus je tat, darin bestand, Hass mit Liebe zu beantworten, sogar noch, als er gekreuzigt wurde. Indem er das tat, demonstrierte er seine Meisterschaft über die menschlichen Leidenschaften und die Überlegenheit der göttlichen Liebe. Wenn du also in deinem Leben nach Güte und Stärke strebst, dann ersetze negative Glaubensmuster und Verhaltensweisen in dir durch positive. Kurz gesagt, achte auf deinen Geist und sortiere deine Gedanken, denn sie sind die Vorläufer deines Handelns.

Suche nach proaktiven, nach vorne gerichteten Arten und Weisen, um erhoben zu bleiben, und kontrolliere die Einflüsse deiner Umgebung. Lies beispielsweise inspirierende Bücher, während du im Fitness-Studio auf dem Spinner sitzt, spiele Chants im Auto, während du herumfährst, stehle dich in eine kleine Meditationsklasse nach dem Mittagessen bei der Arbeit und rufe still die ganze Zeit nach Gott. Kleine Dinge machen einen großen Unterschied, da sie deine Gedanken anders ausrichten und deine Lebensqualität verändern.

Schritt 4: Beten

Das Gebet vor deiner Meditation sollte von deiner Liebe zu Gott erfüllt sein und dem Zweck dienen, Gott näherzukommen. Es müssen keine besonderen Gebete sein, die du sprichst, sondern einfache und ehrliche. Lade den göttlichen Geist ein, mit und durch dich zu meditieren und den Prozess des Erwachens zu führen und zu inspirieren. Dann beschließe die Meditation mit einem Gebet der Dankbarkeit und des Segens. Sei dir bewusst, wie glücklich du sein kannst, dass du dich so mit dem Göttlichen in Einklang setzen darfst.

Eins der Gebete von Yogananda, das ich gewöhnlich benutze, wenn ich meine Meditation beende, ist: *„Göttliche Mutter/Gott/göttlicher Geist, möge deine Liebe für immer auf das Heiligtum meiner Andacht scheinen, und möge ich in der Lage sein, deine Liebe in all meinem Herzen zu erwecken."* (1). Dein Gebet wird vielleicht anders, einzigartig sein, aber lass dabei dein ganzes Herz sprechen.

Hier eine Geschichte, die illustriert, warum echte Zuneigung immer so anziehend ist:

Meine Frau hatte einmal verschiedene Freunde eingeladen, informell bei uns vorbeizukommen, weil ich Geburtstag hatte. Sie waren sehr freundlich und brachten allerlei verschiedene Karten mit, Geburtstagsgrüße usw. Mit ihnen kamen zwei Nachbarkinder, zwei Mädchen, und grinsten von einem Ohr zum anderen. Sie hatten nichts von meinem Geburtstag gewusst, ehe es ihnen fünf Minuten zuvor jemand gesagt hatte, dennoch übergaben sie mir mit ihrem enormen Lächeln ein Blatt Papier, auf dem handgezeichnete X und Os waren, mit einem ganz bunten Herzen. Es war ein Akt spontaner, reiner Zuneigung. Könnt ihr euch vorstellen, welche meiner Geburtstagskarten ich am liebsten mochte?

Schritt 5: Praktiziert regelmäßig

Viele Menschen fragen sich, wie lange und wie oft sie meditieren sollten. Tut das, was euch Freude macht, und so lange, wie ihr könnt. Eine gute Zeit zum Anfang sind 15 bis 30 Minuten, zweimal am Tag, und zwar ganz früh am Morgen und bevor ihr abends ins Bett geht. Nach und nach verlängert die Sitzungen. Während ihr so eure „Meditationsmuskeln" trainiert, versucht einmal pro Woche drei Stunden am Stück zu meditieren und verlängert dies von Zeit zu Zeit auf sechs Stunden. Diese Länge scheint vielleicht anfangs überwältigend zu sein, aber ihr werdet merken, dass wirklich lange Meditationssitzungen sehr schön sind, wenn ihr euch einmal daran gewöhnt habt und tiefer geht. Das Wichtigste ist jedoch eure tägliche Praxiszeit, zu der ihr euch verpflichten könnt und die ihr dann macht. Wir sind Gewohnheitstiere, deshalb macht es euch zur Gewohnheit und dann wird sie euch zur Gewohnheit werden.

Zusammen mit der regulären Praxis seid achtsam, was die folgenden zwei Punkte angeht. Als Erstes nehmt Rücksicht auf andere. Das Leben erfordert Balance. Seid also fair denen gegenüber, mit denen ihr zusammenwohnt und lebt, indem ihr dann meditiert, wenn das mit deren Gewohnheiten vereinbar ist. Meine Praxis ist so angelegt, dass ich bestimmte klassische Anforderungen erfüllen kann und dennoch vermeide, störend auf die Aktivitäten meiner Frau

Die Praxis der Meditation

einzuwirken. Inneres Wachstum ist eine Priorität und sollte nicht dazu dienen, Arbeiten zu vermeiden oder die Verantwortlichkeiten des Lebens auf andere abzuschieben. Alle legitimen Pflichten kann man so sehen, dass sie ein Auftrag Gottes an uns sind und daher erfüllt werden müssen, um voll Respekt und Gleichgewicht zu leben.

Zweitens, achtet auf euren Körper. Entspannung und korrekte Haltung sind ausschlaggebend für die Meditation. Wenn ihr auf einem Stuhl sitzt oder auf einem Meditationskissen, dann richtet euch so aus, dass eure Hüften höher sind als eure Knie. Das hilft euch, die Wirbelsäule aufrecht zu halten, und die Körpermuskulatur kann sich entspannen. Und dann, lasst den Körper los – entspannt euch und vergesst ihn vollkommen – taucht ganz nach innen.

Schritt 6: Praxis-Plan

Hier ein grundlegender Plan für eure tägliche Praxis. Wenn ihr lieber länger meditieren wollt, dann fühlt euch frei, dies zu tun.

Vorbereitende Übungen

Energetisierungsübungen: 5 – 10 Minuten
Dehnen: 5 – 10 Minuten

Meditationssitzung

Atem/Energie-Balance-Übungen
Anrufungs-Gebet
Konzentrationstechnik: 10 Minuten
Innere Klangtechnik: 10 Minuten
Periode absoluter Stille: 10 Minuten

Du bist Teil des Unendlichen. Verstecke dich nicht mehr, warte nicht länger. Der göttliche Geist sehnt sich nach deiner Liebe und ist ganz aufgeregt, wann immer du, sein/ihr Kind, nach Hause kommen willst.

Anhang

———— • ————

Spiritualität und Religion

Im Kreis:
Christentum – Islam – Buddhismus – Hinduismus – Taoismus – Eingeborene – Schamanismus – Judentum

Was ist Spiritualität?

Spiritualität ist ein immer populäreres Thema und wird in unzähligen Büchern, Zeitschriften, Forschungsstudien, Fernsehsendungen und Filmen angesprochen. Von vielen als eine Art Alternativreligion angesehen, ruft sie dennoch sehr unterschiedliche Reaktionen hervor. Manche sehen in der Spiritualität eine fortschrittliche Reformbewegung, die Dogmen abwirft und die eigentlichen, ursprünglichen Elemente aufdeckt, um die die meisten religiösen Bewegungen, geschichtlich betrachtet, einmal gebildet worden sind. Andere sehen darin etwas Fehlgeleitetes und potenziell Zerstörerisches für die herrschenden Theologien. Als Folge davon ist die Reaktion auf die Spiritualität, wenn sie sich zeigt, sowohl Enthusiasmus als auch Widerstand. Ich glaube, dass Spiritualität als Kern jeder Religion existiert, jedoch oft hinter Schleiern verborgen ist, die Urteilsvermögen brauchen, damit man durch sie hindurchsehen kann.

Dieser Anhang diskutiert sowohl die Spiritualität wie auch die Religion, während er sich jedoch davon fernhält, sie in alle Einzelteile zu zerlegen. Da diese Themen zudem im Kern äußerst subjektiv sind, ist eine Klärung notwendig, um eine Grundlage zu bilden, auf der man aufbauen kann, aber das wäre ein Thema, über das man ein eigenes Buch schreiben könnte. Da das Thema wichtig und bedeutsam ist, spreche ich es an, aber ich mache einen Anhang daraus, da die Vorstellungen und die Terminologie, die hier diskutiert werden, für manche trocken oder akademisch erscheinen könnten. Wenn dies der Fall ist, fühle dich frei, es zu überschlagen, und wisse, dass du schon viel mit den Inhalten bekommen hast, die ich bereits präsentiert habe.

Spiritualität ist nichts Nebulöses. Sie ist ein erleuchtender Prozess, der aus einem Verständnis von Kernkomponenten der Existenz hervorgeht. Wie eine ausgefeilte Bauzeichnung bildet sie die Wirklichkeit ab, wie sie ist, und spricht das Leben im Bewusstsein von unveränderbaren göttlichen Prinzipien an, die alle ideologischen Unterschiede überschreiten. Jede Glaubensrichtung beschäftigt sich mit essenziellen spirituellen Elementen, auch wenn sie sie mit unterschiedlichen Bezeichnungen belegt oder sie auf einzigartige Weise beleuchtet. Dass diese essenziellen Wesenszüge auf so viele unterschiedliche Arten und Weisen angesprochen werden können, negiert weder ihre Existenz noch bestreitet es die Notwendigkeit, in Übereinstimmung mit ihnen zu leben.

Beispielsweise postuliert jede größere religiöse Tradition ein höchstes Ziel, was sie mit Begriffen wie *Erleuchtung, Samadhi* oder *Himmel* bezeichnet. Jede teilt gemeinsame moralische Vorschriften, Konzepte für Heiligkeit, die darin kulminieren, dass man die Göttlichkeit erreicht. Jede meint, dass die Schöpfung entsprechend bestimmter Gesetze existiert und funktioniert, und dass ein nichtkörperliches Element der Bewusstheit, die man Seele nennen kann, im Körper wohnt. Diese Prinzipen sind ebenso Grundlage der Spiritualität wie Addition und Subtraktion zur Mathematik gehören. Sie bleiben konstant und gleich, ganz gleich, in welchem sprachlichen oder kulturellen Kontext man sich befindet. Spiritualität ist dann also die Mühe oder Anstrengung, die man unternimmt, um die universellen Gesetze zu entdecken und mit ihnen in Übereinstimmung zu leben, ohne quertreibende Ideologien, die ansonsten ihre Verwirklichung verschleiern würden.

Die nächste Serie unterschiedlicher Ansichten dazu bringt Perspektiven zum Thema Spiritualität, plus einen Kommentar, über die man nachdenken kann.

Sichtweise 1

Der *Random House Webster's College Dictionary* beschreibt Spiritualität als „die Eigenschaft oder das Faktum, spirituell zu sein." Über „spirituell" sagt er: „von oder betreffend a) der Seele oder des Geistes als unterschiedlich vom körperlichen Wesen; b) der Geist als Sitz der moralischen oder religiösen Natur; c) heilige Dinge oder Themen, religiös." (1)

Kommentar

Der erste Teil der Definition vermittelt, dass die Seele oder der Geist sich vom physischen Körper unterscheidet. Das jedoch ist nur teilweise wahr. Genauer gesagt, gehen sowohl das Seelenbewusstsein als auch die Lebensenergie vom göttlichen Geist aus, wie das Licht von der Sonne ausgeht. Diese intelligenten Elemente bringen drei zunehmend dichtere feinstoffliche Körper hervor, die sich, allmählich zunehmend, zu einer körperlichen Form verdichten. Was wir als physischen Körper wahrnehmen, ist in Wirklichkeit ein integriertes System von Seele, Lebenskraft und Bewusstsein, das vermischt, vereinigt und gemeinsam agierend auf einer materiellen Ebene existiert. Zum Zeitpunkt des Todes trennen sich die Seele und die feinstofflichen Körper vom physischen, wobei sie den Körper wie eine unbewohnte Hülle zurücklassen, während sie auf feinstofflicheren Ebenen der Existenz fortbestehen.

Die Teile b und c weiter oben unterscheiden sich nicht von dem, was ich schon gesagt habe: Spiritualität ist die Essenz der heiligen Themen und wird weiter unten näher untersucht werden.

Sichtweise 2

In seinem Buch „*Reflections on Human Spirituality for the Worksite*" definiert Brian Seaward Spiritualität als „einen Reifungsprozess zum höheren Bewusstsein, um eine einsichtsvolle und nährende Beziehung zu sich selbst und anderen, die Entwicklung eines starken Wertesystems und die Kultivierung eines bedeutungsvollen Sinnes im Leben zu erzielen." (2)

Die Praxis der Meditation

Kommentar

Seaward betont hier die Entwicklung von Werten, Verhaltensweisen und Beziehungen, die dem Leben einen Sinn geben und die Tatsache des Lebens selbst verbessern. Während sie gesellschaftlich vorsichtig und klug ist, bleibt seine Definition dennoch ein bisschen vage, denn sie lässt die Zugehörigkeit zu einem substanziellen metaphysischen Paradigma vermissen. Seine Bezeichnung Reifeprozess jedoch ist wirklich überzeugend, denn sie impliziert einen evolutionären Prozess, der eine individuelle oder kollektive Entwicklung fördert. Diese Anspielung auf eine emporhebende Kraft war vielleicht nicht beabsichtigt, verbindet aber implizit mit der Vorstellung von einer höheren Macht. Wenn wir diese Fähigkeit zur Entwicklung nicht besitzen würden, vor allem im Bereich unseres Bewusstseins, würden wir in einem begrenzenden Sumpf geistigen Steckenbleibens untergehen. Glücklicherweise gibt es eine rätselhafte Kraft, die uns aus der unteren Ebene der Bewusstheit in zunehmend feinere Ausdrucksformen unseres menschlichen Potenzials vorantreibt. In diesem Spektrum erleben wir eine Abfolge von Personas – vom Brutalen bis zum Heiligen. Weniger entwickelte Menschen demonstrieren uns den selbstbezogenen Überlebenskünstler und sexuelle Charakterzüge, die nicht viel anders als im Tierreich sind. Ihre Welt ist beschränkt und hauptsächlich auf sie selbst bezogen. Heilige andererseits weisen eine Verminderung des Egos auf, die ihnen erlaubt, das Heilige in allem zu sehen. Das ganze Leben wahrzunehmen als etwas, was von einer gemeinsamen Quelle gekommen ist, lässt sie mitfühlend die gesamte Existenz in all ihren Myriaden Formen als Manifestation ihres vereinheitlichenden makrokosmischen Selbst umfassen.

Sichtweise 3

Die Spiritualität im Gesundheitsfürsorge-Komitee der Mayo-Klinik definierte Spiritualität als „einen Prozess, durch den man innere Weisheit und Vitalität gewinnt, die allen Lebensereignissen Bedeutung und Sinn verleiht." (3)

Kommentar

Diese Definition hat ihre Vorteile, setzt aber Begriffe ein, ohne sie ausreichend zu erklären, ein Versehen, dass einem Verständnis schadet. Beispielsweise: Was ist Weisheit? Was ist Vitalität? Was heißt „innere"? Ich beschreibe Weisheit als Verstehen der Wahrheit und als Handeln in Harmonie mit ihr. Vitalität als Fülle und innewohnende Lebenskraft, die ungehindert fließt und erhöht werden kann, wenn man den Willen in rechter Weise einsetzt, und „innen" bezieht sich für mich auf den Bereich der Seele – jene subtilen Verkörperungen des göttlichen Geistes, die in der physischen Form enthalten sind. Diese Elemente müssen zu einer heiligen Kosmologie zusammengefügt werden, oder ihnen fehlt eine bedeutungsvolle Orientierung.

Sichtweise 4

Diese letzte Definition der Spiritualität ist meine eigene und ist, so glaube ich, die umfassendste. „Spiritualität ist die Essenz aller Glaubensrichtungen, die unveränderliche Wahrheit, die sich hinter und in jeder religiösen Ausprägung verbirgt. Sie ist das Medium, durch das Menschen eine direkte Kommunion und Einheit mit dem göttlichen Geist aufbauen, wobei das Wort „göttlicher Geist" unabhängig von einer formalen Orientierung ist. Spiritualität ist beides – sowohl die unmittelbare Erfahrung dessen, was heilig ist, die Höhere Macht mit gleich welchem Namen als auch das Leben entsprechend wichtiger Prinzipien, Gebote und Praktiken, die diese Beziehung und die Früchte ihres Erlangens fördern." (4)

Diese Punkte sind für mich wesenhaft, um Spiritualität zu verstehen:

- Spiritualität ist nicht gleichbedeutend mit Religiosität.
- Spiritualität ist eine Art und Weise des Lebens, die in Übereinstimmung mit den kosmischen Gesetzen steht, nicht eine relative Glaubensrichtung.
- Spiritualität meint, dass jede Seele eine direkte und unmittelbare Erfahrung des göttlichen Geistes haben kann und das Recht dazu hat.
- Spiritualität sieht die Natur der Seele und ihren Sinn in der irdischen Inkarnation als universell an.
- Spiritualität ist an sich und in sich heilig und moralisch. Man kann sie nicht korrekt praktizieren und gleichzeitig weltlich leben.
- Spirituelle Verwirklichung erfordert rechte Methoden plus intensive Hingabe, damit sie in optimaler Weise wirkungsvoll sein kann.

Die Praxis der Meditation

- Spiritualität schließt sowohl einen unpersönlichen wie auch einen persönlichen Gottesaspekt ein.
- Der unpersönliche Aspekt ist mathematisch präzise und hält sich fern von kosmischen Gesetzen. Der personale Aspekt ist die kosmische Kraft der Intelligenz/Liebe/Weisheit, die sich in unzähligen Formen inkarnieren kann, um die göttlichen Lehren und Eigenschaften zu demonstrieren.

Was ist Religion und in welcher Weise unterscheidet sie sich von der Spiritualität?

Ansicht 1

Der Ran*dom House Webster's College Dictionary* definiert Religion als „a)…eine Anzahl von Glaubensmustern, die den Grund, die Natur und den Zweck des Universums betreffen, besonders, wenn man sie betrachtet als die Schöpfung einer übermenschlichen Kraft oder Kräfte, bei denen man im Allgemeinen andachtsvolle und rituelle Handlungen vollzieht und die oft einen moralischen Codex für die menschliche Verhaltensweise enthält. …; b)… eine spezifische Zusammenstellung von Glaubensüberzeugungen und Praktiken, die im allgemeinen von einer bestimmen Anzahl von Menschen oder Sekten übereinstimmend geteilt werden." (5)

Kommentar

Diese Definitionen sehen in der Religion populäre, theoretische Konzepte, gesellschaftlich-ethische Verhaltensrichtlinien, Rituale und auf Übereinstimmung ausgerichtetes Denken, keine festgelegten Eingebungen. Nicht um kollektive Glaubensüberzeugungen in Misskredit zu bringen – aber sie sind nicht in sich sachlich. Intuitive Erfahrung ermöglicht spirituell substanzielles Material, während Intellekt und Meinung Vermutungen bieten. Die Wissenschaft testet Theorien auf ihren Wahrheitsgehalt, um die Validität solcher Theorien festzusetzen. Wenn sie verworfen werden, dann werden sie zurückgewiesen, wenn sie bewiesen werden, dann werden sie Gesetz. Diese Standards sollten auch für die Religion, für das Metaphysische oder für alles gelten, was die Wahl der Lebensrichtung und die Qualität betrifft. Wenn man einkauft, dann sucht man sachliche Informationen über die Gegenstände, die man erwerben will. Und warum sollte das in spiritueller oder religiöser Hinsicht anders sein?

Der Hauptgrund dafür ist, dass Menschen oft die Religion als etwas sehen, was ihre Fähigkeiten zur Überprüfung übersteigt. Diese Haltung, die zudem noch oft von denen, die es genießen, Macht über andere zu besitzen, kunstvoll weitergesponnen wird, fördert eine blinde Gefolgschaft klerikalen Autoritäten gegenüber, statt dass sie die Genehmigung für individuelle Verwirklichung und Verständnis vermittelt. Echte mystische Erleuchtung hat nichts mit Machtpositionen zu tun, sondern ist die Folge unmittelbarer, direkter Wahrnehmung. *„Ich danke dir, oh Vater, Herr des Himmels und der Erde, denn du hast diese Dinge vor den Weisen und Klugen verborgen und hast sie den Kleinkindern enthüllt."*(6)

Viele Religionen bleiben handlungsunfähig durch einengende Dogmen, Rituale und das Bedürfnis zu kontrollieren. Solch eine Rigidität hat zahlreiche Wahrheitssuchende dazu gebracht, jenseits ihrer ursprünglichen Glaubensrichtung nach weiteren Wegen zu suchen, solchen, die esoterisch informativer sind und die einer weniger ausgeprägten Hierarchie folgen. Der Grund für diesen Exodus ist die Folge einer ganz natürlichen Sehnsucht der Seele, einem Verlangen nach einer intimen Nähe zum Heiligen.

Unglücklicherweise haben die meisten abrahamischen Religionen im Lauf der Geschichte erfahrungsbezogene, innere Praktiken nicht genährt, sondern stattdessen gelehrt, dass Beten, die Heiligen Schriften oder Gnade allein ausreichend sind. Der eingeschränkte mystische Zugang hat zu einer Krise der Verbundenheit beigetragen, die im Laufe der Zeit dazu geführt hat, dass Praktiken wie die Meditation zunehmend akzeptiert wurden.

Die Meditation vermittelt einen ungefilterten Zugang zum Heiligen und ist das substanziellste Mittel, durch das die Schriften, die Glaubensmuster und die Dogmen überprüft werden können. Diese Fähigkeit, die göttliche Wahrheit unmittelbar zu erfahren und kennenzulernen, ebenso wie das Verlangen, genau dies zu tun, ist ein Gütesiegel für eine spirituelle Praxis, aber wird von den meisten Anhängern klassischer Religionen nicht als ein solches anerkannt. Solche Menschen sehen die Meditation eher als etwas Ungeeignetes, ja, sogar Anmaßendes an. Meditative Einsichten jedoch vermitteln Erkenntnisse, die die akzeptierten religiösen Glaubenssätze unterstützen könnten – oder sie infragestellen.

Jesus sprach deshalb mit sehr viel Autorität über spirituelle Fragen, und zwar aufgrund seiner göttlichen Wahrnehmung, nicht weil er einer Doktrin folgte. So sagte er: *„Wahrlich, wahrlich, ich sage euch: Wir sprechen das, was wir wissen und bezeugen, was wir gesehen haben."* (7)

Dieses wichtige Konzept klingt auch in diesen bemerkenswerten Zitaten an:

„Wer immer über seine Religion theoretisiert, beleidigt den Weg Gottes und des Friedens. Ketzer!"

„All dies gelernte Gerede ist nur ein Zeichen von Unwissenheit. Position und Zustand löschen es aus." (8)

„Tatsächlich sind mystische Erfahrungen, wenn sie deutlich ausgesprochen und mitfühlend sind, in psychologischer Hinsicht gewöhnlich echt, jedenfalls für diejenigen, die sie haben. Sie sind „da" gewesen und haben sie vernommen. Rationalisten können es bleiben lassen, darüber zu grummeln. ... Unsere „rationaleren" Glaubensformen basieren auf Beweisen, die denjenigen nicht unähnlich sind, die Mystiker zitieren und auf die sie sich beziehen. Unsere Sinne haben uns nämlich bestimmter Zustände oder Fakten versichert, aber die mystischen Erfahrungen sind eine unmittelbare Wahrnehmung solcher Fakten, jedenfalls für diejenigen, die sie haben, und sind für sie ebenso wahr wie alle Sinnesempfindungen, die wir haben. ...Der Mystiker ist also, kurz gesagt, unverletzbar und muss in seiner ungestörten Freude an seinem Glauben so gelassen werden, ob wir das nun gern mögen oder nicht." (9)

Interessanterweise entsteht Religion beinahe ausschließlich durch bahnbrechende heilige Ereignisse und damit zusammenhängende Eingebungen. Traurig ist, dass später mystische Erleuchtungen typischerweise zu kodifizierten, institutionalisierten Dogmen werden, die Bemühungen in Richtung auf persönliche Erleuchtung eher behindern oder fördern. Kurz gesagt, Religion verbreitet eine mythische Theologie, wenn sie es nicht schafft, intuitiv gesammelte

Wahrnehmungen höherer Wirklichkeiten zu fördern, oder sie unterläuft sie sogar direkt. Wahrheit ist keine Frage von Konsens, und ganz gleich, wie viele Menschen bezüglich einer Idee übereinstimmen, ist sie dadurch noch lange nicht richtig.

Ansicht 2

Das Komitee der Mayo-Klinik zum Thema „Spiritualität im Gesundheitswesen" definiert Religion als „ein formalisiertes System von Glaubensmustern und Praktiken, die von einer Gruppe geteilt werden." (10)

Kommentar

Diese Beschreibung könnte sich auch sehr einfach auf College-Bruderschaften beziehen, da auch diese Institutionen verehren, denn sie sagt nicht genau, welche Glaubensmuster oder Praktiken die Menschen teilen und warum und wie solche Systeme formalisiert werden. Menschen können alles Mögliche glauben und tun das auch oft, und Treue gegenüber einem System – ganz gleich, wie leidenschaftlich – garantiert keine Wahrheit. Beispielsweise sind Fundamentalisten aller möglichen Richtungen, die einer Doktrin oder einem Dogma anhängen, in Wirklichkeit diejenigen, die vor dem Altar der Unwissenheit knien, weil sie auswendig gelernte Abläufe über die intuitive Erkenntnis stellen. Dieses Verhalten hält eine nicht infrage zu stellende Ideologie aufrecht und verschleiert wahrscheinlich die Wahrheit.

Echtes Verstehen sollte die Basis für theologische Treue sein, nicht eine Mehrheitsentscheidung. Ein wunderbares Beispiel dafür wird in den Yoga-Sutras beschrieben, besonders im achtfachen Pfad von Patanjali. Die ersten beiden Schritte beinhalten zehn Anweisungen für rechtes Verhalten, sehr ähnlich den Zehn Geboten. Sie sind aber keine zufälligen, gesellschaftlich besonnenen Diktate, sondern das Destillat rechten Benehmens, das durch die Bewusstheit unserer essenziellen Einheit mit dem göttlichen Geist entstanden ist. Jede dieser „Regeln" zu vervollkommnen, hat zur Folge, dass man die damit zusammenhängenden göttlichen Eigenschaften manifestiert, wie eine Blume, die blüht, wenn sie reif ist, und die so der Frucht, dem verursachenden Prinzip, gegenüber bezeugt, dass sie in makelloser Harmonie mit den spirituellen Prinzipien gelebt hat.

Noch einmal: Religiöse Dogmen fordern meist bedingungslosen Gehorsam, während spirituelle Praktiken sich um Transparenz und klares metaphysisches Verstehen bemühen. Yoganandas spiritueller Meister, Sri Yukteswar, brachte dieses letztere Gefühl in vollkommener Weise zum Ausdruck, als er sagte: *„Viele Lehrer werden dir sagen, du sollst glauben, und dann löschen sie deine Augen der Vernunft aus und sagen dir, du sollst nur noch ihrer Logik folgen. Aber ich möchte, dass ihr eure Augen der Vernunft weit offen haltet, und zusätzlich werde ich euch noch ein weiteres Auge öffnen, das Auge der Weisheit."* (11)

Ansicht 3

Meine Definition der Religion ist: „die Organisation und das messbare Inkraftsetzen von spirituell basierten Regeln, Ritualen und Doktrinen, die das Leben und die Lehren eines Gründers oder einer entsprechenden Quelle umgeben und daraus abgeleitet sind." (12)

Kommentar

Die Schlüsselworte hier sind die Begriffe „Organisation" und „spirituell basiert". Nur sehr wenige einzigartige Seelen haben Weltreligionen gegründet. Ihre Lehren, die von Erleuchtung inspiriert waren und von einer Quelle der Wahrheit ausgingen, wurden gesprochen, um den Bedürfnissen und Gewohnheiten einer bestimmten Zeit zu nützen. Die Weitergabe ihrer spirituellen Vermächtnisse geschah durch weniger entwickelte, aber wohlmeinende Schüler, die Predigten und Taten aufzeichneten, aber das Feuer der ursprünglichen Inspiration und des Durchblicks nicht besaßen. Beim Versuch, die Authentizität der Lehre zu bewahren, versuchten diese Verwalter unausweichlich, Glaubenssysteme in handhabbare Doktrinen zu verwandeln und, ob nun mit Absicht oder nicht, ersetzten damit die Wahrheiten, die sie hervorgebracht hatten. Diese Doktrinen wurden dann in festgelegte Formen der Verehrung gepresst und – voilà – so entstand ein Dogma.

Diese Kommentare zielen nicht darauf ab, diejenigen abzuwerten, die ihren Glauben ernst nehmen und seine Anforderungen auf gemeinschaftliche, liebevolle und demütige Weise umzusetzen versuchen. Wirklich haben solche Praktiken einen durchaus spirituellen Hintergrund und tragen einen großen Wert in sich: die Suche nach Gott, heilige Prinzipien und die Motivation, sie auch anzuwenden. Heutzutage ist jedoch immer mehr eine weitverbreitete Unzufriedenheit mit religiösen Institutionen vorhanden, denn es gibt eine historische Weiterentwicklung ausschließender Praktiken und Vorstellungen, die Menschen kontrollieren oder bedeutsames Leid durch Bigotterie und hasserfülltes Fehlverhalten verursachen.

Beispielsweise entschied das Erste Konzil von Nicäa im Jahr 325 über die Doktrin der frühen Christen und schuf einen ideologischen Konsens, eine hierarchische Führungsstruktur und ein theologisches System, das in einem eklatanten Widerspruch zu bestimmten Ansichten stand, die die Urchristen vor allem in den gnostischen Gemeinschaften vertreten hatten. Mehr noch, es gibt bis heute eine bedeutsame gelehrte Kontroverse darüber, ob das ganze Material im Neuen Testament wirklich authentisch ist. Texte und Schriftsätze, die angeblich von den Aposteln verfasst worden sein sollen, könnten auch ebenso gut überhaupt nicht von ihnen geschrieben worden sein. Ich kann dieses Thema hier nicht fortsetzen, aber es sollte reichen zu sagen, dass die Themen und Lehren, um die es dabei geht, so bedeutsam sind, dass der verbreitete christliche Kanon in manchem von demjenigen abweicht, was Jesus tatsächlich gelehrt hat.

Veränderungen in den Glaubensvorstellungen gibt es in allen Religionen, vor allem, wenn Weisheit ersetzt wird durch Unwissenheit, politische Zweckmäßigkeit oder Opportunismus. Und trotz dieser Tendenz, die Wahrheit zu beugen, treibt die Sehnsucht danach immer noch das menschliche Herz und die Seele des Menschen an – über alle Fehlschlüsse und Stillstände hinaus.

Als Jesus den heiligen Franziskus bat, seine „Kirche zu erneuern", meinte er damit kein Projekt zur baulichen Veränderung – etwas, was auch Franziskus anfangs missverstand – sondern wollte, dass er die essenzielle spirituelle Basis der Lehren wiederherstellte. Dieses Bedürfnis, ein Leben zu leben, in dem man in naher, persönlicher Kommunion mit dem göttlichen Geist lebt, gibt es immer noch und es ist der Grund dafür, aus dem immer mehr religiöse Einrichtungen zunehmend ihre Art von meditativen Praktiken für die interessierten Gemeindemitglieder anbieten: Sie schenken Seelennahrung in einer direkten und inneren Art und Weise.

Die Praxis der Meditation

Es gibt jedoch drei Schlüsselunterscheide zwischen Spiritualität und Religion:

Spiritualität ist universell. Spiritualität ist inhärent universell und pluralistisch. Die Wahrheit wird als unveränderbar angesehen, manifestiert sich jedoch auf unterschiedliche Weise. Sie ist also vielfältig und dennoch ein natürlicher, schöpferischer Ausdruck des Einen. Religion andererseits tendiert dazu, andere auszuschließen, nicht, weil die ursprüngliche Lehre dies verlangt hätte, sondern weil die Unwissenheit im Laufe der Zeit einen so aushöhlenden Einfluss ausübt. Selbst der religiöse Ansatz, andere einzuschließen, vertritt die arrogante Ansicht, selbst im Besitz des einzig richtigen Weges zu sein. Und, natürlich, begrenzt der Fundamentalismus jedweder Couleur jede ideologische Wahlfreiheit. Diejenigen, die einem festgelegten religiösen Weg folgen und gleichzeitig andere Traditionen hochschätzen, sind solche, die ihre Religion spirituell, d.h., mit ausgeweiteter Toleranz, praktizieren.

Spiritualität plädiert für einen persönlichen Zugang zum Göttlichen. Die Spiritualität setzt sich für eine unmittelbare Erfahrung des Heiligen ein und unterstützt das Recht jeder Seele, die Einheit mit dem Göttlichen unabhängig von der religiösen Zugehörigkeit erlangen zu können. Religion andererseits spricht solche direkten Zugänge oft zwischengeschalteten Figuren der hierarchischen Struktur zu und sorgt so dafür, dass Abhängigkeitsmuster erhalten bleiben und die persönliche Gottesverwirklichung nur schwer möglich wird.

Spiritualität schätzt Gesetzmäßigkeiten mehr als Lehrgebäude. Die Essenz jeder spirituellen Praxis beinhaltet das Verstehen und die Anwendung kosmischer Gesetze, die die universellen Abläufe lenken, zum Beispiel Wahrheit. Während die Wege zum göttlichen Geist unterschiedlich sein können, sind die Prinzipien, um die es dabei geht, es nicht. Beispielsweise gibt es keine christliche Schwerkraft im Gegensatz zu einer muslimischen oder jüdischen oder buddhistischen Schwerkraft, es gibt nur das Gesetz der Schwerkraft. Fragwürdige Dogmen oder Interpretationen von spirituellen Doktrinen können leicht umgangen werden, wenn man sich an die gemeinsamen kosmischen Gesetze hält.

Wenn man also Religion mit Spiritualität vergleicht, dann scheint das vielleicht feindselig zu sein, aber es hilft zu klären, wofür jedes steht. Beide streben danach, das Seelenwachstum zu fördern, und schließen sich nicht automatisch gegenseitig aus. Die Religion muss die Elemente der Spiritualität in sich tragen, um wirkungsvoll zu sein, und die Spiritualität muss die Lehren der organisierten Religionen ehren, da sie ein Mittel zu ihrer Anwendung sind. Das Wesen der Spiritualität ist rein, und es ist das Wesen der Religion, zu versuchen, diese Reinheit weiterzutragen. Wenn religiöse Lehren sich in Einklang mit dem göttlichen Gesetz stellen, dann sind sie authentisch und gleichzeitig spirituell. Wann immer religiöse Dogmen jedoch davon abweichen, dann gibt es die Spiritualität, die sie zur ewigen Wahrheit zurückbringen kann.

Das innere Leben

Wie Geschwister haben Spiritualität und Religion dieselben Eltern, ein Konzept, das man das innere Leben nennen könnte. Das innere Leben ist die Essenz der Spiritualität und die Basis aller echten religiösen Handlung. Sie entsteht aus der Tatsache heraus, dass jede Religion zwei Ebenen von Lehren in sich trägt: die äußere Doktrin (dogmatisch und ritualisiert) und die innere Tradition (mystisch und spirituell), die beide gleichzeitig nebeneinander existieren. Um diese Unterschiede zu klären, stellt euch einmal das Bild einer Walnuss vor. Die äußeren, exoterischen, Lehren, sind wie die Schale der Walnuss. Ihre Härte ist ideal, wenn man etwas schützen will, und widersteht den Schwierigkeiten der Zeit, um das wertvolle Innere zu bewachen. Diese Schale befriedigt diejenigen, für die oberflächliche Lehren und allgemeine Konzepte von Gott akzeptabel sind. Andere, die einen stärkeren, spirituellen Appetit haben, finden solche Lehren unzureichend und wollen lieber die Schale aufbrechen, damit sie die wahre Nahrung zu sich nehmen können, das innere Fleisch – die mystischen, esoterischen Lehren, die spirituellen Einsichten und eine echte Verwirklichung.

Wie aber unterscheidet sich genau das „Innere" vom „Äußeren"? Das innere Leben basiert auf unmittelbarer Erfahrung, etwas, das so lebenswichtig ist, dass ich es nicht genug betonen kann. Ein Bild von einem Feuer anzuschauen ist nicht dasselbe wie seine Hitze unmittelbar zu spüren. Genauso ist es anders, den göttlichen Geist durch persönliche Erkenntnis zu verwirklichen, als wenn man etwas darüber liest oder erzählt bekommt. Der berühmte christliche Gelehrte Thomas von Aquin verstand diesen Unterschied nur zu gut. Er hatte eine so tiefgreifende mystische Erfahrung, als er am 6. Dezember 1273 die Messe zelebrierte, dass er danach aufhörte, an seinem großen Werk, der *Summa Theologica* zu schreiben. Und als man ihn fragte, warum, antwortete er: *„Ich kann es nicht weiterschreiben. … Alles, was ich geschrieben habe, erscheint mir wie Stroh im Vergleich zu dem, was ich gesehen und was mir offenbart worden ist."* (13) Ein ähnliches Beispiel des inneren im Gegensatz zum äußeren Wissen ereignete sich im Leben des bekannten spirituellen Meisters Sri Ramakrishna. Während seiner „Debatte" mit einem bekannten religiösen Gelehrten hielt Letzterer eine Vorlesung über die Schriften, die die Zuhörer in Beifallskundgebungen ausbrechen ließ. Sri Ramakrishna war im konventionellen Sinn ungebildet, deshalb wiederholte er einfach, als er auf das Podium kam, immer wieder das Mantra „Ma", den Begriff für Gott in der Form der Göttlichen Mutter. Mit jeder Wiederholung ging er tiefer, bis er in einen Zustand spiritueller Ekstase geriet. Ramakrishna demonstrierte so den Zuhörern, was göttliche Verwirklichung ist – er ging es sozusagen auf direkte Weise an – während der Gelehrte nur theoretisch darüber sprechen konnte.

Das innere Leben ist kein akademisches Leben. Es strebt danach, die Seelenbewusstheit emporzuheben, über die Identifikation mit dem Ego hinaus, und eine Erinnerung an ihren göttlichen Ursprung zu erzeugen. Es konzentriert sich auf Seeleneigenschaften, damit das Wissen des göttlichen Geistes sich enthüllen kann, wenn der Anbeter und das Angebetete sich in einem heiligen Bund wiedervereinen. Dieser Zustand ist für durchschnittliche Menschen schwer zu verstehen, da ihre Bewusstheit normalerweise mit der Welt identifiziert ist. Die Vorstellung, dass Erfüllung bereitsteht, wenn man Gott liebt oder wenn man Zeit damit verbringt, eine göttliche Beziehung zu nähren, ist für solche Menschen schwer nachzuvollziehen. Die Wirklichkeit, die sich vor ihnen verbirgt, ist, dass der göttliche Geist selbst Freude ist und dass die Seele als Teil Gottes freundliche Eigenschaften besitzt. Glück scheint etwas zu sein, was von außen kommt, und ist umhüllt von egoistischer Täuschung. Diejenigen, die im Seelenbewusstsein eingesponnen sind, wissen es besser, denn reine Freude kann auch ohne Abhängigkeit von den Sinnen da sein.

Obwohl ein gewisses Maß an Disziplin notwendig ist, um das innere Leben zu kultivieren, wird dieses, wenn man es einmal erreicht hat, nicht wahrgenommen als ein benachteiligter Zustand. Nein, er führt einen von einer in die Irre führenden Sucht nach vorübergehenden Sinnesfreuden zu nachhaltigen Erfüllungen im göttlichen Geist. Das bedeutet nicht, dass man sich an materiellen Dingen nicht mehr erfreuen kann, sondern dass wir einfach nicht mehr von ihnen abhängig sind. Anhaltende Erfüllung kann nur dadurch zustande kommen, dass man sich mit der Quelle der Erfüllung verbindet, Gott. Jesus erklärte diese Wahrheit mit dem Gleichnis von der samaritanischen Frau: „*Wer auch immer von diesem Wasser trinkt (dem materiellen Leben), wird wieder durstig werden: Aber derjenige, der von dem Wasser trinkt, das ich ihm schenke (der spirituellen Ekstase), wird niemals wieder Durst verspüren (da sein Verlangen für immer befriedigt ist), denn das Wasser, das ich ihm gebe, wird in ihm sein wie ein Brunnen voll Wasser, der nach oben fließt zu ewigwährendem Leben (der ewigen Einheit mit Gott).*" (14)

Die mystischen Dichter Djallalludin Rumi und Omar Khayyam loben in ähnlicher Weise das innere Leben und seine befreienden Folgen. Hier in der Folge zwei Beispiele ihrer Einsichten, erst Rumi, dann Khayyam:

Wir drei

Meine Liebe wandert durch die Räume, melodisch,
Flötentöne, gezupfte Saiten,
voll Wein die Zauberer tranken
auf dem Weg nach Bethlehem.
Wir sind drei.

Der Mond kommt
aus seiner stillen Ecke, stellt einen Krug mit Wasser
herunter in die Mitte. Der Kreis der Oberfläche flammt.
Einer von uns kniet nieder, um die Schwelle zu küssen.
Einer trinkt, die Weinflammen spielen über sein Gesicht.
Einer beobachtet das Zusammentreffen
und sagt zu irgendeinem kalten Zaungast,
dass dieser Tanz die Freude der Existenz ist.
Ich bin von dir erfüllt.

Haut, Blut, Knochen, Gehirn, Seele.
Es gibt keinen Raum für den Mangel an Vertrauen, oder Vertrauen.
Nichts in dieser Existenz außer DEM existiert. (15)

Die Praxis der Meditation

Die Rubaiyat, Quatrain 74 *(Gedichttitel)*

Ah, Mond meines Entzückens, du kennst kein Schwinden,
Der Mond des Himmels geht wiederholt nun auf:
Wie oft hiernach wird sie ihn aufgehn sehen
Im selben Garten, nach mir – und doch umsonst! (16)

In einer Interpretation dieses Rubaiyat, Wein des Mystikers, beschrieb Yogananda den „Mond meines Entzückens" als Gott und den „Mond des Himmels"
als den Kosmos (17). Kayyam soll dem Vernehmen nach erleuchtet gewesen
sein und die zwangsläufige Folge der Wiedergeburten durchbrochen haben,
deshalb konnte der „Garten" (nämlich die Natur) keine Macht mehr über ihn
haben. Da er die Sehnsucht der Seele nach der Rückkehr in die Heimat beachtet
hatte, war Kayyam im göttlichen Geist für immer befreit.

Das ist das Ziel des inneren Lebens und der Sinn aller spirituellen Praxis. Während der Intellekt sich dem göttlichen Geist theoretisch nähert, so versucht das
innere Leben eine direkte Erfahrung des Heiligen herzustellen. Solche Unterschiedlichkeiten stellen Weisheit her, die, wenn man sie mit aus der Meditation
geborenen Einsichten kombiniert, die göttliche Verwirklichung und letztlich
die Freiheit herstellt.

Anmerkungen

—— • ——

Vorwort

1. Paramhansa Yogananda, *Self Realization Fellowship, Lektionen S-2 P-52* (Los Angeles, Self Realization Fellowship, 1984), 2.

Kapitel 1

1. Walter Hill und Alan Geoffrion, *Broken Trail, Teil 1* (New York: AMC, 2006)
2. Pierre Teilhard de Chardin, *The Phenomenon of Man*, Übers. Bernard Wall (New York, Harper & Brothers, 1959)
3. 1. Johannes, 2:15-17 (KJV)
4. Bhagavad Gita 12.18-25, Übers. Edwin Arnold, www.sacred-texts.com/hin/gita/bg12.htm, www.sacred-texts.com, www.sacred-texts.com/hin/gita/index.htm.
5. Lukas 11:9 (KJV)
6. Erstmals beschrieben in *Philosophiae Naturalis Principia Mathematica* (Mathematische Prinzipien der Naturphilosophie), 1687

Kapitel 2

1. Offenb. 1:8 (KJV)
2. Bhagavad Gita, 10.34 in: David White, Übers., *The Bhagavad Gita: A New Translation with Commentary* (New York: Peter Lang Publishing, 1989), 141,123.
3. Paramhansa Yogananda, *Self-Realization Fellowship, Lessons S-1 P-11* (vgl. Vorwort) 5.
4. Paramhansa Yogananda, *Quickening Human Evolution, East West Magazine,* Januar-Februar 1929, 5.
5. Paramhansa Yogananda, *Where There is Light* (Los Angeles: Self-Realization Fellowship, 1988) 5-6

6. Ramana Maharshi, *Talks with Sri Ramana Maharshi*, Gespräch 3 (Tamil Nadu, Südindien: V.S. Ramanan, 2000), 3
7. Johannes 8:32 (KJV)
8. Paramhansa Yogananda, Autobiography of a Yogi, 13. Aufl., 13. Paperback-Aufl. (Los Angeles, Self Realiaztion Fellowship, 1999), 319-20
9. Als erstes erschienen in René Descartes, *Principia Philosiphiae* (Prinzipien des Philosophie, 1644), Teil 1, Artikel 7
10. Schöpfungsgeschichte 2:16-17 (NKJV)
11. Offenb. 3:12 (KJV)
12. Teresa von Avila, *The Way of Perfection* (New York: Doubleday, 1964), Kap. 21
13. Teresa von Avila, Gedicht IX in: *Complete Works*, St. Teresa of Avial, Band 3 (London: Sheed&Ward, 1963), 288
14. Bhagavad Gita 4.7-8, in: Paramhansa Yogananda, *God talks with Arjuna: The Bhagavad Gita*, Band 1 (Los Angeles, Self Realization Fellowship, 1995), 439

Kapitel 3
1. Johannes 6:44 (KJV)
2. Matthäus 3:15 (KJV)
3. Matthäus 9:14-15 (KJV)
4. Johannes 1:12 (KJV)
5. Swami Chetananda, *God lived with Them: Life Stories of Sixteen Monastic Disciples of Sri Ramakrishna* (St. Louis: Vedanta Society of St. Louis, 1997), 29
6. Christopher Isherwood, *Ramakrishna and His Disciples* (Hollywood, CA: Vedanta Press, 1965), 197
7. Paramhansa Yogananda, *Man's Eternal Quest* (Los Angeles: Self Realization Fellowship, 1975), 114
8. Paramhansa Yogananda, *Autobiography of a Yogi*, 141 (vgl. Kap. 2/8)

Kapitel 4
1. Paramhansa Yogananda, Autobiography of a Yogi, 287 (vgl. Kap. 2/8)

Kapitel 5
1. Johannes 10:34 (KJV)
2. Jesaja 43:5,7 (KJV)

3. Random House Webster's College Dictionary, 1992, vgl.auch „Universum"

4. Kolosser 1:16 (KJV)

5. Bhagavad Gita, 7.6 – 7, in: Paramhansa Yogananda, *God talks with Arjuna: The Bhagavad Gita*, Bad. 2 (Los Angales, Self-Realization Fellowship, 1995), 674-75.

6. „Chief Seattle's 1854 Oration", zitiert in einem Artikel von Henry A. Smith, Sea*ttle Sunday Star*, 29. Okt. 1887, http:www,halcyon.com/arborhts/chiefsea.html.

7. John Muir, *My first summer in the Sierra* (Boston: Houghton Miflin, 1911),110, Sierra Club, The John Muir Exhibit, http:/www.sierraclub.org/john_muir_exhibit/writings.

8. Bhagavad Gita 12.5 in Paramhansa Yogananda, God talks with Arjuna, Band 2. 842

9. Ebd., S. 1063

10. Galater 6:7 (KJV)

11. Bhagavad Gita, a.a.O., 766

12. Matthäus, 26:42 (KJV)

13. Johannes 1:12 (KJV)

14. Lev. 20:7-8 (KJV)

15. Matthäus, 22:37 (KJV)

16. Baghavad Gita, a.a.O., S. 845

17. Buddhas Eid für die Erleuchtung, in: Paramhansa Yogananda, *Whispers from Eternity (*Los Angeles: Self-Realization Publishing House, 1949), S. 55

18. Lukas 8:43 – 48 (KJV)

19. Paramhansa Yogananda, The Philosopher's Stone, in den *Praecepta Lektionen* (Los Angeles: Self-REalization Fellowship, 1935)

20. Exodus, 20:2-4 (KJV)

21. Bhagavad Gita, a.a.O., 696

22. Laotse, Tao te King, übersetzt von Ch'u Ta-Kao (London: George Allen & Unwin, 1959), S. 1

23. Johannes 1:1 (KJV)

24. Paramhansa Yogananda, Wisdom: A Para-Gram (Los Angeles: Self Realization Fellowhip, 1984), S. 39

25. St. Augustinus, Confessiones, I/1, „*Saint Augustine of Hippo, the WORD among us*", http:/wau.org/resources/article/saint_augustine_of_hippo_354_430/.

26. Phil. 4:7 (KJV)
27. Paramhansa Yogananda, Autobiografie, a.a.O., 172 (vgl. Kap. 2, n. 8)
28. Bhagavad Gita,a.a.O., 685

Kapitel 6

1. Patanjali, *Yoga Sutras*, übersetzt von Sri Swami Satchidananda, http:/
   www.athayoganusasanam.com/?zone-browse_sutra&pada. Alle Zitate
   von Patanjali in diesem Teil des Buches sind aus dieser Quelle, wenn nicht
   anders angegeben.
2. M.K. Gandhi, The *Gospel of Nonviolence* (Harijan) (Ahmedabad, Indien:
   Navjeevan Trust, 1936), S. 236
3. Martin Luther King jr., *The Meaning of Non-Violence*, http:/www.mkgan-
   dhi.org/nonviolence/philosophy.htm.
4. Matthäus 5.43-46 (NKJV)
5. *Yoga Sutras of Patanjali,* übers. von Swami Jnaneshvara Bharati, 30, http:/
   www.swamiji.com/pdf/yogasutrainterpretive.pdf
6. M.K. Gandhi, All Men Are Brothers, (Paris: UNESCO 1969), S. 65, http://
   unes-doc.unesco.org/images/007/00710/071082eo.pdf.
7. „Gandhi's Views on God", Mahatma Gandhi Information Website, http://
   www.gandhi-manibhavan.org/gandhiphilosophy/philosophy_god_god.htm
8. Jesaja 55:8 (KJV)
9. Matthäus 16:23 (KJV)
10. Marianne Williamson, A Return to Love: Reflections on the Principles of a
    Course in Miracles (New York: HarperCollins, 1992), S. 190
11. Johannes 5:30 (KJV)
12. Bhagavad Gita 9.18, in: Paramahansa Yogananda, *God speaks with Arjuna*,
    Band, 2, S. 758 (vgl. Kapt. 5, Nr. 5)
13. Paramahansa Yogananda, Auto*biography of a Yogi*, S. 133-34 (vgl. Kpt. 2,
    Nr. 8).
14. Bhagavad Gita, 12.11, T*he Bhagavad Gita*, Ed. Ramanda Prasad (Freemont,
    CA: The American Gita Society, 1995), S. 197
15. Johannes 4:13-14 (KJV)
16. Matthäus 6:21 (KJV)
17. J. W. McCrindle, Ancient India as Described by Megasthenes and
    Arrian (London: Trubner&Co., 1877), http://bharatabharati.wordpress.
    com/2009/10/04/alexanders-encounter-with-dandamis-at-taxila/.

Kapitel 7

1. Bhagavad Gita 9.26, „Bhaktivedanta VedaBase: Bhagavad-gita As It Is", http://vedabase.net/bg/9/26/en.3.
2. Markus 12:43-44 (KJV)
3. Bhagavad Gita 12.10, Paramahansa Yogananda, God talks with Arjuna, Bd. 2, s. 846 (vgl. Kptl. 5, n. 5)
4. Bhagavad Gita, a.a.O., S. 630, S. 634.
5. The Yoga Sutras of Patanjali: The Thread of Union, 2:44,übers. Bon Giovanni, http://www.sacred-texts.com/hin/yogasutr.htm
6. Audrea Yoshiko Seo und Stephen Addis, *The Sound of One Hand: Paintings and Calligraphy by Zen Master Hakoin* (Boston: Shambala, 2010).
7. Brother Angelo, „Saint Francis and Brother Ass," *Franciscan*, Januar 1996, http://www.franciscanarchive.org.uk/1996jan-angelossf.html.
8. Pategama Gnanarama, *Essentials of Buddhism* (Singapore: Buddha Dharma Education Association, 2000), S. 25.
9. Wanda Mallette, Bob Morridon and Patti Ryan, „Looking for Love", 1980.
10. Matthäus, 15:11 (KJV)
11. Matthäus, 6:25 (KJV)
12. Matthäus, 5:8 (KJV)
13. Offenbarung 3:21 (KJV)
14. William Shakespeare, *König Lear*, Akt 1, Szene 1 (New Haven, CT: Yale University Press, 2007), S. 4
15. Laotse, *Tao Te King*, übers. James Legge, Kap. 33, http://classics.mit.edu/lao/taote.1.1.html.
16. Paramahansa Yogananda, *Autobiography*, a.a.O., S. 157, 165

Kapitel 8

1. Bhagavad Gita 4.7, aus: *Rays oft he One Light*, übers. Swami Kriyananda (Nevada City: CA, Crystal Clarity Publishers, 1996), S. 21.
2. Johannes 3: 17 (KJV)
3. Philister 4:8 (KJV)
4. Randy Dotinga, „Subliminal Smiles Can Sway You," *HealthDay News*, 27. Mai 2005

Die Praxis der Meditation

Kapitel 9

1. Paramahansa Yogananda, Self-Realization Fellowship, Lektionen, S-1 P-6,3 (vgl. Vorwort, Nr. 1).
2. Hl. Theresa von Avila, The *Interior Castle*, Übers. und Einf. von Mirabai Starr (New York: Berkeley Publishing Group, 2003), S. 93.
3. Johannes 3:14 (KJV)
4. Offenbarung 3:21 (KJV)
5. Johannes 1:12 (KJV)
6. Swami Sri Yukteswar, *The Holy Science*, (Los Angeles: Self-Realization Fellowship, 1984), S. 60
7. Jakobus 1:2 (KJV)

Kapitel 10

1. Lukas 17:20-21 (KJV)
2. Bhagavad Gita 7.3. aus *Rays oft he One Light*, a.a.O., S. 53 (s. Kptl. 8/1)
3. Matthäus 9:37 (KJV)
4. *Confessions of St. Augustine*, übers. J. G. Pilkington (New York: Liveright Publishing Corp., 1943), bk. 7, Kptl. 7, 176
5. Paramahansa Yogananda, *Autobiography*, S. 138 (vgl. Kpt. 2/8)

Kapitel 11

1. Matthäus 4:4 (KJV)
2. Paramahansa Yogananda, *Autobiography*, a.a.O., S. 460 (vgl. Kptl.. 2/8)
3. Markus 11:24 (KJV)
4. Matthäus 6:6 (KJV)

Kapitel 12

1. Offenbarung 3:12 (KJV)
2. Zitiert nach Dick de Ruiter, Yoga & Sound (Havelte, Holland: Binkey Kok Publications, 2015), S. 4, http://www.maisondesmiracles.nl/pdf/YOGA-ANDSOUND_English.pdf.
3. Ebda.
4. Laotse, *The Way of Life*, übers. R. B. Blakney (New York: New American Library, 1955), S. 25y und Charles H. Macintosh, *Tao* (Wheaton,IL: Theosophical Publishing House, 1926), Kptl. 83 und 84

5. Paramahansa Yogananda, Self-Realization Fellowship, *Lektionen*, S-2 P-28 (vgl. Vorwort n1), S. 2

6. Zacharias 4:2-3 (KJV)

7. Hesekiel 28:14 (KJV)

8. Offenbarung 1:10, 12 (KJV)

9. Paramahansa Yogananda, *Whispers from Eternity*, 191-194 (vgl. Kpt.5/17)

Kapitel 13

1. Paramahansa Yogananda, *Autobiography*, a.a.O., S. 287 (vgl. 2/8)

Anhang

1. Random House Webster's college Dictionary, 1992, s. „spirituality"

2. B.L Seaward, „Reflections on Human Spirituality fort he Worksite", *American Journal of Health Promotion*, 9, Nr. 2, Jan./Feb. 1995: S. 165-68

3. Richard Leider, *The Power of Purpose: Find Meaning, Live Longer, Better* (San Francisco: Berrett-Koehler Publishers, 2010), S. 131

4. Alan L.Pritz, *Pocket Guide To Meditation* (Berkeley, CA: The Crossing Press, 1997), S. 13

5. *Random House Webster's College Dictionary*, 1992, s. „Religion"

6. Matthäus 11:25 (KJV)

7. Johannes 3:11 (KJV)

8. Muhyiddin Ibn El-Arabi, *What the Seeker Needs: Essays on Spiritual Practise, Oneness, Majesta and Beauty* (New York: Threshold Books, 1992), S. 15

9. William James, aus: *The Varieties of Religious Experience*, zit. nach: *The Philosophy of Learning* (Belmont, CA: Thomson Wadsworth, 2003), S. 107

10. Alan l. Pritz, Spirituality in the Workplace, in: Liz Winfield, *A Trainer's Guide to Training Tough Topics* (New York: AMACOM, 2001), S. 95

11. Paramahansa Yogananda, *Man's Eternal Quest*, S. 114 (s. Kpt.3/7).

12. Alan L. Pritz, „Spirituality in the Workplace: A New Insight to Business" (Minneapolis: Institute for Management Excellence, 2000), http://www.its-time.com/mar2000.htm.

13. Brian Davies, *The Thought of St. Thomas Aquinas* (New York: Oxford University Press, 1992), S. 9.

14. Johannes 4:13-14 (KJV)

15. Coleman Barks, *The Essential Rumi* (New York, HarperCollins, 1995), S. 130.

16. Edward Fitzgerald, übers. *The Rubaiyat of Omar Khayyam* (London: Wordsworth Editions, 1993), S. 88.

17. Paramahansa Yogananda, *Wine of the Mystic: The Rubaiyat of Omar Khayyam – A Spiritual Interpretation* (Los Angeles: Self-Realization Fellowship, 1994), S. 189.

Über den Autor

—— • ——

Seit beinahe 40 Jahren hat Alan Pritz östliche Disziplinen unterrichtet. Als Meditations- und Yogalehrer für Hatha-Yoga, als Prediger, spiritueller Coach, Berater und Kampfkunsttrainer hat Pritz Jahre damit verbracht, innere Wissenschaft auf äußere Wirklichkeiten anzuwenden. Pritz unterrichtet die Prinzipien von Paramhansa Yogananda über Meditation und Spiritualität als Weg, Menschen aller Glaubensrichtungen zu helfen, ihre Beziehung zum Göttlichen zu vertiefen.

Alan Pritz hat neben dem vorliegenden Buch weitere Bücher und CDs veröffentlicht, darunter *Heart Songs: Meditative Chants from the Paramhansa Yogananda Tradition* und *The Art and Science of Meditation*.

Alan Pritz unterrichtet wöchentlich einen Meditationskurs für Menschen aller Glaubensrichtungen in Minneapolis und gibt darüber hinaus zahlreiche Kurse, Meditationsausbildungen und spirituelle Beratung. Für mehr Informationen über seiner Aktivitäten besucht seine Webseite www.Awake-In-Life.com

Alan Pritz ist autorisiert, Menschen mit ernstzunehmenden Absichten in die Meditationstechniken der Tradition von Paramhansa Yogananda einzuweihen, die Gurus dieser Tradition zu repräsentieren und die entsprechende Gnade fließen zu lassen. Diese Autorisierung erhielt er von Roy Eugene Davis, einem direkten Schüler von Yogananda, der seinerseits von Yogananda selbst noch autorisiert worden war, die Technik des Kriya-Yoga und die Tradition dieser Lehre weiterzugeben.

Positive Kommentare
zum Buch von Alan Pritz

—— • ——

Diese Meditationsbuch von Alan Pritz ist klar, unkompliziert, inspirierend und kommt direkt aus dem Herzen eines wahren Experten. Die Vorteile, die das Meditieren bringt, sind wesentlich tiefgehender, als die meisten Menschen bisher annehmen, so viel ist inzwischen bekannt. Deshalb lassen Sie sich diese Vorteile nicht entgehen und beginnen Sie ein glücklicheres, gesünderes und erfüllteres Leben. Ein sehr empfehlenswertes Buch.

— Larry Dossey, MD, Bestsellerautor (*One Mind – Alles ist mit allem verbunden, Heilungsfelder – Wenn die Seele den Körper heilt*) –

Alan Pritz ist ein kenntnisreicher und sanfter Führer auf dem spirituellen Weg. Er hat die Essenz der Weisheit von Yogananda erfasst und sie durch seine eigene Erfahrung zu einem scheinenden, strahlenden Leuchtfeuer gemacht. Alle, die sein Buch lesen, werden davon berührt werden.

— Brian Luke Seaward, PhD, Autor von u.a. *Quiet Mind, Fearless Heart* –

Ein weises, benutzerfreundliches Handbuch für die spirituelle Reise. Menschen aller Glaubensrichtungen werden darin praktische Tipps für Dehnung, Atmung, Meditation und mehr finden, und all das in einer interessanten, einzigartigen Weise. Danke dir, Alan!

— Lilian Folan, Autorin von u.a. *Lilias! Yoga gets better with Age* –

Eine der wertvollsten Dinge, mit denen man sein Leben verbessern kann, besteht darin, seinen Geist, sein Herz und seine Seele für die Weisheit von Intuition und Göttlichkeit zu öffnen. Wenn Sie Ihre intuitiven Fähigkeiten öffnen, Ihre Verbindung zum Mystischen vertiefen und ruhiger oder klarer werden wollen, dann ist dies Buch das Richtige für Sie!

— Kathryn Harwig, Autorin von u.a. *The Return of Intuition* –

Weitere Bücher aus dem Verlag Via Nova:

Der Aufstieg der Seele
Meditationsübungen des Raja-Yoga
Swami Kriyananda

Paperback, 240 Seiten, ISBN 978-3-86616-298-3

Wer sich auf die Übungen dieses ungewöhnlichen Buches einlässt, ganz gleich ob Anfänger oder Fortgeschrittener, der kann mit dem hier erstmals vermittelten Wissen zu höchstem Bewusstsein gelangen. Die detaillierten, praxisnahen Beschreibungen sowie die sehr konkreten Meditationsanleitungen aus der Tradition des Raya-Yogas führen den Leser Schritt für Schritt zum Erwachen des Geistes. Auch die Auswirkungen auf die Physiologie sowie der Nutzen für das tägliche Leben werden sehr ausführlich beschrieben. Selten zuvor hat es solch klare Anweisungen für den Prozess der Erleuchtung gegeben wie in diesem Buch, das inspiriert ist von der großen Weisheit des berühmten Paramahamsa Yogananda, Autor des Weltbestsellers „Autobiografie eines Yogis".

Worte der Kraft
aus „Ein Kurs in Wundern"
mit Interpretationen von Chuck Spezzano

Hardcover, 400 Seiten, ISBN 978-3-86616-358-4

Nicht viele Bücher der Menschheitsgeschichte haben eine solch große transformatorische Kraft und Dimension wie das Buch „Ein Kurs in Wundern". Auch der weltberühmte Weisheitslehrer Chuck Spezzano schöpft seit Jahrzehnten aus der göttlichen Inspiration dieses Meisterwerks. Er hat daraus für 365 Tage jeweils eine Botschaft in einem Satz ausgewählt und sie in einem kurzen Ausschnitt als Zitat in den Zusammenhang des Buchtextes gestellt. Er gibt dann seinen eigenen Kommentar zu den ausgewählten „Worten der Kraft",tief berührende Erläuterungen, Anregungen, Anstöße und Interpretationen. Dieses Buch ist ein wahrhaftiger „Seelen-Begleiter" im Alltag, durchdrungen von göttlicher Weisheit und Liebe. Es enthält Worte, die unser tiefstes inneres Sein nähren und erhellen können, und ist bestens geeignet für alle, die „Ein Kurs in Wundern" erst noch kennenlernen möchten.

Sein Bewusstsein auf eine höhere Seinsebene bringen
Geführte Meditationen
Werner Vogel

CD, Laufzeit: 70 Minuten, ISBN 978-3-86616-123-8

Die Grundübung aller spirituellen Wege ist die Meditation. Das Ziel der Meditation in allen spirituellen Traditionen ist die Erfahrung eines nicht-dualistischen Bewusstseinszustands. Um in den Zustand des Geistes in der bewussten Erfahrung des „ewigen Hier und Jetzt" zu kommen, bedarf es einer stufenweise aufgebauten Übungspraxis. Geführte Meditationen können helfen, den zerstreuten Geist zu sammeln und auszurichten. Dadurch kommt der Übende zur Ruhe und zur Erfahrung der inneren Stille. Der Geist beruhigt sich und wird klar wie die Oberfläche eines aufgewühlten Sees, auf dessen Grund man sehen kann. Schließlich tritt der Zustand der gesammelten inhaltslosen Wachheit im Geist ein und der Übende wird offen und frei für ein höheres Bewusstsein. In der CD werden 3 Meditationsübungen angeboten, teilweise unterlegt mit meditativer Musik.